RESPONSABILIDAD SOCIAL CORPORATIVA

El Papel de las Naciones Unidas y otras Organizaciones Internacionales en la Promoción de la RSC

Ciencias Jurídicas y Sociales
Ciencias de la Salud
Ciencias Experimentales y Tecnología
Ingeniería y Arquitectura
Arte y Humanidades

RESPONSABILIDAD SOCIAL CORPORATIVA

El Papel de las Naciones Unidas y otras Organizaciones Internacionales en la Promoción de la RSC

autoras

Victoria Eugenia Sánchez García
Profesora del Departamento de Economía de la Empresa
Universidad Carlos III

Mª Ángeles Cano Linares
Profesora del Departamento de Derecho Internacional Público y Relaciones Internacionales Universidad Rey Juan Carlos

Elena Peribáñez Blasco
Directora de la Oficina de Derechos Humanos de la URJC
Universidad Rey Juan Carlos

Editorial DYKINSON, S.L. Meléndez Valdés, 61 - 28015 Madrid
Teléfono (+34) 91 544 28 46 - (+34) 91 544 28 69
e-mail: info@dykinson.com
http://www.dykinson.es
http://www.dykinson.com
Consejo Editorial véase www.dykinson.com/quienessomos

ISBN: 978-84-9148-052-5
Depósito Legal: M-43672-2016

Preimpresión por:
David Gil Merino
Paula Muñoz Clavería

Impreso por:
Recco S.L.
recco@recco-sll.com - www.recco.es

Nos hace falta una nueva manera de ver la ética y la gestión empresariales, con más compasión y menos fe ciega en la «magia» de los mercados

Ban Ki-moon
Secretario General de las Naciones Unidas

CONTENIDO

AGRADECIMIENTOS

Las autoras quieren agradecer a la Fundación Ciencias Sociales y Mundo Mediterráneo todo el apoyo recibido para la realización de los trabajos preparatorios de este libro, así como la contribución de la Fundación para que estas páginas pudieran ver la luz.

INTRODUCCIÓN

Desde hace tiempo, algunas grandes empresas, principalmente multinacionales, están dedicando recursos en áreas de gestión y tareas que tradicionalmente eran asumidas por los Estados, caso de la educación, salud pública, protección de los Derechos Humanos, conservación del medio ambiente, ayuda al desarrollo, etc. ¿Qué está pasando?, ¿por qué las empresas están asumiendo un rol que teóricamente no les corresponde?, ¿por qué están, asumiendo esta responsabilidad si no es suya?

¿O será que sí, que son responsables y por ello deben asumir un nuevo rol? Las empresas están asumiendo importante cambio, cierto, pero lo que no pueden es ejercer las funciones de las autoridades públicas en lo que respecta a la promoción, la aplicación y el seguimiento de las normas sociales y medioambientales, aunque sí pueden contribuir notablemente a una mayor y mejor difusión de la responsabilidad empresarial conforme a nuevos criterios que buscan un modelo de desarrollo más sostenible y equitativo.

Una de las características más llamativa de los debates en torno al desarrollo sostenible ha sido como se ha producido un desplazamiento de la atención desde lo que estaban haciendo los Estados (actuaciones y responsabilidades), hacia los nuevos papeles y responsabilidades atribuidas a las empresas, consecuencia de la globalización y de los cambios políticos que tuvieron lugar en las dos últimas décadas del siglo XX [1].

Existe un amplio debate sobre cuál debe ser el papel de las empresas en el mundo "globalizado", principalmente de las empresas cotizadas por su responsabilidad frente a sus accionistas puesto que las no cotizadas no deben rendir resultados económicos nada más que a ellos mismos. El debate no sólo se ha hecho sobre el papel a asumir, sino también ha habido un agrio debate sobre la asunción de nuevas responsabilidades sociales y ambientales, si esta era real o no, tanto dentro de sus países de origen como sobre todo en sus filiales en países no desarrollados, así como su relación con proveedores y subcontratistas en esos países.

Como sucede en numerosas materias, lo que ahora entendemos por Responsabilidad Social Corporativa (RSC) es fruto de la evolución del papel jugado por las empresas en la sociedad y de lo que se ha ido entendiendo por responsabilidad a lo largo de la historia. Esta RSC ha sido abordada desde diversas ópticas. Por un lado, desde la óptica de quien la emprende y debe asumirla, los directivos de las grandes empresas cotizadas o del propio empresario. Por otro, del entorno social donde desarrolla su actividad, que se beneficia de la RSC o sufre la falta de responsabilidad de la actuación empresarial. Entre ambos, los Estados que deben asumir su papel frente a ambos pero que están altamente condicionados por sus circunstancias socio-económicas y que actúan, aislada o grupalmente, sin que exista, al menos hasta el momento, una "gobernanza global" para estos temas, como para otros tantos, aunque sí el apoyo de organizaciones internacionales de las que forman parte.

Hay una serie de preguntas a las que se tratará de dar respuesta a lo largo del texto, como son: ¿todo vale a la hora de decir que estamos aplicando una política de RSC?, ¿dónde está el límite, la línea divisoria entre lo que debe hacerse y lo que podría hacerse o reportarse como parte de una política de RSC?, ¿cumplir la ley es ser responsable?, ¿los aspectos sociales de la actividad empresarial (laboral, PRL, igualdad…) "puntúan como RSC"? En el caso de la relación Empresa y Desarrollo: ¿es más que una mera inversión de capital para obtener recursos y mano de obra en condiciones excepcionales, es decir, sin internalizar costes sociales ni ambientales como estarían obligados en sus países de origen?

El libro se estructura en cuatro grandes apartados o capítulos. El primero de ellos, el más breve, hace referencia a la terminología, conceptos relacionados con la RSC y

---

1 Margolis, J. D. & Walsh, J.P. (2003) "Misery loves companies: rethinking social initiatives by business", Administrative Science Quarterly, 48: 268-305. Crane, A. & Matten, D. (2004) Business Ethics: A European Perspective – Managing Corporate Citizenship and Sustainability in the Age of Globalization. Oxford University Press ed. Oxford.

sus características básicas. A lo largo del segundo Capítulo se aborda el papel desempeñado por la Organización de las Naciones Unidas en la promoción de elementos clave, como el Pacto Mundial, para alcanzar unos objetivos mínimos de desarrollo a escala planetaria. Sin olvidar, el papel desempeñado por otra serie de Organizaciones Internacionales con especial incidencia en materia de implantación de RSC, que serán abordadas de manera sucinta en el Capítulo tercero, es el caso del Banco Mundial, el Fondo Monetario Internacional y la Organización para la Cooperación y el Desarrollo (OCDE).

Finalmente, el Capítulo cuarto aborda específicamente la evolución en el marco internacional más próximo, el de la Unión Europea, donde el debate en torno a las cuestiones de la RSC comenzará más tarde que en Estados Unidos, aunque con gran fuerza. Se repasarán los elementos básicos e hitos de la evolución de la RSC en la UE, así como los esfuerzos de la Comisión, el Parlamento y otras organizaciones para que las empresas europeas incrementen las prácticas de la RSC para ser más competitivas, al tiempo que Europa en su conjunto se prepara para afrontar en mejor disposición los retos mundiales para la próxima década: el riesgo social por la disparidad de ingresos entre los ciudadanos más ricos y más pobres; el desempleo y el subempleo juvenil; y los riesgos ambientales consecuencia del cambio climático y el surgimiento de la llamada crisis del agua.

CAPÍTULO I. SOBRE LA RESPONSABILIDAD SOCIAL CORPORATIVA, LA SOSTENIBILIDAD CORPORATIVA Y EL DESARROLLO SOSTENIBLE

Responsabilidad Social (RS), Responsabilidad Social Corporativa (RSC), Responsabilidad Social de la Empresa (RSE), Empresa Responsable (ER), Empresa Sostenible (ES), Corporación Sostenible (CS), Sostenibilidad Corporativa (SC), etc., son términos que encontramos cada vez con más frecuencia en textos científicos, prensa, blogs, discursos, etc. Muchas veces aparecen entremezclados en un mismo documento, o se emplean como si éstos fueran equivalentes, cuando no sinónimos, aunque lo cierto es que no hay un consenso universal respecto de su contenido o definición.

Lo primero que consideramos necesario es tratar de aclarar qué hay detrás de estos términos, para determinar cuál de todos ellos se ajusta mejor a nuestra propia opinión. Para ello es necesario hacer un repaso de la bibliografía sobre el tema.

Empezaremos preseleccionando, por su amplia aceptación, los términos Responsabilidad Social Corporativa y Responsabilidad Social de la Empresa[1]. ¿RSC

---

1 Para hacernos una idea del término más extendido, introdujimos distintos términos en el buscador Google, encontrándonos la evolución siguiente en un periodo de tan solo 5 años (2011-2016): *Corporate Responsibility* de 24,8 millones a 398 millones de entradas, aunque muchas de ellas realmente hacen alusión a *Social Corporate Responsibility*, que ha pasado de 11 millones de entradas a 16,3 millones de entradas; y *Business Social Responsibility*, que ha pasado de 7,4 millones de entradas a 144 millones. Utilizando los términos en castellano, el número de entradas también ha tenido una

o RSE? Ambos términos se vienen empleando en la literatura como equivalentes. Si bien es cierto que en castellano pudiera parecer más apropiado utilizar RSE, está tan extendida la acepción de RSC que no parece lo más apropiado profundizar en esta parte del debate. No obstante, sí que parece oportuno hacer una apreciación. Bien es cierto que, como señala Olcese "la adopción del término 'de la Empresa' frente a 'Corporativo' se deriva de un principio elemental de adaptación de la nomenclatura anglosajona a la de nuestra propia lengua. Esto parece más adecuado y facilita la extensión del concepto de la RSE al conjunto de las empresas, sin distinción de tamaño, teniendo en cuenta que no sería fácil identificar una PYME con una Corporación"[2]. Efectivamente, al emplear RSE tienen cabida todas las empresas, no sólo las grandes lo cual es de gran importancia a nuestro entender, tal y como señalaremos al hacer referencia a la puesta su práctica tanto por multinacionales como por PYMEs. Ahora bien, buena parte del sector político y de los agentes sociales, vienen utilizando el otro término que no les resulta excluyente, puesto que también existen Corporaciones públicas y consideran que también desde el sector público deben adoptarse medidas y actuaciones de diverso tipo en materia de RSC. Cuestión distinta es si estas corporaciones/instituciones realmente pueden decir que desarrollan Responsabilidad Social, puesto que en el caso de las instituciones públicas ese 'debe' ser su papel atendiendo a sus líneas políticas (recogidas en los programas electorales). No tanto así en el caso de los agentes sociales, sindicatos, cuando estos van más allá del mero interés de los trabajadores. Todo un elemento nuevo, que además está cobrando un papel muy relevante en estos asuntos, lo constituyen las Organizaciones No Gubernamentales (ONGs, 'el tercer sector'), quienes entendemos que por definición se verían excluidos en caso de utilizarse la expresión RSE, no así al utilizar el término corporación.

No obstante, y a pesar de considerar más apropiado el término RSC por lo anteriormente expuesto, a lo largo del texto aparecerán ambos puesto que en algunas citas los autores hacen alusión al término RSE.

evolución significativa en esos años: se ha pasado de 5,2 millones para RSE en 2011, a 19 millones en 2016; y mucho mayor ha sido en el término RSC, de 1,1 millones de entradas a 33,9 millones de entradas [3/03/2011-3/08/2016].

2 OLCESE SANTONJA, Aldo (2007) "Introducción, resúmenes y conclusiones" de la obra *La Responsabilidad Social de la Empresa (RSE) propuesta para una nueva Economía de la Empresa*, Real Academia de Ciencias Económicas y Financieras de España, RACEF, Madrid, p.38.

1.1 DEFINICIÓN Y CONCEPTOS

Hecha esta introducción, es oportuno analizar los orígenes de la RSC y la evolución del concepto. Lo primero que se aprecia en la literatura es que los conceptos relacionados con la responsabilidad social han estado rodeados de polémica desde sus orígenes. Algunos autores encontraron las primeras aproximaciones durante la década de 1930, aunque parezca más apropiado señalar los años 50 como el momento de comienzo del debate[3]. El término fue difundido por el economista norteamericano Howard R. Bowen a través de su obra Social *Responsibility of the Businessman*, publicada en 1953. La responsabilidad la asocia a la persona física -al dueño de la empresa, responsable último de las actuaciones y efectos de la persona jurídica- puesto que en aquella época era sencilla esta identificación, esta "personalización" de la empresa o corporación. Para Bowen, esta responsabilidad "hace referencia a las obligaciones de los 'hombres de negocios' para adoptar aquellas políticas, tomar aquellas decisiones, o seguir aquellas líneas de actuación que son las deseables en términos de objetivos y valores sociales"[4].

El debate sobre la responsabilidad social de los negocios surgirá en la década siguiente, durante los años 60 en la medida en la que varios autores empiezan a desarrollar el concepto de la responsabilidad empresarial, desde ópticas muy dispares. Son años en los que se plantean las bases de lo que ha de ser el cambio de paradigma empresarial. Es el caso de Joseph McGuire, Keith Davis, Henry Manne o Milton Friedman, entre otros.

Los primeros considerando que las empresas tienen responsabilidades más allá de las meramente económicas, siendo responsables frente a la sociedad de sus actuaciones. Frente a ellos, el principal opositor fue el economista Milton Friedman para quien papel de la empresa -y su única responsabilidad frente a los accionistas en una sociedad libre- es uno y sólo uno: obtener beneficios[5].

---

3 Archie B. Carroll, uno de los autores más citados en materia de RSC, señala que: "For some authors, we can find first approaches even during the 1930s, and more properly during the 1950s". A pesar de que Archie B. Carroll mencionó a Wendell Wilkie como uno de los primeros en hablar sobre este tema, se considera que la edad moderna de la responsabilidad social ("The modern era of social responsibility") puede tomar su punto de partida en la publicación, en 1953, de la obra Social R*esponsibilities of the Businessman* de Howard R. Bowen, considerada por muchos como el primero de los libros sobre esta materia. CARROL, A.B. (1979) "A Three-Dimensional Conceptual Model of Corporate Performance", *Academy of Management Review* 1979, Vol. 4, nº 4, pp. 497-505, p.497.

4 Texto original: "it refers to the obligations of businessmen to pursue those politics, to make those decisions, or to follow those lines of actions which are desirable in terms of the objectives and values of society". Cita del libro de Bowen en FALK, Oliver & HEBLICH, Stephan (2007) "Corporate Social responsibility: Doing well by doing good". *Business Horizons* 50: 247-254, p. 248.

5 "There is one and only one social responsibility of business –to use it resources and engage in activities designed to increase its profits so long as it stays with the rules of the game, which is to say,

Como veremos a continuación, cada uno de estos autores van a ir aportando las piezas con la que terceros irán construyendo las definiciones de la RSC, prácticamente tal y como llegan hasta nuestros días.

Davis hace una *impersonalización* de la RSC en el sentido de que él, a diferencia de otros autores, alude a las empresas y a los negocios quien quiera que sea su dueño o con independencia de los ejecutivos que los dirijan. A diferencia de Bowen, Davis vino a señalar que en los negocios se estaba produciendo una separación cada vez mayor entre el *hombre de negocios* como dueño, propietario o principal accionista de una compañía, y quienes controlan realmente el negocio y lo gestionan en el día a día. Y también hace la predicción de que el debate seguiría por largo tiempo, habiendo de alcanzar cada vez mayores niveles de intensidad como consecuencia de los cambios que se estaban empezando a vivir en la sociedad norteamericana y que, según él, "requieren nuevos modos de conducta" por parte de las empresas, puesto que los negocios no son algo aislado de la sociedad en la que se insertan. Los nuevos conocimientos científicos de la época venían a demostrar lo que ya se sabía de manera intuitiva, "cómo los negocios afectan al sistema social más allá de las puertas de la compañía"[6].

Por su parte McGuire señala claramente que la responsabilidad de las corporaciones contempla no solo los aspectos económicos y sus obligaciones legales, sino que éstas también tienen ciertas responsabilidades frente a la sociedad más allá de las obligaciones anteriores[7]. Compartiendo estas ideas sobre la RSC Manne añade algo que consideramos un aspecto relevante y controvertido de la RSC tal y como se debate en el siglo XXI, su carácter voluntario[8].

En 1970, Friedman catalogó públicamente estas teorías sobre la RSC como una doctrina subversiva *(fundamentally subversive doctrine),* unas ideas que catalogó de "socialistas" y que, en su opinión, chocaban con el concepto entonces vigente de empresa, de la búsqueda del beneficio económico puro y duro para el empresario y

---

engages in open and free competition without deception or fraud" The New York Times Magazine, September 13, 1970.

6 DAVIS, K. (1967) Understanding The Social Responsibility Puzzle. What Does The Businessman Owe to Society? *Business Horizonts* 10 (4): 45-50, p. 47. Destacar las siguientes frases: "For the manager it means [the social responsibility] realizing that the business system does not exist alone and that a healthy business system cannot exist within a sick society/…/ the social sciences are giving us new knowledge about how business affects the social system beyond the company gates".

7 La frase completa es: "the idea of social responsibilities supposes that the corporation has not only economic and legal obligations, but also certain responsibilities to society which extend beyond these obligations". Mc GUIRE, J. (1963) *Business and Society*. McGraw-Hill. Nueva York, p. 144.

8 "…the behavior of the firms must be voluntary". MANNE, Henry (1972), *Opus cit.*, p. 5.

sus accionistas, y el de libre mercado[9]. Para él, las actuaciones subyacentes en la RSC eran tareas propias de los gobiernos democráticos, no de los empresarios o de los gerentes de empresas ajenas.

En la medida en la que el debate crece con él se desarrollan modelos y teorías, surgiendo las propuestas de definición de la RSC. Así, desde los años 70 hasta principios del siglo XXI, ha habido dos posturas fuertemente enfrentadas: la vista de Friedman, donde la *responsabilidad social* consiste en crear valor para los accionistas, puesto que ellos son los propietarios de la empresa y la empresa es su instrumento; la que considera que la *responsabilidad social* consiste en el compromiso que adquieren voluntariamente las empresas de hacer un balance integral, social y económico, porque se comprometen con todos los afectados por la empresa. Dentro de ese compromiso se trata de contemplar no sólo el beneficio de los accionistas sino evidentemente el de todos los demás.

Autores como Davis consideran que las empresas funcionarán mejor si se tienen en cuenta los intereses de todos los afectados por ella si bien, en cualquier caso, su *responsabilidad social* debe tener en consideración cuestiones que van más allá de los "estrechos requerimientos económicos, técnicos y legislativos de la compañía"[10]. Archie Carrol, tomando como referencia a Davis, vino a dar una definición de la RSC: "la responsabilidad social de los negocios abarca las expectativas económicas, legales, éticas y discrecionales que la sociedad tiene de las organizaciones en un momento dado"[11]. Este autor nos aporta una pieza clave para entender el concepto RSC, sea cual sea la definición que finalmente le demos, su dinamismo.

---

9 Un año antes de su muerte (el 13 de Noviembre de 2006), Milton Friedman concedió una entrevista a la revista BusinessWeek , publicada el 15 de agosto de 2005, en la que fue preguntado sobre su opinión respecto de la RSC y si había cambiado su forma de pensar respecto de lo publicado en un artículo publicado en 1970, en el que volvió a manifestar lo ya escrito en el 67, que la RSC era algo "subversivo":

"Q: Your 1970 article on social responsibility is entitled 'The Social Responsibility of Business is to increase Its Profits'. Does that belief still apply today?

A: Yes, I still hold fully with that article. I haven't seen any reason to change or add anything to it /.../

Q: In your book Capitalism and Freedom, you called the doctrine of social responsibility "fundamentally subversive". Is it still?

A: Absolutely. It is just as subversive as it ever was. The idea that the resources of a company should be distributed by people on some basis other than ownership and by people who are not elected for that purpose -surely- that is a socialist concept."

Para comprender mejor las ideas del premio Nobel Friedman al respecto de la RSC, es interesante el artículo de Jones Campbell "Friedman with Derrida", publicado en Business and Society Review, 112:4, 2007, pp. 511-532.

10 El original: *"the firm's consideration of, and response to, issues beyond the narrow economic, technical, and legal requirements of the firm"*. DAVIS, Keith (1973). *Opus cit.*; p. 48.

11 El original: *"the social responsibility of business encompasses the economic, legal, ethical, and discretionary expectations that society has of organizations at a given point in time"*. *Opus cit.* CARROLL

La RSC es dinámica porque cambia con el tiempo del mismo modo que con él lo hace la sociedad (incluyendo a los propios empresarios y accionistas) y, con las nuevas necesidades y exigencias de esa sociedad, el legislador cambia el marco regulador o lo crea. Ahora bien, en un mismo periodo de tiempo la RSC es heterogénea, puesto que cada sociedad, cada cultura, cuenta con unas raíces distintas y bebe de una fuente ética diferente (según su historia y religión), lo que hace que aparezcan matices en las directrices y principios que han de guiarla, si bien poco a poco algunos de estos principios se van universalizando.

El contenido y alcance del término RSC es controvertido y causa debate tanto entre economistas y empresarios, como entre los distintos representantes sindicales. Así, mientras que algunos ven la RSC como un objetivo deseable, otros sindicatos ven en ella –la RSC– un peligroso intento de crear un sustitutivo del papel tradicional que deben desempeñar los gobiernos y los propios sindicatos[12]. Así pues, el término RSC es lo que Walter E. Gallie vino a denominar un "concepto esencialmente contestado" (*ECC, essentially contested concept)*, como aquel que "inevitablemente envuelve disputas sin fin", debido tanto a su significado como por su forma de aplicación[13].

Tal vez parte de la confusión venga derivada del adjetivo 'Social', en el sentido de pensar que ésta sólo se dirige hacia los aspectos estrictamente 'sociales' de la empresa, tales como: contrataciones, riesgos laborales, exclusión e igualdad de género, etc. Este término 'social' abarca mucho más. O tal vez sea la consecuencia del mal uso que algunas empresas hacen del término -al hacer públicas sus políticas y memorias o reportes de sostenibilidad- puesto que enuncian como RSC actuaciones que no son más que una obligación fruto del marco regulador existente. Así, el "adjetivo 'social' se fundamenta en un concepto de Responsabilidad de la Empresa frente a la Sociedad, y no en el de los aspectos sociales de la propia actividad empresarial"[14].

Como hemos señalado, el contenido, y con él la definición de RSC, cambia según la perspectiva o el papel jugado en la sociedad de quien lo emite. Si seguimos profundizando en la literatura existente encontraremos ejemplos de lo dicho. Así, Brown y

(1979) "A three-Dimensional..." p.498.

12 JUSTICE, D. W. (2003), "Corporate social responsibility: Challenges and opportunities for trade unionists", in ILO (2003) "Corporate social responsibility: Myth or reality?" *Labour Education*, 130, 2003/1, Geneva: ILO Bureau for Worker's Activities - International Labour Organization, pp. 1-13. Dwight W. Justice works in the Multinational Enterprises Department of the International Confederation of Free Trade Unions (ICFTU).El original: *"some trade unionists look upon CSR as a desirable goal, while others in the unions see in it a dangerous attempt to create a substitute for the traditional roles of both governments and trade unions".*

13 GALLIE, W.E. (1955-1956), "Essentially Contested Concepts", *Proceedings of the Aristotelian Society*, 56: 187-198.

14 *Opus Cit.* Olcese (2007). p. 38.

Dacin definen la RSC como el "estado y actividades [de una empresa] con respecto de las obligaciones percibidas por los socios o, por lo menos, por los grupos de interés"[15]. Frente, o junto, a los intereses y obligaciones marcados por los socios y accionistas *(shareholders)*, encontramos las expectativas y demandas del resto de los grupos de interés *(stakeholders)*. Como veremos en el siguiente apartado -al hacer referencia a los cambios que se vienen produciendo respecto del papel y forma de gestión de las empresas- hay ciertos grupos de interés con una notable influencia en las actuaciones de la empresa que pueden resultar determinantes para su sostenibilidad. Andrew Crane y sus colaboradores, consideran que la base o fundamentación de la RSC es tan antigua como los propios negocios. Se trata de comprender el impacto que genera la empresa en el entorno y considerar cómo puede utilizarse dicho impacto de forma positiva; obviamente, positiva no sólo para la empresa[16]. Así lo entienden también buena parte de los autores, caso de Kotler y Lee, cuando la definen como "un compromiso para mejorar el bienestar de la comunidad a través de prácticas de empresa discrecionales y contribuciones de los recursos corporativos [a dicha RSC]"[17].

Son éstas definiciones *amables* del concepto RSC, o utilizando un término no ortodoxo pero cada vez más difundido: "buenistas"; centradas en el compromiso voluntario de generar impactos positivos directos que, a veces, vienen a cubrir otros impactos sociales negativos no evaluados. Ahora bien, entendemos que este tipo de definiciones no nos debe desviar la atención del otro tipo de impacto, el negativo, sobre el cual las empresas verdaderamente responsables deben actuar exista o no regulación, haya o no demanda social, haya donde operen. Las empresas deben reducir sus externalidades negativas de forma voluntaria dentro de su RSC, por eliminación o por internalización[18]. Más aún, deben compensar por las externalidades negativas que no hayan podido eliminar o internalizar, para así contribuir responsablemente al bienestar social y al desarrollo sostenible.

15 BROWN, T.J. y DACIN, P.A. (1997) The Company and the Product: Corporate Associations and Consumer Product Responses. *Journal of Marketing* 61(1): pp. 68-84, p.70. En original: *"status and activities with respect to its perceived societal or, at least, stakeholder obligations"*.

16 CRANE, Andrew; McWILLIAMNS, Abigail; METTEN, Dirk; MOON, Jeremy; y DONALD, Siegel. (2009) *The Oxford Handbook of Corporate Social Responsibility.* Oxford University Press. USA, NY, oct. 2009, p. 3-4.

17 Kotler, Philip & Lee, Nancy (2004) *Corporate Social Responsibility: Doing the Most Good for your Company and your cause*. Wiley Publisher. NY. p.3.

18 CROUCH, C. (2006), "Modeling the firm in its market and organizational environment: Methodologies for studying Corporate Social Responsibility", *Organization Studies* 27(10): 1533-1551.

Figura I.1 De los ODM a los 17 Objetivos de la Agenda 2030

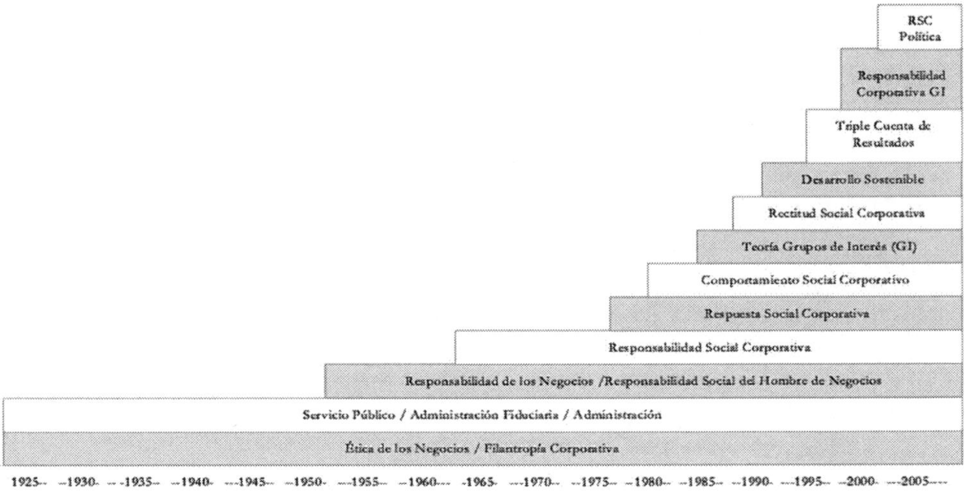

Fuente: ONU México

Aunque no se diga explícitamente en ninguna definición encontrada, tal vez por no considerarse necesario o relevante, no conviene olvidar la escala a la que se diseña, implanta o analiza la RSC, dado que dicha escala puede afectar o hacer que la definición del término incluya matices relevantes. A modo ilustrativo de esta cuestión, señala Herranz que "La RSC es como un gran iceberg donde sólo se ve el 1%, el lado más colorista, publicitario y comunicativo. El 99% restante no se ve, pero si profundizamos en él, poco a poco nos encontraremos con los grandes problemas de nuestro mundo: la exclusión social, la pobreza, la corrupción o el daño al medio ambiente"[19].

Ya en el ámbito de la Unión Europea, la Comisión vino a entender que "la responsabilidad social de las empresas es, esencialmente, un concepto con arreglo al cual las empresas deciden voluntariamente contribuir al desarrollo de una sociedad mejor y un medio ambiente más limpio"[20]. Esta definición es la que aparece por primera vez en un documento oficial en 2001, en el Libro Verde, para tratar de

19 HERRANZ DE LA CASA, José María (2003) "La comunicación de la responsabilidad social corporativa: usos y abusos", en *Responsabilidad Social de las Empresas y Balance Social*, Francisco Salinas (Dir.), Universidad de Ávila, Ávila, 2003, p.: 93-108, p. 107.

20 COM (2001) "Libro Verde para fomentar un marco europeo para la responsabilidad social de las empresas", Doc. COM (2001) 366 final, versión en Español, p.4.

abrir el debate sobre el propio concepto en Europa, su valor para las empresas y su aplicación en las empresas europeas dentro y fuera de la Unión. Tras varios años de debate, la Comisión volvió a dar una definición consensuada a lo largo de la UE sobre la RSC como la "integración voluntaria, por parte de las empresas, de las preocupaciones sociales y medioambientales en sus operaciones comerciales y sus relaciones con sus interlocutores"[21].Vemos que en realidad se trata de un intento de explicar una cuestión indeterminada, que no habría sido concretada ni realmente definida, muy posiblemente por el citado dinamismo que tiene la RSC y que se hace patente al referenciar las "preocupaciones sociales", que ni tan siquiera dentro del contexto europeo son homogéneas. Así pues, por todo lo aducido anteriormente o como consecuencia de ello, la RSC es un "concepto indeterminado"[22].

Matten y Craen consideran que la RSC es un término "paraguas". Esta idea la toman del concepto "paraguas" tal y como lo definieron en su día Hirst y Levin, como un concepto amplio que se emplea con el fin de "abarcar y representar un conjunto de fenómenos diversos" [23]. Así pues, entienden que en el término RSC se superponen o solapan otros conceptos relacionados con la ética, la filantropía o la sostenibilidad entre otros[24]. En la medida en que ha pasado el tiempo otros términos, conceptos e incluso disciplinas, se han ido *cobijando* bajo de ese paraguas, ya fueran complementarios o sustitutivos.

Podríamos extender este apartado con más definiciones que han ido apareciendo (la Tabla I.1 muestra algunas definiciones no usadas en este apartado, recopiladas por Jeremy Moon), pero entendemos que no se aportaría mucho más a lo ya señalado. Tras analizar las distintas acepciones dadas a la RSC, entendemos que no

---

21 Comisión Europea (2006) Comunicación de la Comisión Al Parlamento Europeo, al Consejo y al Comité Económico y Social Europeo poner en Práctica la Asociación para el Crecimiento y el Empleo: Hacer de Europa un Polo de Excelencia de da Responsabilidad Social de las Empresas. COM (2006) 136 final.

22 SARGADOY, Iñigo (2007) 3.2 La Dimensión de la RSE en la Unión Europea, dentro del Capítulo 3 "Iniciativas Mundiales, Europeas y Españolas. Políticas Públicas en Responsabilidad Social de la Empresa", en el libro *La Responsabilidad Social de la Empresa* (RSE). Propuesta para una nueva Economía de la Empresa Responsable y Sostenible. Editado por la Real Academia de Ciencias Económicas y Financieras. Madrid, junio de 2007, p.135.

23 En su publicación hacen referencia a políticas empresariales realizadas bajo un modelo que viene a ser denominado como "construcción en paraguas", por su amplitud a la hora de proteger y optimizar la actuación de las empresas respecto de materias interconectadas que hasta entonces habían sido planificadas y gestionadas independientemente. En el texto: "umbrella constructs, defined here as broad concepts used to encompass and account for a diverse set of phenomena." HIRST, Paul M. y LEVIN, Daniel Z. (1999), "Umbrella Advocates Versus Validity Police: A Life-Cycle Model", *Organization Science*, vol. 10 (2): 199-212, p.1.

24 MATTEN, D., y CRANE, A. (2005), Corporate Citizenship - toward an extended theoretical conceptualization, *Academy of Management Review*, 30(1): 166-179.

es estrictamente necesaria una definición concreta del término RSC puesto que, debido a sus características, debería ser objeto de constante adaptación y con ello se crearía una mayor confusión. En este sentido poco se ayuda a los gestores de RSC, ni al público en general, con definiciones tan laxas como la última dada por la Comisión Europea al definirla como "la responsabilidad de las empresas por su impacto en la sociedad"[25], si no la acompañamos con información adicional, como sus características, o ejemplos y modelos a seguir.

Como hemos señalado, el término RSC se caracteriza por ser:

Diacrónico y **dinámico**, se encuentra en constante evolución en el tiempo; y también cambia según la realidad social (cultural y religiosa) y económica del lugar donde se define y aplica, así como en la medida en que los conocimientos técnicos y científicos avanzan.

Por los componentes que lo integran, que varían de un lugar a otro, resulta **heterogéneo** y **controvertido** porque, en la actualidad, **no es universal** y difícilmente llegará a serlo. Es, un concepto esencialmente contestado.

En cualquier caso, consideramos que lo más importante no es llegar a definir la RSC de forma universal e inequívoca. A nuestro entender, la esencia de la RSC está en que el compromiso adquirido por la organización/empresa sí esté claramente definido y que sea:

- **Transparente**, público en alcance, acción y resultados.
- **Voluntario**, siempre más allá de lo que es obligado por ley. No se puede decir que una organización es "responsable" simplemente por el mero hecho de no transgredir las normas o no cometer un delito, y mucho menos "presumir" públicamente de ello. Cuestión distinta es que a la hora de gestionar, controlar y comunicar (reportar o informar) sobre las actividades de la empresa ambas cuestiones se entremezclen (la información sobre los cumplimientos legales y los compromisos voluntarios).
- Con actuaciones de **enfoque multi-stakeholder** que, desde la ética y el respeto al medio ambiente y los derechos humanos, generen externalidades positivas a otros grupos de interés además de a los empresarios, socios o accionistas.
- **Mensurable**, preferiblemente de forma cuantitativa y de fácil comprensión por terceros de los resultados puntuales de los objetivos buscados con la política de RSC implantada, y de sus tendencias de los distintos impactos en el tiempo, tanto los negativos como los positivos.

25 COM (2011) 618 final, Estrategia Renovada de la Unión Europea sobre la RSE.

Tabla I.1 Ejemplos de términos y definiciones relativas a la RC

Author(s)	Construct Proposed	Definition provided
Bowen (1953:6)	Businessmen social responsibility	"It refers to the obligations of businessmen to pursue those policies, to make those decisions, or to follow those lines of actions which are desirable in terms of the objectives and values of our society."
Davis (1960:70)	Corporate social responsibility (CSR)	"...businessmen's decisions and actions taken for reasons at least partially beyond the firm's direct economic or technical interest."
McGuire (1963:144)	CSR	"The idea of social responsibilities supposes that the corporation has not only economic and legal obligations but also certain responsibilities to society which extend beyond these obligations."
Walton (1967:18)	CSR	"In short, the new concept of social responsibility recognizes the intimacy of the relationships between the corporation and society and realizes that such relationships must be kept in mind by top managers as the corporation and the related groups pursue their respective goals"
Friedman (1970)	Business social responsibility	"There is one and only one social responsibility of business –to use its resources and engage in activities designed to increase its profits so long as it stays within the rules of the game, which is to say, engages in open and free competition without deception or fraud."

Author(s)	Construct Proposed	Definition provided
Eells & Walton (1974:247)	CSR	"In its broadest sense, corporate social responsibility represents a concern with the needs and goals of society which goes beyond the merely economic. Insofar as the business system as it exists today can only survive in an effectively functioning free society, the corporate social responsibility movement represents a broad concern with business's role in supporting and improving social welfare."
Frederick (1978-1994:247)	Corporate social responsiveness	"'Corporate social responsiveness refers' to the capacity of a corporation to respond to social pressures".
Carroll (1979:500)	CSR	"The social responsibility of business encompasses the economic, legal, ethical, and discretionary expectations that society has of organizations at a given point in time."
Carroll (1979-1999:283-4)	Corporate social performance	"...for managers to engage in CSR they need to have (a) a basic definition of CSR, (b) an understanding/enumeration of the issues for which a social responsibility existed (or, in modern terms, stakeholders to whom the firm had a responsibility, relationship or dependency), and (c) a specification of the philosophy of responsiveness to the issues."

Author(s)	Construct Proposed	Definition provided
Epstein (1987:104)	CSR	"Corporate social responsibility related primarily to achieving outcomes from organizational decisions concerning specific issues or problems which (by some normative standard) have beneficial rather adverse effects on pertinent corporate stakeholders. The normative correctness of the products of corporate action have been the main focus of corporate social responsibility."
Frederick (1986:135)	Corporate social rectitude	"*Corporate social rectitude* embodies the notion of moral correctness in actions taken and policies formulated. Its general value referent is that the body sometimes dimly or poorly expressed but deeply held moral convictions that comprise the culture of ethics."
Wood (1991:693)	Corporate social performance	"A business organization's configuration of principles of social responsibility processes of social responsiveness, and policies, programmes, and observable outcomes as they relate to the firm's societal relationships."
Maignan & Ferrell (2000:284)	Corporate citizenship	"The extent to which business meet the economic, legal, ethical and discretionary responsibilities imposed on them by their stakeholders."
McWilliams & Siegel (2001:117)	CSR	"Here, we define CSR as actions that appear to further some social good, beyond the interest of the firm and which is required by law."

Author(s)	Construct Proposed	Definition provided
Matten & Crane (2005:173)	Corporate citizenship	"Corporate citizenship describes the role of the corporation in administering citizenship rights for individuals."
Campbell (2006:928)	CSR	"I view corporations as acting in socially responsible ways if they do two things. First, they must not knowingly do anything that could harm their stakeholders. Second, if they do harm to stakeholders, they must rectify it whenever it is discovered and brought to their attention."
Crouch (2006:1534)	CSR	"...behavior by firms that voluntary takes account of the externalities produced by their market behavior, externalities being defined as results of market transactions that are not themselves embodied in such transactions. CSR is essentially 'corporate externality recognition.'"
Basu & Palazzo (2008:124)	CSR	"...we can define CSR as the process by which managers within an organization think about and discuss relationships with stakeholders as well as their roles in relation to the common good, along with their behavioral disposition with respect to the fulfillment and achievement of these roles and relationships."

Fuente: Moon, 2011:4-6

1.2 EL CAMBIO DE PARADIGMA EN LA EMPRESA

Algunos autores se han llegado a plantear al respecto "la pregunta de si estamos ante una auténtica, potente y novedosa herramienta de gestión empresarial que comporta una nueva economía"[26].

En los últimos veinte años, años particularmente difíciles desde la crisis de 2007, no parece haber un sustento claro para una respuesta categórica a esta cuestión. Si bien es difícil llegar a saber con exactitud la potencia de la RSC como herramienta de gestión, sí podemos afirmar, como veremos a lo largo del texto, que no siempre ha sido una herramienta "auténtica" en el camino hacia una nueva economía. Vivimos inmersos en la "sociedad de la información" y las Nuevas Tecnologías de la Información y la Comunicación (NTCIs) nos ayudan a acceder a una gran cantidad de documentos porque todo el mundo opina, debate y, en definitiva, escribe de cualquier tema de forma más o menos abierta gracias a las facilidades de internet. En el caso de la materia que nos ocupa, la RSC, sucede lo mismo. Es tal la cantidad de información disponible que, finalmente, lejos de aclarar el debate y la controversia, lo que puede llegar a generar es más confusión. "Ha proliferado de manera significativa el número de entidades, expertos e instituciones que se ocupan del análisis, estudio y seguimiento de la RSE, desde premisas y postulados variados y a veces contradictorios. Ello está generando una confusión creciente tanto en el plano conceptual como en la ejecución práctica de este nuevo paradigma empresarial".

En este punto la interrogante es ¿estamos frente a un verdadero cambio de paradigma o es, como señalan algunos, una moda pasajera? Pasajera parece haber quedado claro que no, pero no para todos los autores. Así, hay dos grandes posicionamientos a este respecto: aquellos que ven la RSC como un poderoso instrumento de cambio social y esperan su rápida y progresiva implantación en todo el mundo; y aquellos que la observan como una moda, algo coyuntural y, por tanto, pasajero. Pero el verdadero cambio de paradigma es más profundo que el hecho de contar o no con una política de RSC en la empresa, es un cambio en los modelos de gestión empresarial y cuando se asumen de manera voluntaria ciertos principios en las actuaciones (ya sean empresariales o personales), tienen difícil marcha atrás puesto que el precio a pagar en pérdida de credibilidad puede ser excesivamente elevado, cuando no imposible de asumir. Dicho de otra forma, podrán seguir cambiando, evolucionando los modelos de gestión en el ámbito empresarial y serán entendibles por la sociedad y las instituciones públicas, pero no será así de fácil el cambio si suponen la eliminación de principios y valores que ya han arraigado en buena parte de la sociedad (preservación del medio ambiente, asunción de los Derechos

26 *Ibíd.*, OLCESE (2007) "Introducción, resúmenes y conclusiones" de la obra *La Responsabilidad Social de la Empresa* (RSE)...p. 35-36.

Humanos, etc.). No obstante, vistos los acontecimientos mundiales de los últimos años en Europa y otros países, surgen dudas respecto del grado de arraigo y alcance de esos valores y principios.

Con razón o sin ella, algunos actores de la sociedad civil y de las comunidades locales perciben a las empresas transnacionales como responsables directas de la injusticia global como consecuencia de su habilidad para aprovechar las ventajas de la regulación, relocalización, su poder estructural y el recurso potencia al flujo de capitales, su posición dominante en las cadenas de valor global asociados a condiciones laborales por debajo del estándar internacional y presión a las pequeñas empresas, modos de vida y medio ambiente[27].

¿Estamos ante un *back to the principles*? ¿Nos estamos remontando a "La Teoría de los Sentimientos Morales" de Adam Smith donde el concepto de empresario no puede escindirse de sus valores éticos y morales? La Crisis ha llevado a muchos a poner de manifiesto un hecho que de manera silente estaba, y sigue estando, en buena parte de los problemas económicos, sociales y medioambientales que debemos afrontar: la pérdida de valores y la falta de un verdadero compromiso.

Como señaló Marcos González, Presidente de la Fundación Corresponsables[28] en el discurso previo a la entrega de unos premios en materia de RSC "Hay normas de conducta olvidadas, como ser competente,...; ser prudente,...; ser transparente,..., ser austeros /.../". Para algunos autores, las empresas dirigidas por directores neoliberales[29] con frecuencia se limitan a usar un barniz cosmético sobre las mismas conductas, como veremos al abordar el apartado relativo al Pacto Mundial, este tipo de directivos/empresas acaban siendo reconocibles y apartadas por quienes sí hacen un verdadero esfuerzo de gestión. Ya antes de que estallara la crisis financiera de 2007, algunos economistas, empresarios, políticos y agentes sociales abrían el debate

---

27 "Rightly o wrongly, some civil society actors and local communities perceive global corporations as highly implicated in global injustice. Such connections derive, for example, from the so-called 'race to the bottom' or the ability of corporations to relocate to take advantage of de-regulation; their structural power and actual or potential recourse to 'capital flight' and 'capital strikes'; their dominant role in global value chains associated with sub-standard working conditions and pressures on small enterprises, livelihoods and the environment" UTTING, Peter (2010) "Corporate Social Responsibility in Crisis", en Morata, F, Vilá, B. & Suárez, C.(Eds.) *La Responsabilidad Social de la Empresa a Debate: lecciones de la Crisis. Una perspectiva europea*, Barcelona: Institut Universitari d'Estudis Europeus – Ministerio de Trabajo e Inmigración, pp. 23-39, p.33.

28 La Fundación Corresponsables es una organización sin ánimo de lucro fundada por la editorial MediaResponsable, con el objetivo de extender la RS, tanto a todo tipo de organizaciones, como al conjunto de la sociedad, incidiendo en aquellos colectivos que cuentan con pocos recursos para comunicar sus actuaciones responsables. Los mencionados premios se entregaron el 18 de noviembre de 2010 en el Auditorio Mapfre Madrid.

29 Often simply imposed a cosmetic gloss on business-as-usual" (Including in what he named "business-as-usual movement": UTTING, ibid. 2010:34.

sobre la necesidad de un "un nuevo capitalismo menos economicista y más humanista /.../ a un nuevo paradigma empresarial más rentable"[30]. Diríamos que más sostenible a largo plazo, al considerar que parte de los problemas medioambientales, sociales y económicos que estaban poniéndose en la mesa de debate internacional no eran sino consecuencia de "una determinada visión del mundo", siendo necesario dar paso a un nuevo modelo de gestión empresarial, un nuevo paradigma fundamentado en "la apertura y sensibilidad hacia el entorno, el sentido de comunidad, la capacidad innovadora, la consideración del largo plazo y la creación de valor" [31]. En todo caso, como veremos, los maquillajes van cayendo en tanto que las estrategias se mantienen mientras los sistemas se reajustan.

Se ha escrito mucho sobre la crisis financiera y sus causas, entre las cuestiones apuntadas en el origen se encuentran cuestiones no estrictamente económicas, tal y como ya se apuntó anteriormente, como son la falta de valores (entendiéndose por tal la falta de ética en los negocios –exceso de codicia cortoplacista, la especulación voraz). "Como todo fenómeno económico complejo, la crisis tiene causas económicas, pero también psicológicas, sociales, políticas y éticas"[32]. A ello debe añadirse algo que también está mueve los mercados la confianza. Se trata de un aspecto que ya se debió haber aprendido con la quiebra de Enron (2001) y mucho más con la caída de Lehman Brothers. Son los que "maquillan", aquellos quienes hacen de la RSC algo todavía peor que un falso marketing (en lo que podría denominarse *greenwash and socialwash marketing*), y devalúan o ponen en riesgo la herramienta de la RSC para quienes sí la emplean de forma adecuada en su relación con el entorno social[33].

Un error muy extendido entre los propios empresarios antes de ver los efectos de la crisis financiera (la rapidez de 'propagación' por los países occidentales y la 'voracidad' de los especuladores financieros), era considerar a las empresas como "un ente aislado y al margen de la sociedad que sólo persigue el afán de lucro sin

30 *Ibíd.*, OLCESE (2007) "Introducción, resúmenes y conclusiones" de la obra *La Responsabilidad Social de la Empresa* (RSE)...p. 35.

31 RODRIGUEZ, Miguel Ángel (2007) "Responsabilidad social de la empresa", en Real Academia de Ciencias Económicas y Financieras, *La Responsabilidad Social de la Empresa* (RSE). *Propuesta para una nueva economía de la empresa responsable y sostenible.* Edita la Real Academia de Ciencias Económicas y Financieras, RACEF, Madrid, pp. 89-119.

32 ARGANDOÑA, Antonio (2009) "¿Puede la Responsabilidad Social Corporativa ayudar a entender la Crisis Financiera?", *Documentos de Investigación*, DI-790, Cátedra "La Caixa" de Responsabilidad Social de la Empresa y el Gobierno Corporativo, IESE, marzo, 2009, p.1.

33 ARENAS, Daniel (2010) "La RSE y la crisis desde el punto de vista de la empresa", in Morata, F, Vilá, B. & Suárez, C. (Eds.) *La Responsabilidad Social de la Empresa a Debate: lecciones de la Crisis. Una perspectiva europea*, Barcelona: Institut Universitari d'Estudis Europeus - Ministerio de Trabajo e Inmigración, pp.55-57.

consideración sin consideración alguna del entorno social en el cual se desarrolla su actividad o que ésta no tiene ningún efecto sobre el resto de los agentes sociales"[34]. La globalización nos muestra cada día que esto nunca fue así, si bien antes las influencias e impactos eran principalmente locales (o regionales), en tanto que ahora la repercusión es mundial, se alcance a ver o no. En este sentido, no hace falta ver explícitamente esta situación para intuir el grado de interrelación de nuestras acciones, como tampoco hace falta ver un resultado o esperar recompensa para ser éticos. Tal y como afirma Argandoña, "una buena empresa, una empresa excelente, es –ha de ser- una empresa ética. Y si no es ética, no será una buena empresa, aunque quizás obtenga elevados beneficios, una envidiable cotización en bolsa y una bien valorada reputación"[35].

Ahora bien, las empresas, como toda organización, no son entes abstractos, son personas. Una organización ética se sustenta en las personas íntegras y comprometidas que obran de manera responsable. La crisis económica mostró errores fundamentales en relación a la transparencia, la rendición de cuentas, la responsabilidad en general; errores que ni las autoridades ni la sociedad en general deberían permitir que se repitan. Tal vez las autoridades deberían fomentar más, y de forma efectiva, la implantación de modelos de gobernanza éticos y socialmente responsables; también los directivos deberían prestar una mayor atención a los criterios de selección, no sólo hay que buscar y retener el talento técnico, hoy mas que nunca hace falta seleccionar y retener a las personas íntegras.

Esta buena gobernanza es necesaria tanto en el sector privado como en el público, más aún en nuestro país donde numerosas empresas han firmado y hecho públicos sus compromisos (e informes) en materia de RSC, en tanto que una parte nada desdeñable de organizaciones públicas se ven constantemente salpicadas por casos de corrupción y derroche en la gestión, aún habiendo leyes que "sobre el papel" han sido diseñadas y aprobadas para evitar y controlar que esto no suceda. Utilizando una terminología propia de la RSC, demasiadas personas han gestionado deficientemente su relación con su principal grupo de interés, "la ciudadanía española", frenando su potencial desarrollo, cuando no haciéndolo insostenible.

En este sentido, veremos como el Parlamento Europeo manda su mensaje a empresarios y dirigentes en materia de RSC incidiendo en la necesidad de que los códigos de gestión reflejen "la importancia de la *responsabilidad de todos* en

34 OLCESE, Aldo (2006) "La Responsabilidad Corporativa. Una propuesta para un entorno empresarial más eficiente y socialmente comprometido", *Papeles de la Fundación de Estudios Financieros*, Volumen monográfico, nº 16.

35 ARGANDOÑA, Antonio (2008) "Ética en los negocios", *Occasional Paper, OP nº 08/10, enero 2008, Cátedra "la Caixa" de Responsabilidad Social de la Empresa y Gobierno Corporativo – IESE, p.3.*

la empresa", vinculando comportamientos con resultados, haciendo especial hincapié en los comportamientos en "materia medioambiental, social y de derechos humanos"[36].

La RSC, como la buena gobernanza, no es un fin en sí misma sino el vehículo para intentar avanzar en la consecución de un modelo de desarrollo más sostenible, más equitativo y más solidario.

1.3 DESARROLLO SOSTENIBLE: REDEFINIENDO EL CONCEPTO DE SOSTENIBILIDAD EMPRESARIAL Y SU IMPLICACIÓN CON LA RSC

Un sistema económico basado en la máxima producción, el consumo, la explotación ilimitada de recursos y el beneficio como únicos criterios de la buena marcha económica resulta insostenible en un planeta limitado. Es por esto que, desde hace casi medio siglo, se viene hablando de la necesidad de buscar una forma de desarrollo que permita la mejora de las condiciones de vida, pero que resulte compatible con una explotación racional del planeta. Es el llamado Desarrollo Sostenible, concepto de va mucho más allá de la mera conservación de la naturaleza.

1.3.1 Los orígenes: el Informe Brundtland y la Cumbre de la Tierra

La definición de Desarrollo Sostenible más ampliamente difundida es la hecha pública, en 1987, por la Comisión Mundial sobre Ambiente y Desarrollo en su informe "Nuestro Futuro Común" (o **Informe Brundtland**). En dicho informe se definió el Desarrollo Sostenible como "el desarrollo que asegura las necesidades del presente sin comprometer la capacidad de las futuras generaciones para enfrentarse a sus propias necesidades". Este término fue utilizado anteriormente por Edward Goldsmith y otros colaboradores quienes, en 1972, presentaron el llamado "Manifiesto para la Supervivencia", documento de debate publicado antes del considerado primer hito medioambiental, la Conferencia de Naciones Unidas sobre Medio Humano celebrada ese mismo año. No obstante, el hecho de que la definición dada en el Informe Brundtland fuera asumida posteriormente en el Principio 3 de la Declaración de Río hizo que sea esta, y no otra, la que ha llegado como referente hasta nuestros días.

El desarrollo sostenible hace referencia a la utilización de forma racional de los recursos naturales, cuidando que no sean esquilmados, permitiendo así que las

36 Véase punto 23 de la Resolución del PE, de 6 de febrero de 2013, publicada en C 24/06, de 22.01.2016.

generaciones futuras puedan hacer un uso de ellos "igual" que nosotros hacemos de ellos. Se trata de un enfoque en el que se traten de hacer compatibles los aspectos ambientales, con los económicos y los sociales, desde una perspectiva tanto intergeneracional como intrageneracional. Según la Organización de las Naciones Unidas para la Alimentación y la Agricultura (FAO), las características que debe reunir un desarrollo para que lo podamos considerar sostenible son:

- Buscar la manera de que la actividad económica mantenga o mejore el sistema ambiental.
- Asegurar que la actividad económica mejore la calidad de vida de todos, no sólo de unos pocos selectos.
- Usar los recursos eficientemente.
- Promover el máximo de reciclaje y reutilización.
- Poner su confianza en el desarrollo e implantación de tecnologías limpias.
- Restaurar los ecosistemas dañados.
- Promover la autosuficiencia regional.
- Reconocer la importancia de la naturaleza para el bienestar humano.

El Informe Brundtland marcó un antes y un después en la difusión del concepto del desarrollo sostenible, alertando a la comunidad internacional y a los gobiernos de la necesidad de un esfuerzo conjunto en buscar nuevos enfoques de desarrollo. En este punto, no deben olvidarse dos elementos fundamentales sobre los que se construye dicho informe. En primer lugar, los principios contenidos en la declaración final de la **Conferencia de Naciones Unidas sobre Medio Humano de 1972**, en la que se señaló que "los recursos naturales de la Tierra, incluidos el aire, el agua, la flora y la fauna, especialmente muestras representativas de los ecosistemas naturales, deben preservarse en beneficio de las generaciones presentes y futuras mediante una cuidadosa planificación u ordenación, según convenga". En segundo lugar, las advertencias hechas a los dirigentes internacionales por el Club de Roma en su primer informe publicado en 1973, llamado "**Más allá de los Límites del Crecimiento**", en el que se alertaba de "la necesidad e inevitabilidad de introducir un cambio radical" en las políticas de desarrollo ya que "los aumentos de población y de consumo *per capita* que se observan en la actualidad destruyen los ecosistemas, agotan los recursos naturales y, por ende, desintegran los fundamentos de la supervivencia". La situación internacional de crisis económica que se vivió durante los años 70, hizo muy difícil tomar medidas sobre las cuestiones planteadas y agravó los problemas ambientales y sociales. La situación económica mundial vivida a finales de los 80, fue la que permitió a los gobiernos volver sobre dichos problemas desde una perspectiva renovada por Brundtland.

En 1992 se celebró otra **Cumbre de la Tierra** en Río de Janeiro, **Río 92**, para debatir nuevamente sobre medio ambiente y desarrollo. En ella, las Naciones Unidas establecieron una Comisión para el Desarrollo Sostenible al objeto de impulsar el cambio de mentalidad necesario para "reducir y eliminar las modalidades de producción y consumo insostenibles y fomentar las políticas demográficas apropiadas". El resultado final principal de esta cumbre fue un documento titulado Agenda 21 en el que se define una estrategia general de desarrollo sostenible para todo el mundo, haciendo especial hincapié en las relaciones norte-sur, entre los países desarrollados y los que están en vías de desarrollo. Junto con la Agenda 21, un buen plan escasamente aplicado y con menguados recursos, se aprobaron los Convenios de Biodiversidad y Desertificación, que tampoco tuvieron los resultados esperados a pesar de los años empleados en las negociaciones previas.

Ese mismo año, 1992, se aprobó el **V Programa de acción** de la Comunidad Europea en materia de Medio Ambiente, titulado "**Hacia un desarrollo sostenible**". En este programa se decía "No podemos esperar... y no podemos equivocarnos,..., el medio ambiente depende de nuestras acciones colectivas y estará condicionado por las medidas que tomemos hoy". El V Programa reconocía que el camino hacia el desarrollo sostenible es un camino largo. El principal objetivo del Programa era generar un cambio en los comportamientos y tendencias en toda la Comunidad, en los gobiernos de los Estados miembros, en el mundo empresarial y en los ciudadanos de a pie. Este programa abrió un compromiso más amplio del existente para integrar la dimensión medioambiental en las restantes políticas económicas y sociales, intentar avanzar en la reducción de los niveles de contaminación (particular atención al mundo de la empresa y la implantación de sistemas de ecogestión) e impulsar una mayor participación de la ciudadanía en los temas ambientales. Pese a las deficiencias en logros que algunos pueden atribuir al V Programa (y que la propia Comisión ha reconocido), nadie duda que el V Programa contribuyó a establecer el desarrollo sostenible como uno de los objetivos de la Unión Europea, principio que quedaría confirmado en el Tratado de Ámsterdam.

1.3.2 Río+5 y la Estrategia Europea a favor del Desarrollo Sostenible

Río+5 es el nombre que recibió la Conferencia de Naciones Unidas celebrada en Nueva York en 1997. Las partes firmantes de la Declaración de Río, entre ellas la Unión Europea, se comprometieron a formular estrategias de desarrollo sostenible para su presentación en la Cumbre Mundial sobre el Desarrollo Sostenible, que tendría lugar en Johannesburgo en 2002. Para dar cumplimiento a su compromiso, la Unión Europea presentó una estrategia a largo plazo combinando las políticas para el desarrollo sostenible desde el punto de vista medioambiental, económico y social, la llamada **Estrategia de la Unión Europea a favor del desarrollo sostenible**[37]. En esta estrategia, se plasman los problemas de consecución del desarrollo sostenible que, a otra escala, serían más tarde tratados en Johannesburgo. La estrategia europea se basa en tres pilares –económico, social y medioambiental- que deben reforzarse mutuamente para garantizar dicho desarrollo sostenible. La Estrategia señala la necesidad de reforzar la coherencia de las políticas, lo que hace necesario que estas examinen de forma coordinada sus consecuencias económicas, sociales y ambientales, tanto en el momento de su elaboración como durante la fase de adopción (lo que supone realizar una evaluación de impactos integrada). La estrategia pone de manifiesto seis tendencias insostenibles que requieren una intervención: la exclusión social, el envejecimiento demográfico, el cambio climático, los riesgos para la salud, la merma de los recursos naturales y los impactos del transporte.

Esta estrategia europea se presentó junto con el **VI Programa de acción, "Medio Ambiente 2010: el futuro está en nuestras manos"**[38]. Este Programa estuvo condicionado en su orientación estratégica por los resultados del V Programa, que no alcanzaron los niveles deseados. Por ello, se debe continuar trabajando en la mejora de la aplicación de la legislación ambiental vigente (muy particularmente en la regulación de la evaluación de impacto ambiental), "profundizar la integración de las preocupaciones medioambientales en las demás políticas", buscar un aumento de la colaboración de los consumidores y usuarios (para que exijan al mercado para consumo productos respetuosos con el medio ambiente) y de los empresarios difundiendo tecnologías no contaminantes y formas de gestión más sostenibles (reducción de residuos, eficiencia en consumos, etc.). El objetivo global de este VI Programa es determinar cuáles son los problemas clave del medio ambiente y las fuerzas que los impulsan, para hacer que la integración de las políticas económica, social y ambiental permitan dar respuesta a los problemas planteados de manera efectiva. Junto a este objetivo, el Programa establece otros objetivos y prioridades clave de la Comunidad, incluyendo la Comunidad ampliada (UE_{25}), para contribuir al desarrollo de la estrategia comunitaria de desarrollo sostenible.

37 "Desarrollo sostenible en Europa para un mundo mejor: estrategia de la Unión Europea a favor del desarrollo sostenible" COM (2001) 264 final.

38 Sexto Programa de Acción de la Comunidad Europea en materia de Medio Ambiente, "Medio Ambiente 2010: el futuro está en nuestras manos" COM (2001) 31 final.

1.3.3 De Río+10, hasta Río+20

En el ámbito internacional, la Cumbre de Johannesburgo, también llamada **Río+10** en alusión a los años transcurridos desde la citada Conferencia, estableció entre sus objetivos los de "lograr que la mundialización facilite el desarrollo sostenible", "modificar patrones insostenibles de producción y consumo" y "proporcionar recursos financieros y tecnologías ecológicamente sostenibles", entre otros. Nuevamente se identificaron la pobreza y la gran fisura existente entre países ricos y pobres, como los principales problemas a resolver para lograr el desarrollo sostenible. La Cumbre se cerró con la emisión de una Declaración y la firma de un Plan de Acción, sin que hubiese pactos específicos, ni calendarios, ni metas concretas, ni mayores fondos al desarrollo. Lo más destacado fueron los anuncios de los Gobiernos canadiense y ruso de ratificar el protocolo de Kioto contra el Cambio Climático, de forma que pudiese entrar en vigor.

Al efecto de cumplir los objetivos y las prioridades de acción señaladas en la Cumbre de Johannesburgo, la Unión propuso una serie de medidas dentro y fuera de sus fronteras, para tratar de aumentar la coherencia de sus políticas, mejorar la gestión de los recursos naturales (incluyendo la pesca y la agricultura), fomentar el consumo y producción sostenibles, apoyar el cumplimiento progresivo de los compromisos de la Conferencia de Monterrey para reducir la pobreza (la dedicación del 0,7% del PIB) y velar para que la ampliación de la Unión a 25 Estados se hiciese teniendo como referente el desarrollo sostenible[39]. Junto a las medidas estrictamente ambientales, la Comisión estableció como una de las tres prioridades a lograr para el 2013, que el mercado interior se completase (a 25) de forma que pueda contribuir al objetivo general del desarrollo sostenible. Esta prioridad abarca tanto la búsqueda de la competitividad y la cohesión, como la gestión sostenible y la protección de los recursos naturales[40]. La UE_{25} necesita promover la competitividad de sus empresas, potenciando su crecimiento mediante la promoción de la cohesión y de inversiones respetuosas con el medio ambiente. Resulta necesario promover el uso de tecnologías ecológicas y la implantación de sistemas de eco-gestión (sistemas de gestión ambiental normalizados), para reducir la contaminación y hacer un mayor esfuerzo en el control de los riesgos ambientales, asumiendo las responsabilidades que puedan derivarse de su materialización.

Respecto de Rio+10 y su repercusión en la Unión Europea. terminar señalando que en febrero de 2005 la Comisión hizo el primer balance de la Estrategia Europea

39 "La Cumbre Mundial sobre el Desarrollo Sostenible un año después: cumplimiento de nuestros compromisos" COM (2003) 289 final.

40 "Construir Nuestro Futuro Común. Retos políticos y medios presupuestarios de la Unión ampliada (2007-2013)" COM (2004) 101 final.

para un desarrollo sostenible[41], concluyendo que aunque se han logrado importantes avances, deben mantenerse en los próximos años los esfuerzos tanto para la elaboración de políticas integradas, como en la lucha contra las seis tendencias insostenibles a que se refiere la estrategia.

Durante el Foro Económico de Davos de 2011, el Secretario General de la ONU, Ban KI-moon, proclamó que "el desarrollo sostenible es el programa de crecimiento para el siglo XXI" (PMNU, 2011:2)[42].

Veinte años después de la histórica Cumbre de Río, tuvo lugar en la misma ciudad de Río de Janeiro (Brasil), del 20 al 22 de junio de 2012, una nueva Conferencia de Naciones Unidas sobre desarrollo sostenible, conocida como **Río +20**. Los objetivos de la misma con eran asegurar un renovado acuerdo político en desarrollo sostenible así como evaluar los progresos y detectar las lagunas en la implementación de los acuerdos ya realizados. En la misma junto a los líderes mundiales participaron representantes del sector privado, las ONG y otros grupos trabajando conjuntamente en el objetivo de reducir la pobreza, fomentar la equidad social y garantizar la protección del medio ambiente en un planeta cada vez más poblado.

Las dos cuestiones centrales fueron por un lado encontrar los medios para construir una economía ecológica para lograr el desarrollo sostenible y sacar a la gente de la pobreza, y, por otro, en el marco institucional, articular los mecanismos que permitieran una mejora de la coordinación internacional para el desarrollo sostenible.

El resultado de la Conferencia fue el documento "El futuro que queremos"[43] que recogió algunas medidas claras para la implementación del desarrollo sostenible. El documento, dividido en seis partes, comienza renovando el compromiso de los Jefes de Estado y de Gobierno en favor del desarrollo sostenible y de la promoción de un futuro sostenible desde el punto de vista económico, social y ambiental para nuestro planeta y para las generaciones presentes y futuras así como el de hacer todo lo posible para acelerar la consecución de Objetivos de Desarrollo del Milenio en 2015.

La segunda parte desarrolla la renovación del compromiso político con la reafirmación de los Principios de Río y los planes de acción anteriores. Teniendo en cuenta la participación de todas las partes implicadas, se centra en el fomento de la integración, la aplicación y la coherencia: evaluación de los avances logrados hasta el momento y las lagunas que aún persisten en la aplicación de los resultados de las principales cumbres sobre el desarrollo sostenible, y solución de los nuevos

41 "Revisión en 2005 de la Estrategia de la Unión Europea para un desarrollo sostenible: Primer balance y orientaciones futuras" COM (2005) 37.

42 PMNU (2011) Boletín del Pacto Mundial de las Naciones Unidas: Noticias, Participación, Recursos y Acontecimientos, Febrero de 2001.

43 Un documento final que fue asumido como propio por la Asamblea General de Naciones Unidas, el 11 de septiembre de 2012 como A/RES/66/288*.

problemas En este sentido los representantes reconocen que los resultados en los 20 años transcurridos fueron desiguales no solo en el ámbito del desarrollo sostenible sino también en la lucha por la erradicación de la pobreza haciéndose necesario acelerar los avances hacia la eliminación de las diferencias entre países desarrollados y países en desarrollo, y crear oportunidades para lograr el desarrollo sostenible mediante el crecimiento económico y la diversificación, el desarrollo social y la protección del medio ambiente[44].

El siguiente apartado, dedicado a "Una economía verde en el contexto del desarrollo sostenible y la erradicación de la pobreza" entendiendo la economía verde como es uno de los instrumentos importantes disponibles para lograr el desarrollo sostenible y que podría ofrecer alternativas en la formulación de políticas, ahora bien con un carácter flexible, advirtiendo que el mismo no debe consistir en un conjunto de normas rígidas. En todo caso se indica que las que las políticas de economía verde deben ser compatibles con el derecho internacional; respetar la soberanía nacional de cada país sobre sus recursos naturales; deben contar con el respaldo de un entorno propicio e instituciones que funcionen adecuadamente a todos los niveles, la función de liderazgo de los gobiernos y la participación de todos los interesados pertinentes, incluida la sociedad civil; promover el crecimiento económico sostenido e inclusivo, fomentar la innovación, ofrecer oportunidades, beneficios y empoderamiento para todos y respetar todos los derechos humanos; tener en cuenta las necesidades de los países en desarrollo; fortalecer la cooperación internacional, con especial referencia al suministro de recursos financieros y la transferencia de tecnología; evitar efectivamente la imposición de condiciones injustificadas a la asistencia oficial para el desarrollo y la financiación; que no constituya de discriminación arbitraria o injustificable ni restricción encubierta del comercio internacional así como contribuir a cerrar la brecha tecnológica entre los países y reducir la dependencia tecnológica de los países en desarrollo y promover las modalidades de consumo y producción sostenibles[45].

1.3.4 Los Objetivos de Desarrollo Sostenible – La Agenda 2030 para el Desarrollo Sostenible

Entre las numerosas medidas, cabe destacar que los Estados Miembros acordaron iniciar un proceso para desarrollar **los Objetivos de Desarrollo Sostenible (ODS),** que resultara una herramienta útil para desarrollar acciones centradas y coherentes

44 Párr. 19 A/RES/66/288*.

45 Sin olvidar una referencia específica a pueblos indígenas, mujeres, niños, personas con discapacidad. P. 58, A/RES/66/288.

en materia de desarrollo sostenible, que se basaría en los Objetivos de Desarrollo del Milenio. Al respecto, el documento final de Río+20 establece que el proceso de desarrollo de los ODS debe ser coordinado y coherente con el proceso de valoración de la agenda para el desarrollo después de 2015.

Con ello entra en acción la Organización de las Naciones Unidas, como se examinará en el siguiente apartado. Su Secretario General ya había establecido, en enero de 2012, un equipo de tareas del sistema de las Naciones Unidas para apoyar las preparaciones de todo el sistema para la agenda de las Naciones Unidas para el desarrollo después de 2015. Reunió a más de 60 entidades y agencias de la familia de las Naciones Unidas y otras organizaciones internacionales, presidido conjuntamente por el Programa de Naciones Unidas para el Desarrollo (PNUD) y por el Departamento de Asuntos Económicos y Sociales. Presentó su primer informe sobre la agenda de las Naciones Unidas para el desarrollo de 2015 ante el Secretario General en junio de 2012. Bajo el significativo título "**El futuro que queremos para todos**", el informe expone las principales recomendaciones del equipo de tareas para una agenda para el desarrollo después de 2015. Plantea un enfoque de políticas integradas para garantizar el desarrollo económico y social inclusivo y la sostenibilidad ambiental en una agenda que responda a las aspiraciones de todas las personas de un mundo libre de miedo y necesidad. Servirá de referencia para posteriores consultas más amplias e incluyentes sobre la agenda para el desarrollo después de 2015[46].

El informe "El futuro que queremos para todos" sirvió además de base para el trabajo del Grupo de Alto Nivel sobre desarrollo después de 2015, puesto en marcha en julio de 2012. El objetivo del Grupo era contribuir a crear un consenso político sobre la visión para una agenda de las Naciones Unidas para el desarrollo después de 2015 y promover el compromiso de todas las partes interesadas en las deliberaciones sobre el desarrollo después de 2015. El Grupo presentó al Secretario General de las Naciones Unidas su informe con recomendaciones sobre la agenda para el desarrollo después de 2015 a finales de mayo de 2013. El proceso en el seno de la Organización universal estaba en marcha aunque su implicación en el 'ámbito de la RSC se había iniciado tiempo atrás.

En agosto de 2015 se aprobó por la Asamblea de las Naciones Unidas el documento "**Transformar nuestro Mundo: la Agenda 2030 para el Desarrollo Sostenible**", un ambicioso Plan de Acción con el que dar continuado a lo trabajado hasta el momento: "Estamos decididos a poner fin a la pobreza y el hambre en todas sus

46 El Grupo de las Naciones Unidas para el Desarrollo lanzó un proyecto para apoyar las consultas sobre la agenda para el desarrollo después de 2015, con realización de consultas nacionales en el bienio 2012-2013. Estas consultas nacionales se complementaron con once consultas temáticas: conflictos y fragilidad, educación, sostenibilidad ambiental, gobernanza, crecimiento y empleo, salud, hambre, nutrición y seguridad alimentaria, desigualdades, dinámicas de población, energía y agua.

formas y dimensiones, y a velar por que todos los seres humanos puedan realizar su potencial con dignidad e igualdad y en un medio ambiente saludable"[47].

La Agenda contempla 17 Objetivos, junto con 169 metas, de carácter integrado e indivisible que abarcan las esferas económica, social y ambiental para regir los programas de desarrollo mundiales que irán desarrollando los Estados y las distintas organizaciones. Desde su entrada en vigor el 1 de enero de 2016, son los Estados los que marcarán sus propias metas, según su situación y retos específicos, pero "apegándose" a los Objetivos de Desarrollo Sostenible (ODS). En teoría, los Objetivos de Desarrollo del Milenio no se abandonan, son complementados por los ODS que profundizan en varios de los temas trabajados hasta entonces, pero algunos objetivos han variado respecto de su orden de prioridad. Sea cual fuere el orden, lo cierto es que el documento es claro: "hay que reconducir al mundo por el camino de la sostenibilidad y la resiliencia...y hacer realidad los derechos humanos de todas las personas".

---

47 Preámbulo de la Agenda. Toda la documentación disponible en la web http://www.un.org/sustainabledevelopment/es/2015/09/la-asamblea-general-adopta-la-agenda-2030-para-el-desarrollo-sostenible/ [2.06.2016].

Figura I.2 De los ODM a los 17 Objetivos de la Agenda 2030

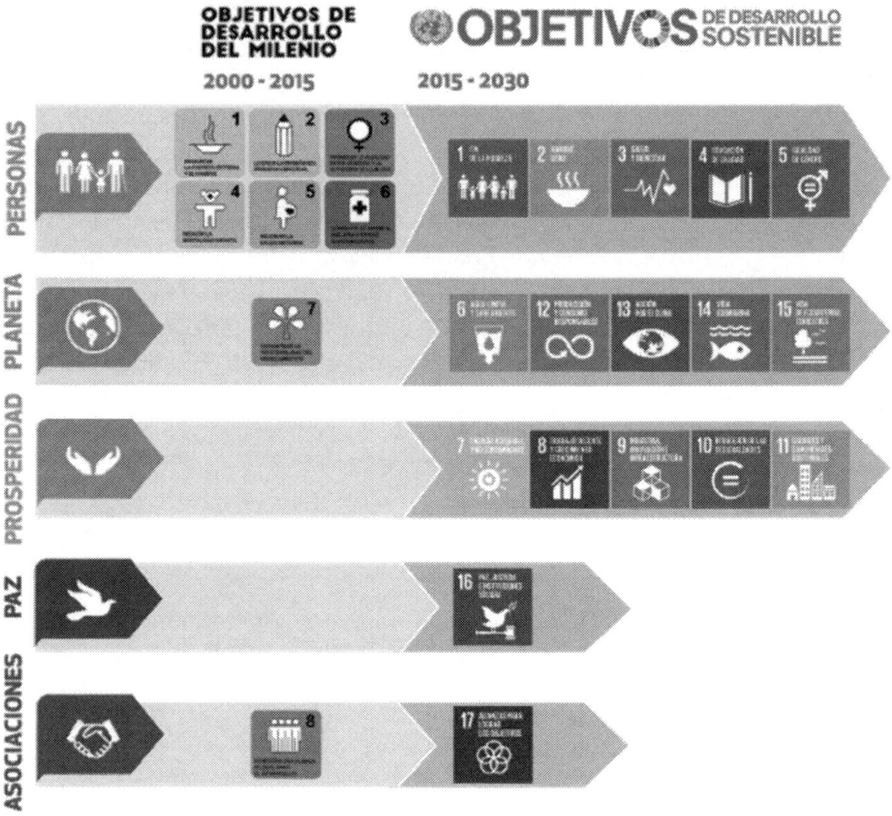

Fuente: ONU México

A diferencia de los ODM, estos nuevos objetivos hacen una llamada explícita a las empresas "para que apliquen su creatividad e innovación para resolver los retos del desarrollo sostenible". De ahí que desde Pacto Mundial se estén desarrollando las herramientas para que las empresas puedan alinear sus estrategias, medir y gestionar su contribución a los ODS, como es el caso de la *SDG-Compass*[48].

Esta llamada a la acción empresarial y a la creación de alianza, se recoge explícitamente en el artículo 67 de la Agenda 2030, que no podemos olvidar, fue acordada por los 193 Estados Miembros de la ONU: "La actividad empresarial, la inversión y

48 GRI-UN Global Compact-WBCSD (2015) SDG Compass. La guía para la acción Empresarial en los ODS. Disponible en http://pactoglobal.org.ar/novedades/sdg-compass-la-guia-para-la-accion-empresarial-en-los-ods/

la innovación privadas son los grandes motores de la productividad, el crecimiento económico inclusivo y la creación de empleo. Reconocemos la diversidad del sector privado, que incluye tanto a las microempresas como a las cooperativas y las multinacionales. Exhortamos a todas las empresas a que aprovechen su creatividad e innovación para resolver los problemas relacionados con el desarrollo sostenible, *development challenges*".

Así pues, la ONU presentó a las empresas los ODS como una oportunidad para desarrollar e implementar soluciones tecnológicas que permitan hacer frente a los retos que se nos presentan a escala planetaria en materia de desarrollo sostenible. "Las empresas no pueden ser exitosas en sociedades que fracasan", sentenció Ban Ki-moon, los ODS pueden ser utilizados para "estabilizar sociedades y mercados". Ello requiere que las empresas reconozcan su responsabilidad en cumplir toda la legislación pertinente, respeten los estándares internacionales mínimos y aborden como prioridad todos los impactos negativos que general (ellas y sus cadenas de suministro) sobre los derechos humanos.

CAPÍTULO 2. EL PAPEL DE LA ORGANIZACIÓN DE LAS NACIONES UNIDAS

La promoción de la RSC sólo por parte de las autoridades locales o nacionales, ya sea mediante la promulgación de normas o mediante ayudas y subvenciones[1], resulta insuficiente cuando se trata de grandes empresas multinacionales o Pymes con vocación internacional. De ahí que a principio del siglo XXI, comenzaran a desarrollarse o a reorientarse iniciativas voluntarias impulsadas desde organizaciones internacionales como las Naciones Unidas (ONU), o la Organización Internacional del Trabajo (OIT), la Organización para la Cooperación y el Desarrollo Económico (OCDE), entre otras.

"Necesitamos que ustedes tomen la iniciativa,..., lideren con hechos", fue el llamamiento de Ban Ki-Moon, Secretario General de las Naciones Unidas, a los líderes empresariales presentes en el Foro Mundial de Economía de Davos, el 28 de enero de 2011.

1 Este asunto fue muy criticado por algunos autores como Kel Dummett. Véase: DUMMETT, K. (2006), "Drivers for Corporate Environmental Responsibility (CER)". *Environment, Development and Sustainability*. Vol. 8 (3): 375-389.

La ONU, como organización universal, constituye, al menos formalmente, el foro por excelencia para aunar esfuerzos y ser más eficientes a la hora de conseguir objetivos globales, coordinando las acciones de aquellas empresas y organizaciones que quieran hacer de la RSC y de la sostenibilidad un pilar estratégico de su operativa organizacional. Aunque por su naturaleza sus iniciativas van dirigidas inicialmente a los Estados y a sus gobiernos, progresivamente han ido solicitando y orientando las iniciativas privadas en materia de responsabilidad social hacia aspectos y lugares donde más se necesita. A modo de ejemplo, desde la ONU se pidió la colaboración activa de las empresas, a través de varios de sus programas, en un intento de alcanzar los llamados *Objetivos de Desarrollo del Milenio.*

2.1 THE GLOBAL COMPACT - PACTO MUNDIAL

Para avanzar en materia de responsabilidad social de las empresas que operan en entornos sensibles, en 1999, el entonces Secretario General de la ONU, Kofi Annan, lanzó la idea de crear un Pacto Mundial[2]. El Secretario General pidió a los mercados que uniesen su poder a los valores de Naciones Unidas, en el Foro Económico Mundial[3], celebrado el 31 de enero de 1999.

El Pacto Mundial es una plataforma política creada para que las empresas colaboren con los organismos de las Naciones Unidas[4], las organizaciones laborales

2 Más conocido internacionalmente por su denominación en inglés Global Compact, incluso en los textos en español.

3 Kofi Annan (1999) "Secretary-General proposes Global Compact on Human Rights, labour, environment, in address to World Economic in Davos", Press Release SG/SM/6881, 1 February 1999. Por su significatividad en el tema que nos ocupa, y su vigencia, destacar de aquel discurso de 1999 los siguientes fragmentos: *"Our challenge today is to devise a similar compact scale, to underpin the new global economy. If we succeed in that, we would lay the foundation for an age of global prosperity, comparable to that enjoyed by the industrialized countries in the decades after the Second World War. Specifically, I call on you –individually through your firms, and collectively through your business associations - to embrace, support and enact a set of core values in the areas of human rights, labour standards, and environmental practices /…/ We have to choose between a global market only by calculations of short-term profit, and one which has a human face. Between a world which condemns a quarter of the human race to starvation and squalor, and one which offers everyone at least a chance of prosperity, in a healthy environment. Between a selfish free-for-all in which we ignore the fate of the losers, and a future in which the strong and successful accept their responsibilities, showing global vision and leadership, I am sure you will make the right choice."*

4 El Foro Económico Mundial es una organización internacional independiente comprometida con la mejora del estado del mundo. Esta organización incorpora a las empresas, los líderes políticos, académicos y a representantes de la sociedad para dar forma a las agendas globales, regionales e industriales. El Foro, creado en 1971, es más conocido como el Foro Davos, ciudad donde se reúne anualmente.

internacionales, los gobiernos y organizaciones de la sociedad civil, a fin de promover principios sociales y ambientales. Teóricamente, las empresas y organizaciones que se adhieren al Pacto Mundial comparten la convicción de que las conductas basadas en ciertos principios universales contribuyen a la construcción de un mercado global "más estable, equitativo e inclusivo que fomenta sociedades más prósperas".

Acertadamente o no, es la mayor iniciativa mundial en la búsqueda de la "sostenibilidad empresarial", generando un marco práctico y orientados para aquellas empresas que deseen comprometerse con la sostenibilidad a escala global, actuando sobre aspectos concretos en materia de derechos humanos, medio ambiente, condiciones de trabajo, así como en la lucha contra la corrupción. Se pretende armonizar estrategias, operativas, instrumentos y recursos empresariales, en definitiva, generar sinergias en beneficio de todas las partes implicadas (modelo *win-win*, ganamos todos), contribuyendo a una economía mundial más sostenible e inclusiva (Figura I.1).

Como no podría ser de otra forma, se trata de una iniciativa voluntaria, a ella se pueden adherir las empresas que estén dispuestas a convertir los 10 Principios formulados por el Pacto en parte de su estrategia, su operativa y cultura organizativa; a rendir cuentas periódicamente de la forma en la que aplica tales principios; y a contribuir financieramente al Pacto[5].

Figura II.1 Representación de la idea presentada por Kofi Annan ante el Foro de Davos

5 Contribución que, e, principio, puede resultar más simbólica o testimonial, con cantidades mínimas variables entre los 500 y los 10.000 US$, dependiendo de las características de la organización.

2.1.1 La Primera Etapa del Pacto Mundial: 2000-2010

Volviendo a los orígenes de la iniciativa, en el Foro de Davos de 1999, Kofi Annan pidió la colaboración "activa" de las empresas internacionales con las Naciones Unidas para desarrollar los "valores universales" en los ámbitos de los derechos humanos, el medio ambiente y los derechos laborales adhiriéndose a un compromiso común. En este sentido, dos matizaciones: en primer lugar, la realidad muestra que hay una serie de valores cada vez más aceptados, pero todavía están lejos de ser universalmente reconocidos y aplicados; en segundo lugar, dicha petición no significa que no hubiera ya empresas realizando actuaciones en materia de responsabilidad social, sino que se trataba de coordinar estas actuaciones aisladas a escala mundial, para aumentar la eficiencia, al tiempo que buscar nuevos compromisos. Se buscaba, y se sigue buscando, "globalizar" estas actuaciones, concentrar el esfuerzo y los recursos, fomentando el liderazgo demostrado por ciertas empresas para emprender nuevas acciones y tratar de dar soluciones a problemas concretos, en línea con una serie de principios directores de sus estrategias, así como sobre las que ya se trabaja desde Naciones Unidas y más concretamente, en la consecución de los Objetivos del Milenio.

Se pidió a las empresas ser parte de la *ciudadanía mundial*, con independencia del lugar donde operasen, integrándose en la plataforma del Pacto Mundial, adoptando y promulgando inicialmente 9 principios básicos para tratar de conectar "las culturas a las personas en todo el mundo"[6], lo que se obtiene cuando las empresas se comprometen con la sostenibilidad y la responsabilidad social, generando impactos positivos en su *esfera de influencia*. En la actualidad éste es un término frecuentemente empleado, pero fue el Pacto Mundial donde ese introdujo por primera vez el concepto de *esfera de influencia* en el debate de la RSC, al objeto de incidir sobre las empresas para que éstas emprendieran actuaciones encaminadas a "apoyar y respetar la protección de los derechos humanos fundamentales reconocidos universalmente dentro y fuera del lugar de trabajo"[7]. No obstante, como se verá más adelante al hacer referencia a la puesta en práctica de la RSC, aunque la ONU presentó un modelo sobre la esfera de influencia que fue adoptado

6 PMNU (2009) "Civismo Empresarial en la Economía Mundial". Oficina del Pacto Mundial. Nueva York, mayo de 2009. P. 2-4. Versión electrónica disponible en www.unglobalcompact.org [6/02/2011].

7 ONU (2008) Promoción y Protección de todos los Derechos Humanos, Civiles, Políticos, Económicos, Sociales y Culturales, Incluido el Derecho al Desarrollo. Aclaración de los conceptos de "esfera de influencia" y "complicidad". Informe del representante especial del Secretario General sobre la cuestión de los Derechos Humanos y las empresas transnacionales y otras empresas comerciales, John Ruggie. A/HRC/8/16, 15 de mayo de 2008. P.4.

por diversas empresas éste modelo resulta muy ambiguo e impreciso, lo que genera ciertas limitaciones en su puesta en práctica.

En la actualidad son 10 los Principios sobre los que se construye el Pacto Mundial y, como no podía ser de otra forma, los dos primeros toman su base de la Declaración Universal de los **Derechos Humanos** de 1948, buscando el compromiso de las empresas (principalmente de las multinacionales) para operar con estos estándares internacionales mínimos para la protección de los derechos y libertades fundamentales del individuo, aun no existiendo legislación específica sobre ello en los países donde están operando sus filiales o sus asociados.

- **Principio 1.**- Apoyar y respetar la protección de los derechos humanos fundamentales, reconocidos internacionalmente, dentro de su ámbito de influencia.
- **Principio 2.**- Asegurarse de no ser cómplices en la vulneración de los derechos humanos.

Se busca que las empresas ayuden a proteger estos Derechos y que asuman su responsabilidad con respecto a ellos, evitando ser cómplices de situaciones que supongan su quebranto. Se entiende que la empresa es cómplice cuando sabe, o debería estar informada, de situaciones donde se produce algún tipo de abuso a consecuencia de su propia actividad y no solo respecto de sus propios trabajadores. En este sentido, señalar que la complicidad empresarial en la violación de los Derechos Humanos puede producirse de manera directa, o bien indirectamente por tratarse de lo que se llama una complicidad ventajosa o táctica.

La *complicidad directa* se produce cuando la empresa presta asistencia deliberada a un Estado para vulnerar los derechos, esto sucede, por ejemplo, cuando se provoca o colabora en el desplazamiento forzado de personas por causas o circunstancias relacionadas con su actividad empresarial. En un estudio realizado por la Oficina del Alto Comisionado para los Derechos Humanos en 2008 sobre "Empresas y Derechos Humanos", se puso de manifiesto que el 41% de los casos denunciados de violaciones de los Derechos Humanos, la participación o complicidad de las empresas en diversas violaciones era de carácter indirecto, ya fuera por complicidad ventajosa o tácita[8]. La *complicidad ventajosa* hace referencia a casos en los

8 ONU (2008) Promoción y Protección de todos los Derechos Humanos, Civiles, Políticos, Económicos, Sociales y Culturales, Incluido el Derecho al Desarrollo. Adición: "Empresas y Derechos Humanos: Encuesta sobre el alcance y los tipos de presuntos abusos de los Derechos Humanos cometidos por empresas". A/HRC/8/5/Add.2, 23 de mayo de 2008.

que una empresa obtiene ventajas directamente de situaciones en las que terceros (frecuentemente los gobiernos) conculcan los Derechos Humanos, como sucede cuando las fuerzas de seguridad de un Estado reprimen una protesta pacífica contra la actividad de una empresa. Finalmente, está la denominada *complicidad tácita* que alude a la forma en que los defensores de los Derechos Humanos califican el hecho de que una empresa no plantee la cuestión de violaciones sistemáticas o continuas de Derechos Humanos en sus interacciones con las autoridades competentes, como sucede, por ejemplo cuando en determinados países la empresa sigue la pauta gubernamental de hacer una discriminación sistemática en el empleo de ciertas personas por motivos de origen étnico o de género.

En ese mismo estudio se hace referencia a que la mayor parte de los casos denunciados de posible abuso o violación de los Derechos Humanos por parte de empresas, normalmente multinacionales o transnacionales, se localizan en cuatro regiones geográficas: África, Asia y Pacífico, América Latina y Oriente Medio, haciendo referencia en su mayoría a tres sectores: industria extractiva (incluye las ligadas a energías no renovables: gas y petróleo, 28%), elaboración y aprovisionamiento de productos alimentarios (21%), e industria química-farmacéutica (12%).

Los siguientes cuatro principios del Pacto Mundial, en igual e íntima relación con los Derechos Humanos, son **principios específicos del ámbito laboral** y se sustentan en la Declaración de la Organización Internacional del Trabajo sobre los Principios y Derechos Fundamentales en el Trabajo[9] de 1998:

- **Principio 3.**- Apoyar la libertad de afiliación y el reconocimiento efectivo del derecho a la negociación colectiva.
- **Principio 4.**- Apoyar la eliminación de toda forma de trabajo forzoso o realizado bajo coacción.
- **Principio 5.**- Apoyar la erradicación del trabajo infantil.
- **Principio 6.**- Apoyar la abolición de las prácticas de discriminación en el empleo y ocupación.

Lo normal es que las tareas relativas a la protección o preservación de derechos humanos y, en especial de los laborales, al igual que sus las violaciones, no se constriñan a un solo de estos derechos y principios del Pacto. Así, cuando se detectan

9 Conviene reseñar que la OIT es la única agencia de las Naciones Unidas con estructura tripartita, conformada por gobiernos, empresas y trabajadores. De ahí que esta Declaración se considere que representa un consenso universal entre aquellos implicados en las cuestiones laborales que los principios fundamentales contenidos en ella pretenden promocional y proteger en todo el mundo.

abusos lo normal es que afecten a varios de ellos. Por ejemplo, en casos de trabajo infantil no sólo se está yendo contra el principio 5 sino que se está vulnerando su derecho a la educación; pero más aún, si estamos ante un caso en el que el niño realiza tareas que sobrepasan su capacidad física, además se están conculcando el derecho a la salud y, con él tal vez, el derecho a la vida. En cuestiones laborales, la mayor parte de los casos de transgresión de principios suele ocurrir de manera indirecta (60%).

Tres son los **principios relativos al medio ambiente** presentes en el Pacto Mundial y se apoyan en dos pilares: por un lado la Declaración de Río sobre el Medio Ambiente y el Desarrollo de 1992; y por otro, el Plan Internacional de Acción, o Agenda 21[10]. Ambos textos adoptados durante la Conferencia de Naciones Unidas sobre el Medio Ambiente y Desarrollo celebrada en Río de Janeiro en 1992, también conocida como Cumbre de la Tierra.

- **Principio 7.**- Mantener un enfoque preventivo que favorezca el medio ambiente.
- **Principio 8.**- Fomentar las iniciativas que promueven una mayor responsabilidad ambiental.
- **Principio 9.**- Favorecer el desarrollo y difusión de las tecnologías respetuosas con el medio ambiente.

Vemos que estos principios ambientales no sólo hacen referencia directa a la necesidad de seguir profundizando en el papel de las empresas en el desarrollo sostenible, tal y como se pronunciaron inicialmente, sino que también resultan indispensables para la protección de los Derechos Humanos. Buena parte de las veces, lo que sucede es que cuando se constatan problemas relacionados con el medio ambiente suelen ir parejos a consecuencias negativas sobre distintos derechos como el de la salud (cuando no al de la propia vida), el derecho a una alimentación y vivienda adecuadas. En el 20% de los casos en los que se denuncian empresas por cuestiones ambientales se vieron afectados los suministros de agua, ya sea de forma cuantitativa, incluso llegando a impedir a la población el acceso al agua potable, o cualitativa por contaminación de los recursos hídricos, con las consecuencias que esto tiene para la salud de las comunidades. En la mayor parte de estas situaciones,

10 Muy particularmente el Capítulo 30 de la Agenda 21, en la que se señala que las políticas y operaciones de las empresas y de la industria pueden desempeñar un papel clave en la reducción de los impactos sobre los recursos y el medio ambiente, especialmente en lo que se refiere a la producción limpia y a la gestión responsable de las empresas.

las empresas actuaban en colaboración o connivencia con los Estados, siendo por tanto cómplices de estas prácticas abusivas[11].

En junio de 2004, durante la Cumbre de Líderes del Pacto Mundial, se añadió un décimo **principio sobre corrupción**. Este nuevo principio se basó en la Convención de Naciones Unidas contra la Corrupción Corporativa de 2003. La idea al ser presentada proponía no solamente evitar el soborno, la extorsión y otras formas de corrupción, sino también desarrollar políticas y programas concretos para abordar el tema.

- **Principio 10.**- Trabajar contra la corrupción en todas sus formas, incluidas extorsión y soborno.

Específicamente en el caso de las empresas, además de no caer en la extorsión y/o soborno, se les requiere como requisito fundamental la transparencia. Se considera que la reticencia a informar sobre actividades políticas y comerciales no sólo permite que la corrupción siga manteniéndose en ciertos países, sino que además atenta contra la capacidad que deben tener las partes interesadas de dichas empresas para juzgar los compromisos públicos contraídos por la firma y que forman parte de su RSC.

Así pues, Pacto Mundial promueve la aplicación práctica de estos diez principios por parte de las empresas signatarias de esta iniciativa en todo el mundo como forma de promover el desarrollo sostenible y de seguir promoviendo la aplicación de los Derechos Humanos en todo el mundo.

Para ello, cuenta con cuatro mecanismos específicos de participación y apoyo denominados: Liderazgo, Diálogos de política, Foros de Aprendizaje y Redes locales. **Liderazgo** busca el compromiso de la alta dirección de cada entidad al Pacto mediante la carta de adhesión y un reporte anual o informe, llamado Comunicación de Progreso (CoP). El mecanismo llamado **Diálogos** supone la puesta en común por parte de los dirigentes empresariales y otros actores del desarrollo de posibles soluciones a los retos de la globalización, así como la puesta en práctica de acciones colectivas para alcanzar objetivos concretos. Los **Foros** sirven como plataforma multisectorial para el intercambio de experiencias y conocimientos para actuar, al tiempo que permiten identificar nuevas demandas. Finalmente, las **Redes** contribuyen ayudando a los participantes en sus contextos específicos, es ahí donde mejor se pueden emprender acciones conjuntas locales (locales respecto del

11 Véanse al respecto, las páginas 4 y 5 del citado Informe de UN 2008.

desarrollo por la proximidad de los participantes, no de su implementación que puede tener lugar en cualquier otro lugar del mundo)[12].

Si a principios de 2011, el Pacto Mundial contaba con cerca de 8.000 firmantes: 6.066 empresas y cerca de 2.000 organizaciones de la sociedad civil, repartidos en 132 países[13], en 2015 el número de empresas había ascendido a más de 8.300 con 162 países. En este sentido, la universalidad está prácticamente alcanzada.

Sin embargo, no todos los firmantes del Pacto son empresas, del mismo modo que no todos los firmantes son asociados. Así, los firmantes del Pacto Mundial pueden agruparse en dos grandes apartados: por un lado, el bloque de las empresas; por otro, el de las organizaciones de sociedad civil. Entre las empresas se hace distinción entre grandes empresas (>250 empleados) que cotizan en mercados financieros; grandes empresas que no cotizan; Pymes y micro Pymes. A su vez, bajo el término de organizaciones de la sociedad civil, se encuentran: gobiernos, asociaciones empresariales y profesionales, universidades y centros de investigación, sindicatos y organizaciones del Tercer Sector. Por otro lado, todos los firmantes se pueden agrupar en Asociados y No Asociados, es decir, entre aquellos que abonan una cuota a Naciones Unidas y los que no.

Cabe hacer una tercera agrupación entre aquellas organizaciones activas, las no activas y las no-comunicativas (*non-communicating*). Las activas son aquellas comprometidas que reportan regularmente, de forma anual, a la organización sobre los trabajos y progresos que hacen para hacer efectivo su compromiso con los Principios del pacto Mundial. En la categoría de no-comunicativas se encuentran aquellas que no han enviado su informe de progreso en plazo (CoP) y que en caso de no entregarlo en el plazo de un año pasarán a la categoría de no activas, perdiendo el derecho a emplear el logotipo del Pacto Mundial de las Naciones Unidas y no pudiendo participar en actividades organizadas por las Redes del Pacto.

Un estudio hecho por Cetindamar y Husoy[14] examinó los motivos que mueven a las empresas a hacerse signatarias del Pacto Mundial, concluyendo que los principales motivos aludidos eran:

- Formar parte de un "esfuerzo" internacional para alcanzar el Desarrollo Sostenible.

---

12 Hay unas 90 Redes Locales operativas, aunque el número exacto es difícil de establecer puesto que están en constante creación. España también participa de la Red y cuenta con la Oficina de Global Compact España en Madrid, así como un Centro de Apoyo en Barcelona.

13 PMNU (2010a) *Annual Review - 10 Years: 2000-2010*. United Nations -The Global Compact. Nueva York, Junio de 2010.p. 9.

14 CETINDAMAR, D. & HUSOY, K. (2007) "Corporate Social Responsibility Practices and Environmentally Responsible Behaviour. The case of the United Nations Global Compact". *Journal of Business Ethics* 76(2):163-76.

- Ser "buenos ciudadanos", sintiendo que éticamente están haciendo lo correcto dentro del nuevo paradigma empresarial.
- "Mejorar la imagen" de la empresa.
- "Diferenciarse" de la competencia.

Posteriormente, un estudio de ACCENTURE y el Pacto Mundial (2010)[15] realizado sobre las empresas firmantes vino a concretar más los motivos, o motores de las directivas para haber establecido el compromiso y, lo más interesante, vino a poner cifras. La principal motivación admitida por las empresas ya firmantes es, con amplia diferencia, la búsqueda de una mejor reputación corporativa y confianza (Figura II.2). En este sentido, preguntados los directivos de empresas españolas firmantes del Pacto Mundial, se observa una división de opiniones entre las señaladas por organizaciones de naturaleza empresarial y las que son públicas o carecen de ánimo de lucro. Las empresas identifican: mostrar un compromiso con unos valores éticos, mejorar la reputación corporativa y satisfacer las perspectivas sociales. En tanto que las organizaciones no empresariales lo que más valoran es contribuir al desarrollo de la sociedad, seguido por mostrar un compromiso con los valores éticos y satisfacer las perspectivas sociales[16].

Figura II.2 Motivos para adherirse al Pacto Mundial

Fuente: Elaboración propia. UN Global Compact CEO Survey 2010

15 LACY, Peter; COOPER, Tim; HAYWARD, Rob y NEUBERGER, Lisa (2010) *A New Era of Sustainability. UN Global Compact-Accenture CEO study 2010. CEO reflections on progress to date, challenges ahead and the impact of the journey toward a sustainable economy*. UN-Global Compact & Accenture. Disponible en www.accenture.com/institute [23/03/2011].

16 Red Pacto Mundial España (2014) "El valor de compartir principios. Informe sobre la experiencia de los firmantes de Pacto Mundial en España en materia de Responsabilidad Social y los Diez Principios". Disponible en http://www.pactomundial.org [7.4.2015].

Durante este periodo inicial del Pacto Mundial se pueden encontrar muchos artículos de carácter descriptivo, pero pocos muestran análisis más allá de la presentación de los datos facilitados por *Global Compact*. No obstante, sí se encuentran autores escépticos y críticos con esta iniciativa, sobre todo por considerar que ésta no promueve la verdadera transparencia que la RSC necesita por parte de buena parte de la empresas firmantes del Pacto Mundial[17]. Ciertamente así fue durante lo que podríamos denominar primera etapa de esta iniciativa. Si revisamos los datos relativos al periodo 2000-2010, éstos resultan poco alentadores. De ahí la necesidad de tomar medidas para que los firmantes materializasen su compromiso de forma palpable, con hechos y no sólo con su simple adhesión. Aunque a la hora de revisar esta etapa no podemos olvidar que en 2007 comenzó una importante crisis financiera en los países más desarrollados occidentales, de cuyas consecuencias algunos países todavía no han escapado (entre ellos España).

Si analizamos los datos del sector empresarial durante esa primera etapa, las compañías que se encontraban involucradas en el Pacto Mundial presentan niveles muy distintos de comprensión e implementación en materia de sostenibilidad y comportamiento sobre RSC (Figura II.3). Muy pocas se encuentran en un rango calificado por Naciones Unidas de "liderazgo", aunque esto es comprensible puesto que lograr unos niveles avanzados de integración de los Principios del Pacto Mundial en la organización de la empresa requiere compromisos a largo plazo y esta iniciativa mundial llevaba todavía poco tiempo.

Figura II.3 Tipo de comportamiento en RSC de los participantes en Global Compact

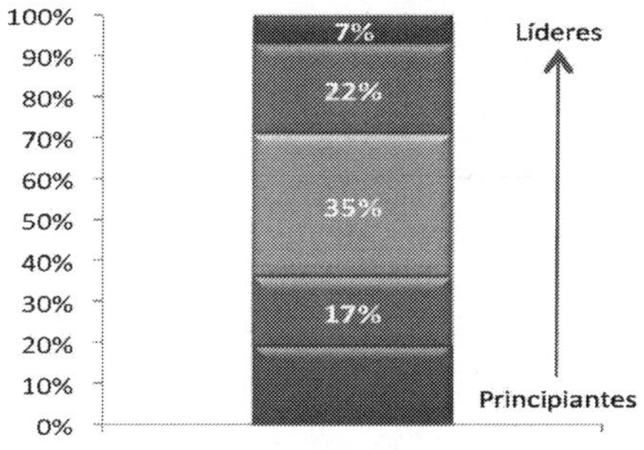

Fuente: UN-Global Compact Annual Review, 2010:16

17 Véanse, a modo ilustrativo: HEMPHILL, T.A. (2005) "The United Nations Global Compact: Business Implementation and Accountability Challenge". *International Journal of Business Governance and Ethics*, Vol. 1(4): 303-316; y también HUGHES, S.R.; Wilkinson, R.; Humpheys, D.; McMillan, T; y Race, I.A. (2001) "The Global Compact: Promoting Corporate Responsibility?" *Environmental Politics*, Vol. 10(1) 155-177.

La búsqueda del citado liderazgo quedó patente durante la Cumbre de Líderes del Pacto Mundial, celebrada en Nueva York los días 24 y 25 de junio de 2010. La principal conclusión de la Cumbre, fue que éste era el mejor momento para incrementar la escala y alcance de la práctica empresarial responsable[18]. Muy probablemente, ese era "el mejor momento" debido a tres motivos: en primer lugar, la experiencia acumulada durante 10 años; en segundo, por haberse establecido ya un grupo de empresas líderes dispuestas a avanzar en RSC-Sostenibilidad Corporativa de manera todavía más decidida de cómo lo estaban haciendo; y, en tercero y muy importante, porque durante los años de vigencia de la iniciativa se había ido tejiendo una *red de redes* desde la que poder orientar a nuevas empresas, lo que facilitaba la difusión del conocimiento. Ahora bien, aunque el momento fuera bueno -pese a las consecuencias económicas de la crisis financiera en algunos países- resultaba necesario contar con modelos que facilitasen el avance, tanto en cantidad de empresas firmantes como en número de asociados aunque esto no se dijera explícitamente.

Para la ONU incrementar el número de entidades líderes era y es muy importante, por su impacto directo y por capacidad de *arrastre*. No obstante, entendemos que no debe olvidarse que, por definición, los líderes son siempre unos pocos y lo que resulta realmente vital es crear una *masa crítica* de empresas que cuenten con una política de RSC y que, además, actúen conforme al compromiso del Pacto Mundial. Entendemos que el buen desarrollo de esta iniciativa requiere incrementar, cuantitativa y cualitativamente, las empresas *maduras* respecto de lo que se ha venido en llamar *sostenibilidad corporativa.*

Revisando los datos de lo que hemos dado en llamar primera fase del Pacto Mundial, lo primero que observamos es que el número de participantes era todavía bajo. Hay que ser conscientes de que en el universo empresarial, la fracción de compañías firmantes era pequeña. Para darnos cuenta de la escala, se estima que el número de compañías transnacionales es de unas 80.000, con cerca de 800.000 filiales. Si en 2012, el número de empresas de todo tipo y tamaño firmantes del Pacto alcanzaba las 6.066 la cifra se incrementó hasta las 8337 en junio de 2015, con la participación de 161 países. Sin embargo, importantes multinacionales como Exxon Mobil, Citigroup Inc., Samsung, JPMorgan Chase & Company o Singtel Ltd. no han visto necesidad de involucrarse en este compromiso.

Analizando la distribución de empresas firmantes, constatamos que el mayor número se concentra en pocos países[19]. La Figura II.5 muestra la distribución de

18 Carta enviada a los participantes del Pacto Mundial el 15 de diciembre de 2010, por Geor Kell, Director Ejecutivo de la Oficina del Pacto Mundial de la ONU. Documento electrónico disponible enwww.pactomundial.org [4/02/2011].

19 Este análisis se realizó sobre las emprases parte en 2011.

firmantes en los países que configuran el G20, donde se concentran el 73,85% de todos los firmantes del Pacto Mundial. La mayor parte de estos firmantes en todos los países son empresas, y de ellas en torno al 72% son empresas asociadas. Se observa que el peso de los países de la UE es importante dentro del G20. La primera cuestión que surge a la luz de los datos es ¿cómo es posible que las empresas de las tres grandes potencias económicas mundiales –Estados Unidos, China y Japón– tuviesen un nivel de compromiso tan bajo con el Pacto Mundial? A modo de ejemplo, sólo en Francia había, a principios de esta segunda década, más empresas comprometidas con la iniciativa que en todo Estados Unidos y China juntos.

Figura II.4 Distribución de empresas firmantes de Global Compact en la UE-27

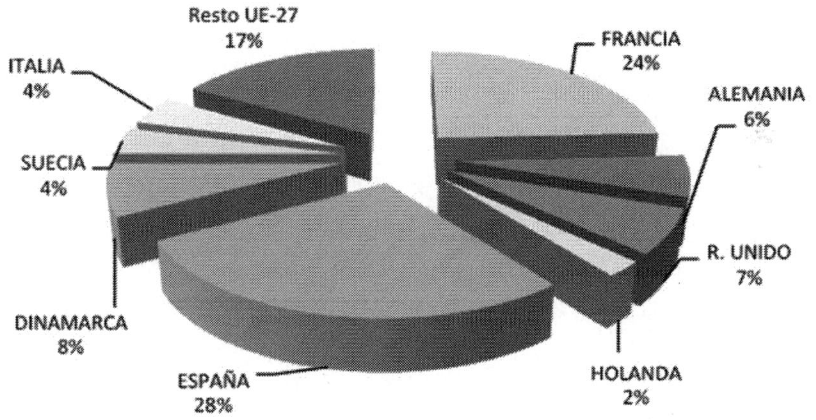

Fuente: Elaboración propia, UN-Global Compact, 2011

En los datos relativos a la distribución de firmantes dentro de la entonces UE-27 se aprecian importantes disparidades respecto del grado de vinculación a esta iniciativa mundial (Figura II.4). Destacan la participación de España y Francia (con un 28% y 24% de participación respectivamente), quienes veremos posteriormente que luego han visto expulsadas de la iniciativa a buena parte de sus empresas. En el extremo opuesto, sorprende la escasa participación de las empresas de países que están considerados en Europa como altamente comprometidos con la defensa social, es el caso de Dinamarca (8%), Suecia (4%) y Holanda (2%). Fuera de la UE pero en el entorno del Espacio Económico Europeo: Noruega cuenta con 41 empresas, Suiza con 40 e Islandia con 4.

Figura II.5 Primera Etapa del Pacto (2010): Distribución de los organismos firmantes del Pacto Mundial por países

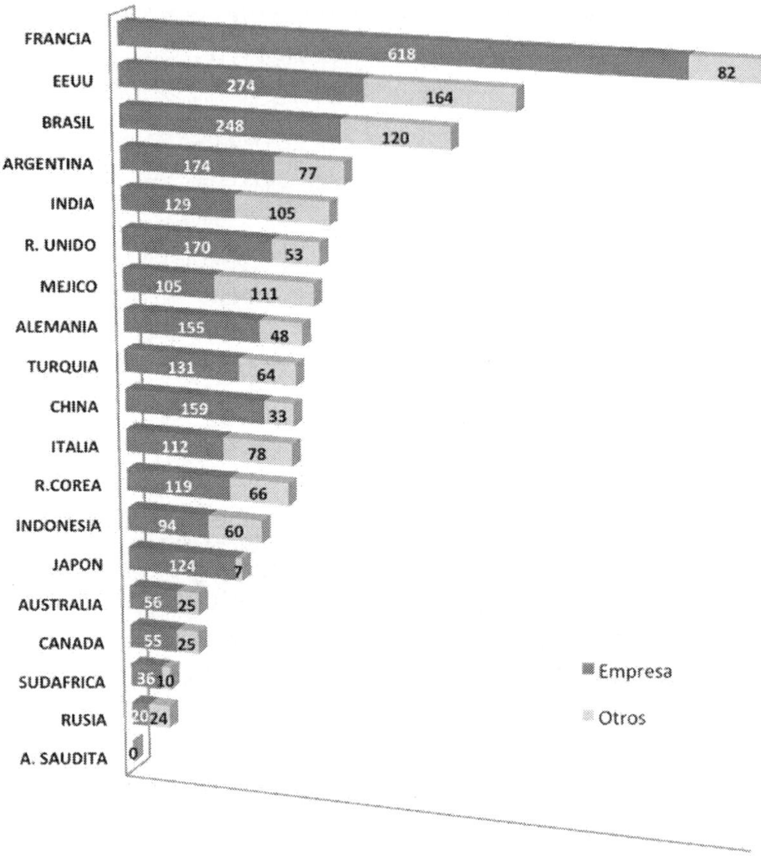

Nota.- Para evitar la distorsión de la representación gráfica, se ha excluido intencionadamente el valor que corresponde al resto de países de la UE-27 que no están incluidos en el G8 (Alemania, Francia, Italia y Reino Unido), y que alcanzan los 1.976 firmantes, de los cuales 1.493 son empresas.

Fuente: Elaboración propia. Global Compact, 2011

En el caso de los países Emergentes (BRIC), evaluado con anterioridad a la incorporación de Sudáfrica al mecanismo decidida en diciembre de 2010, también encontramos atención los dos extremos. Tal como se muestra en la Figura II.6, el mayor porcentaje de compromiso con la iniciativa se encuentra en Brasil, siendo muy escasa la participación de empresas de la Federación Rusa (20 empresas firmantes).

Figura II.6 Distribución de empresas firmanes del Global Compact entre los países BRIC.

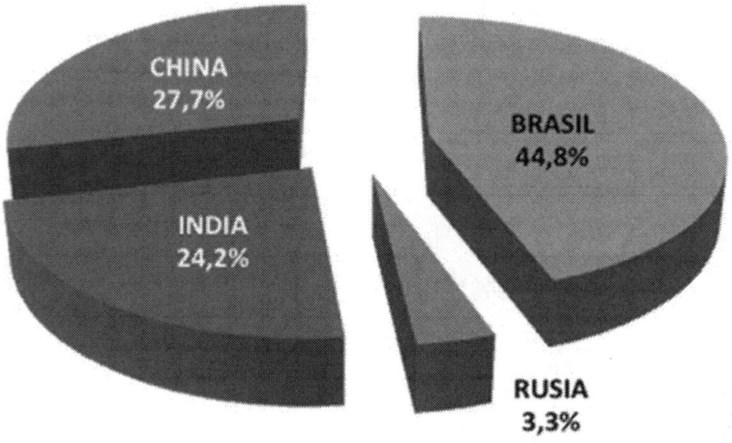

Fuente: Elaboración propia, NU-Global Compact, 2011

De forma global, si bien no pueden calificarse estas cifras y porcentajes de participación como un brillante éxito de la iniciativa, lo cierto es que tampoco parece adecuado minusvalorarlas. En 2007 se realizó un primer estudio sobre participantes, cuyos resultados se contrastarían con un segundo estudio cuyos datos se hicieron públicos en junio de 2010, estamos referenciando el informe "Una nueva era de sostenibilidad"[20]. Una de las cuestiones a destacar de este informe es que las empresas consideran que como consecuencia de la crisis se ha incrementado la importancia de mejorar la sostenibilidad de las gestiones corporativas, pero dicha "consideración" no se ha visto reflejada en un incremento de participación. Desafortunadamente, lo que no permite el citado informe es profundizar en los contenidos de la RSC o sostenibilidad en las empresas, saber si las empresas están realmente incorporando los principios de la sostenibilidad y actúan conforme a ellos, o si estamos frente a un simple maquillaje corporativo. Es interesante ver en los resultados del informe, el

20 LACY, Peter; COOPER, Tim; HAYWARD, Rob y NEUBERGER, Lisa (2010) *A New Era of Sustainability. UN Global Compact-Accenture CEO study 2010. CEO reflections on progress to date, challenges ahead and the impact of the journey toward a sustainable economy.* UN-Global Compact & Accenture. Disponible en www.accenture.com/institute [23/03/2011].

grado de importancia que las compañías dan a estos temas para su futura viabilidad empresarial según sector (teniendo en cuenta que el informe se hace exclusivamente sobre empresas firmantes del Pacto y, supuestamente, comprometidas con la sostenibilidad y el largo plazo). Entre las más sensibilizadas respecto de la importancia sobre sus negocios se encuentran las del sector bancario, energía y servicios públicos; entre las menos las compañías del sector de la comunicación, la electrónica y alta tecnología. Curiosamente, los mayores escándalos por unas políticas de RSC que podríamos tildar de *poco adecuadas* en los últimos años corresponden al sector de la electrónica y alta tecnología. Concretamente, han saltado a los medios de comunicación denuncias por situaciones laborales precarias e intoxicaciones de trabajadores de empresas suministradoras de elementos de compañías multinacionales de alto prestigio corporativo como Apple (no firmante)[21].

Sea por las críticas que empezaban a surgir, o por resultados no hechos públicos, lo cierto es que poco después de la publicación del informe se produce un cambio de rumbo en Pacto Mundial que dará lo que hemos venido en denominar segunda etapa del Pacto Mundial a principios de 2011. Este cambio se materializa un acto político que podríamos catalogar de "golpe de efecto" para evitar que algunas empresas y organizaciones utilizaran su adhesión al Pacto como un mero "lavado de cara" organizacional o "*bluewash*"[22].

Así pues, a finales de 2010 se pusieron de manifiesto las dos realidades del Pacto Mundial, las dos caras de esa misma moneda. Por un lado, la necesaria expulsión de un buen número de las empresas por su "repetida falta de comunicación sobre los avances en la integración de los 10 principios de la iniciativa en sus estrategias y

21 La Agencia EFE ha difundido en los años 2008, 2010, 2011 y 2012 noticias relativas a intoxicaciones colectivas por excesiva exposición a productos tóxicos como, el n-hexano, en las empresas Wintek; o de la "ola de suicidios" vivida en Foxconn ambas suministradoras de componentes para los iPhone e iPad de Apple. Noticia disponible en www.elmundo.es/elmundo/2011/03/07/navegante/1299488085.html, [07/03/2011]; o las más recientes sobre el empleo de menores de edad. Véase el artículo de Kober Chibber en la BBC titulado "Foxconn: 'Hidden dragon' out in the open", disponible en http://www.bbc.co.uk/news/business-19699156 [17/12/2012].

22 Para algunos críticos del Pacto Mundial, caso de BRUNO, K. y KARLINER, J (2000) "Tangled Up In Blue: Corporate Partnerships at the United Nations", disponible en http://www.corpwatch.org/article.php?id=996, [22/03/2011], el término bluewash(ing) viene a hacer referencia a la utilización indebida por parte de algunas empresas del logotipo de las Naciones Unidas tras adherirse al Pacto Mundial sin intención real de emprender actuaciones que demuestren el compromiso mediante hechos con los 10 principios. La terminología es similar a otra empleada y extendida que hace referencia a actuaciones "falsamente ambientales", o falso "marketing verde", como es greenwashing y se emplea el color azul (blue) para hacer referencia a la parte social de la RSC o a toda la RSC, incluyendo la parte ambiental.

operaciones"[23], forma suave de decir que estas empresas habían "firmado" un compromiso que no habían llegado a materializar de facto, ni tenían intención de hacerlo puesto que se les advirtió para tomar medidas y no lo hicieron. Esta expulsión resultaba necesaria para tratar de salvar la credibilidad de la iniciativa, es decir, para lavar la imagen permisiva del Pacto Mundial.

Es más que posible, muy probable, que alguna de las empresas adheridas al Pacto lo hiciesen guiadas por el deseo de aprovecharse del empleo del logotipo de las Naciones Unidas, pero queremos pensar que buena parte de ellas (medianas y sobre todo pequeñas) simplemente cometieron un error de cálculo. Tal vez, y sólo tal vez, el error de muchas de estas organizaciones fue considerar que la mera firma del Pacto Mundial serviría para que las directivas de sus organizaciones fueran más allá, que integraran los principios del Pacto en sus estrategias y principios gestores. Ciertamente un error de cálculo, puesto que la implementación de estas iniciativas supone no sólo un compromiso sobre el papel, sino la actuación, y toda actuación requiere de recursos humanos y económicos para mantener el compromiso vivo. Por contra, se ha visto que la iniciativa coadyuva o sirve de acelerador en aquellas empresas que antes de firmar el Pacto ya estaban acometiendo actuaciones relacionadas con la RSC[24]. De ahí el deseo de un reducido número de empresas de constituir una plataforma exclusiva, al objeto de diferenciarse y de seguir trabajando en una iniciativa en la que realmente creen (entendiendo por tal creencia no la simple firma, sino la actuación continuada) suscribiendo un compromiso más ambicioso: liderar la llamada "sostenibilidad corporativa"[25].

A finales de 2010 se producen dos hechos cruciales: el primero, la publicación del mencionado informe "Una Nueva Era de Sostenibilidad"; el segundo, la llamada de atención a un importante número de empresas firmantes del Pacto Mundial para que reportaran sobre las actividades realizadas para dar cumplimiento a su compromiso.

---

23 Noticia hecha pública por Pacto Mundial el 20 de enero de 2011, "Number of Expelled Companies Reaches 2,000 as Global Compact Strengthens Disclosure Framework", tras agotarse los plazos de moratoria dados, para subsanar deficiencias, en la Cumbre de Líderes del Pacto Mundial celebrada en Nueva York los días 24 y 25 de junio de 2010, donde se dio un plazo para subsanar deficiencias. Noticia disponible en www.unglobalcompact.org/news/95-01-20-2011, [16/02/2011].

24 McKINSEY & Co. (2004) "Assessing the Global Compact's Impact", Proyecto de McKINSEY & Company, 11 de mayo de 2004, disponible en www.wbcsd.ch, [23/11/2011].

25 Global Compact Lead, nota informativa sobre la constitución de la plataforma, de enero de 2011. Disponible en www.globalcompact.org.

2.1.2 La Segunda Etapa del Pacto Mundial: 2011-¿2020?

A partir de enero de 2011 se abre una segunda etapa que pretende una mayor transparencia y acción responsable a las empresas firmantes. Esta nueva etapa supone la "purga" de empresas que no demuestran regularmente su implicación activa en Pacto Mundial; y la designación de empresas líderes de Pacto Mundial, empresas con un nivel "avanzado" de compromiso. El total de organizaciones expulsadas ascendió a 2.048, y eso que previamente se había concedido una moratoria para que empresas firmantes de países menos desarrollados pudieran tomar medidas para evitar la expulsión. La lista facilitada por la ONU permite hacer análisis interesantes respecto de la cruda realidad del Pacto Mundial.

Lo primero que encontramos al revisar el listado es que cerca del 65% de las empresas expulsadas del Pacto Mundial fueron Pymes, lo cual no es de extrañar dados los recursos necesarios para acometer adecuadamente este tipo de compromisos.

Figura II.7 El Top 10 de las expulsiones

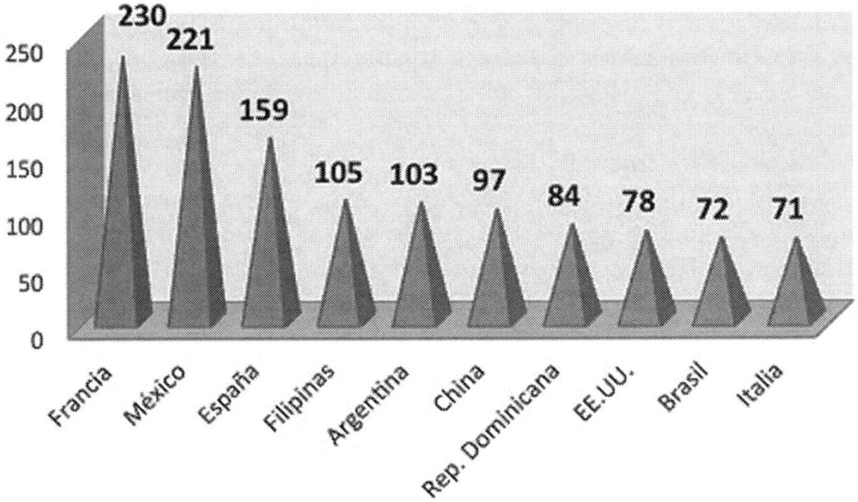

Fuente: Elaboración propia. UN-Global Compact, 2011

El que podríamos llamar el "Top 10 de la vergüenza o de las expulsiones", conformado por los países con mayor número de empresas expulsadas del Pacto Mundial, se refleja en la Figura II.7. En términos absolutos, Francia ocupa el dudoso "honor" de ser el país con más empresas expulsadas, seguida de México y de España. Ahora bien, en términos relativos la situación ha sido más impactante en otros países. Es el caso de Filipinas, con el 88,98% de las empresas firmantes expulsadas, o el de República Dominicana con el 73,04%. Mención aparte merece México, puesto que la expulsión de sus 221 empresas (lo que supone el 68,42% de las firmantes) se produce incluso a pesar de que el gobierno emprendiera una iniciativa de apoyo a sus Pymes y micro Pymes para hacerlas más competitivas, y en cuya ejecución se hicieron inversiones específicas para que estas pudieran implementar "prácticas sostenibles y responsables"[26].

Es importante señalar que estas no han sido, en principio, empresas expulsadas como consecuencia de la denuncia de situaciones de abuso o incumplimiento reiterado de los Principios del Pacto Mundial. La organización ha hecho pública la lista de expulsiones sin que esta se haya acompañado de las aclaraciones relativas al por qué de cada una de las expulsiones, como hubiera sido deseable. En todo caso, se deja entrever que el motivo de la expulsión generalizada es la falta de implementación de los Principios. No obstante, conviene señalar que Pacto Mundial tiene un mecanismo previsto para denuncias por escrito de abusos graves o sistemáticos de los principios del pacto por las compañías firmantes, ahora bien cabe preguntarse si son realmente efectivas las mediaciones del Pacto en caso de denuncias de abusos.

Otra de las conclusiones que se pueden extraer es que China cuenta con una Red poco eficiente para promover los principios de Pacto Mundial, por la todavía escasa participación de empresas de su área de influencia. Este hecho puede que no resulte sorprendente, pero sí lo es que entre las Redes catalogadas de menos eficientes estén países como Suiza o Estados Unidos. En el extremo opuesto de la eficiencia se encuentran Japón y Suecia.

Junto con la expulsión se puso en práctica un **Programa de Diferenciación**, en donde estarán presentes las empresas de la *cara positiva de la moneda*, las empresas integrantes de la plataforma "Global Compact LEAD". Durante el Foro Económico Mundial de Davos[27] de 2011, los Directores Generales de 54 grandes empresas y el Secretario General de la ONU, Ban ki-Moon, acordaron crear una nueva plataforma para liderar la Sostenibilidad Corporativa. El nuevo compromiso: implementar

---

26 ASCOLI, Kimberly & BENZAKEN, Tamar (2009) "Política pública y promoción de la responsabilidad social empresarial". BSR. Agosto de 2009.p. 5.

27 El Foro Económico Mundial (WEF) popularmente conocido como "Foro de Davos", por ser en esta ciudad suiza donde se realiza su reunión anual, es una fundación sin fines de lucro creada en 1971 por el economista alemán Klaus M. Schwab. En su asamblea anual se reúnen los principales líderes empresariales y políticos, además de intelectuales, para analizar los problemas más apremiantes y proponer iniciativas a escala mundial. De estas iniciativas, algunas se encuentran íntimamente vinculadas a los Principios del Pacto Mundial (caso de su Iniciativa Medioambiental, que aborda problemas relacionados con el Cambio Climático y el agua, o de la Iniciativa de la Asociación contra la Corrupción); así como otras más ligadas a la consecución de los Objetivos del Milenio (caso de la Iniciativa de Salud Global o la Iniciativa de Educación Global). Para más información: www.weforum.org.

el llamado *Blueprint*, un modelo o programa de liderazgo en la Sostenibilidad Corporativa desarrollado por Naciones Unidas.

Para esta segunda etapa la organización refuerza las herramientas a disposición de las empresas participantes. Para hacer más eficiente la ayuda, lo primero que se hace en el Programa de Diferenciación es categorizar a las empresas según su nivel de comunicación de los progresos conseguidos en integrar los principios del Pacto en su organización y actividades, así como su contribución a otros objetivos más amplios de Naciones Unidas, como los Objetivos de Desarrollo del Milenio.

El Programa permite a las empresas, a través de su plataforma y otras herramientas, empezar el compromiso con NU e ir avanzando hacia la sostenibilidad mediante un proceso de mejora continua. Esta es una plataforma pública, de libre acceso para poder reforzar el objetivo del Pacto Mundial de cambiar ciertas prácticas empresariales a través de la transparencia. Entre las herramientas disponibles, destacan los medios y ayudas para que puedan hacer públicos sus avances mediante los documentos de Comunicación del Progreso (CoP), puesto que éstos son obligatorios para poder seguir formando parte de la iniciativa y no ser expulsadas. Toda esta información permitirá a empleados, consumidores, accionistas, inversionistas y otros grupos de interés hacer un mejor seguimiento del compromiso adquirido con los Principios del Pacto Mundial.

El Programa no evalúa el comportamiento de las empresas, pero sí las clasifica según su grado de implementación de los Principios y su nivel de transparencia y revelación de la información sobre su actividad corporativa. Se diferencian dos niveles: el Activo (*Global Compact Active*) y el Avanzado (*Global Compact Advanced*); si bien hay un grupo de empresas que se encuentran en un nivel superior, el del Liderazgo que han pasado a formar parte directamente del *Global Compact Lead* (Figura II.8).

Figura II.8 Niveles del Programa de Diferenciación del Pacto Mundial

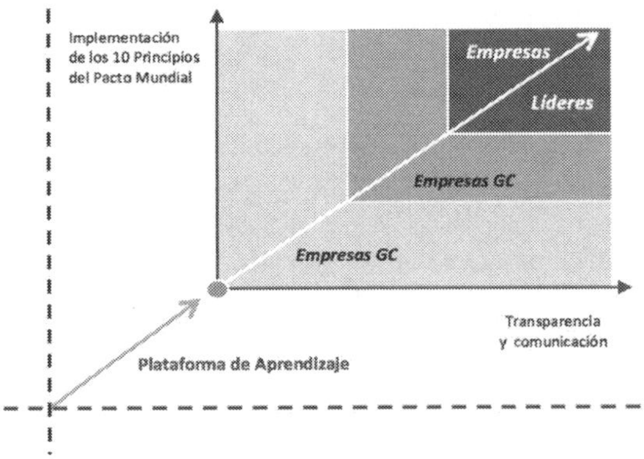

Fuente: www.unglobalcompact.org

Esta diferenciación, el mantenimiento en dos niveles, se podrá comprobar mediante los reportes públicos CoP que deberán demostrar los progresos anuales en las dos dimensiones críticas del Programa: la implementación y a transparencia. Para hacer reportes extensos sobre la actividad y comportamiento en RSC de las empresas, la organización del Pacto trabaja en colaboración con la *Global Reporting Initiative* (GRI) para que las empresas generen y hagan públicas anualmente sus Memorias de Sostenibilidad, donde también se incluyan específicamente los 10 Principios, aunque pueden emplearse alternativamente otras metodologías de reporte como la desarrollada por el Instituto Ethos.

La **Plataforma de Aprendizaje** se crea para ayudar a aquellos firmantes del Pacto que han demostrado su compromiso comunicando mediante los CoP sus progresos y su transparencia, pero que todavía no cuentan con nivel suficiente como para que la organización del Pacto les califique de nivel Activo (*empresas Global Compact Activas*). A estas empresas se les da un plazo (el llamado periodo de gracia de aprendizaje de 12 meses) para que puedan emprender las acciones necesarias para que sus CoP cumplan con los requerimientos mínimos establecidos. Durante ese periodo las empresas contarán con el apoyo activo y asistencia de las Redes Locales, puesto que en caso de no lograr alcanzar el nivel de Activas en 2012 deberían ser expulsadas. En realidad se trata de una segunda moratoria encubierta para no incrementar el número de empresas expulsadas, apareciendo en la web como empresas que "no comunican" (*"non-communicating"*).

Las empresas incluidas en el **nivel Activo** (*empresas GC Activas*) son aquellas cuyos CoPs son entregados en plazo y reúnen los requisitos mínimos de estar cumpliendo, mediante la acción, los compromisos de progreso y transparencia con los grupos de interés que señala el Pacto. La organización lo que hace es recepcionar la información facilitada por las empresas, comprobar que se cumplen los requisitos mínimos impuestos:

- Una declaración de la dirección manifestando el apoyo al Global Compact y renovando el compromiso con la iniciativa y sus Principios;
- La descripción de las actividades que la empresa desarrolla para implementar los Principios del pacto en cada una de sus cuatro áreas: derechos humanos, trabajo, medio ambiente y anti-corrupción (o la explicación de por qué no hay acciones en ese campo);
- La medición de sus resultados/logros, ya sea de forma cualitativa o cuantitativa, mediante el uso de indicadores (ya sean los propuestos por el pacto o por GRI);

y controlar los progresos que la propia empresa dice que ha realizado y que, previamente, ha autoevaluado. Dado que este "control" de contenidos no es muy real, la organización recomienda a estas empresas y a las que se encuentran en un nivel avanzado a utilizar el modelo GRI.

Para ser incluido en el grupo de empresas de **nivel Avanzado**, las empresas tienen en este momento inicial de la Segunda etapa del Pacto, la oportunidad de autocalificarse de tales siempre que puedan demostrar, a través de sus reportes, que cuentan con una gobernanza sostenible y cuentan con un alto estándar de sostenibilidad corporativa, con un sistema de gestión de procesos basados en el modelo de gestión de NU o el Programa de Sostenibilidad Corporativa *Blueprint*. En este nivel, las empresas cuentan con sistemas de gestión que permiten integrar los 10 Principios del Pacto en las estrategias y operaciones de la compañía, y practican actividades de *benchmarking* para informar de sus mejores prácticas (y resultados) a otras compañías para que puedan hacer actuaciones similares o, simplemente, aprender de ellas.

A las empresas que quieran estar en el nivel avanzado se les pide que planifiquen y apliquen 24 criterios avanzados de sostenibilidad corporativa, que deberán ser reportados anualmente en el CoP junto con los criterios señalados para cada uno de ellos:

Estrategia, Gobernanza y compromiso

- Criterio 1: estrategia
- Criterio 2: gobernanza
- Criterio 3: compromiso con los grupos de interés

Objetivos y temas de Naciones Unidas

- Criterio 4: Acciones en apoyo a objetivos globales de NU y temas relacionados

Implementación de los Derechos Humanos

- Criterio 5: Descripción de compromisos, estrategias y políticas firmes en el área de los derechos humanos
- Criterio 6: Descripción efectiva de los sistemas de gestión para integrar los principios de Derechos Humanos
- Criterio 7: Descripción efectiva de los mecanismos de control y evaluación de la integración en la empresa de los Derechos humanos
- Criterio 8: Uso de indicadores de comportamiento estandarizados sobre Derechos Humanos (incluyendo los GRI)

Implementación de los Principios del Pacto Mundial

- Criterio 9: Descripción de compromisos, estrategias y políticas firmes en el área laboral
- Criterio 10: Descripción efectiva de los sistemas de gestión para integrar los principios laborales
- Criterio 11: Descripción efectiva de los mecanismos de control y evaluación de la integración de los principios laborales
- Criterio 12: Uso de indicadores de comportamiento estandarizados sobre principios laborales (incluyendo los GRI)

Implementación de los principios de administración ambiental

- Criterio 13: Descripción de compromisos, estrategias y políticas firmes en el área de la administración ambiental
- Criterio 14: Descripción efectiva de los sistemas de gestión para integrar los principios ambientales
- Criterio 15: Descripción efectiva de los mecanismos de control y evaluación de la integración de la administración ambiental
- Criterio 16: Uso de indicadores de comportamiento estandarizados sobre administración ambiental (incluyendo los GRI)

Implementación de medidas Anti-Corrupción

- Criterio 17: Descripción de compromisos, estrategias y políticas firmes anti-corrupción
- Criterio 18: Descripción efectiva de los sistemas de gestión para integrar los principios anti-corrupción
- Criterio 19: Descripción efectiva de los mecanismos de control y evaluación de la integración de medidas y actuaciones anti-corrupción
- Criterio 20:Uso de indicadores de comportamiento estandarizados en materia de anti-corrupción (incluyendo los GRI)

Implementación en la Cadena de Valor

- Criterio 21: Descripción de la implementación de los Principios del Pacto Mundial en la cadena de valor

Transparencia y verificación

- Criterio 22: Suministrar información sobre el perfil de la compañía y su contexto operativo
- Criterio 23: Incorporar altos estándares de transparencia e información
- Criterio 24: Hacer que el CoP sea verificado por tercera parte independiente

Como puede verse, para las empresas que se encuentran en este nivel se recomienda constantemente la utilización del modelo GRI (en concreto la Guía GRI G3 y sus indicadores) para reportar actuaciones y resultados. La organización pone a disposición de las empresas una lista de buenas prácticas, aunque la empresa puede desarrollar iniciativas que luego pondrá a disposición del resto de firmantes, y también una Guía específica para abordar el tema de la corrupción.

Para concluir este apartado, ya señalamos que 54 grandes empresas acordaron crear una nueva plataforma y constituir un restringido grupo de **empresas líderes en Sostenibilidad Corporativa** (Tabla II.1), implementando un modelo o programa de liderazgo más avanzado todavía que el resto, el llamado *Blueprint*.

Tabla II.1 Países con empresas integrantes inicialmente del Global Compact LEAD

Países	Empresas
Estados Unidos	7
Alemania, China	5
España, Dinamarca	4
Reino Unido, Japón	3
Canadá, Suiza, Brasil, Italia, Holanda, India	2
Colombia, Sudáfrica, Egipto, Israel, Nigeria, Qatar, Rep. Corea, Ucrania, Francia, Indonesia, Federación Rusa	1
TOTAL Integrantes	**54**

Fuente: Elaboración propia. UNGC, 2011

A la luz de la experiencia y de la situación socio-económica global, desde la ONU se nos *invita* a trabajar o a hacer más visible un cuarto pilar sobre el que sustentar la RSC, la ética. Se produce un pequeño cambio semántico pero, a nuestro entender, de gran transcendencia al dejar de hablar de Responsabilidad Social Corporativa y emplear un nuevo término: la Sostenibilidad Corporativa. Así, se entiende por *Sostenibilidad Corporativa* cuando "una compañía aporta valores a largo plazo en términos financieros, sociales, medioambientales y éticos"[28].

Del Pacto Mundial pueden participar todo tipo de organizaciones, no así de la nueva plataforma *Blueprint,* basada en compromisos clave que deben ser realizados por las empresas que buscan la sostenibilidad corporativa. Remarcamos, empresas, y sólo empresas que hayan asumido y probado su compromiso de participación activa en el Pacto Mundial y que quieren liderar la adopción de medidas para apoyar una mayor variedad de metas y temas planteados por Naciones Unidas.

Blueprint incluye tres dimensiones clave (Figura II.9) y cuatro componentes transversales.

- **Dimensión 1**.- Implementar los 10 Principios del Pacto mundial en las estrategias y operaciones de la empresa. Esto supone un esfuerzo para diseñar una estrategia de sostenibilidad corporativa dentro de la empresa para crear sinergia, asignar responsabilidades internas para su ejecución, analizar las posibilidades para que estos principios se implementen en su cadena de valor, entre otras cuestiones.
- **Dimensión 2**.-Tomar medidas para apoyar una mayor variedad de metas y temas de las Naciones Unidas. La primera dimensión busca la internalización de los 10 Principios del Pacto Mundial en las estrategias y programas de actuación de las empresas, en tanto que esta segunda dimensión busca la realización de acciones orientadas a aumentar los impactos positivos en la sociedad, caso de inversiones sociales y contribuciones filantrópicas, entre otras.
- **Dimensión 3**.- Comprometerse con el Pacto Mundial, teniendo en cuenta que la participación no es un objetivo en sí mismo, sino una vía para tratar de mejorar el rendimiento de las empresas con respecto a las otras dos dimensiones. Este compromiso puede materializarse mediante, por ejemplo, el establecimiento y/o participación en Redes locales, impulsando iniciativas de otros Programas de Naciones Unidas, o promoviendo el Pacto Mundial ante proveedores y socios comerciales.

A su vez, los componentes transversales tratan varios aspectos esenciales del Pacto Mundial en general, al tiempo que exploran nuevos ámbitos considerados "de

28 *Opus cit.* PNUD (2010) *Annual Review*...p.4.

vital importancia para llevar a cabo con éxito las tres dimensiones"[29], anteriormente descritas. Los cuatro componentes transversales son: el compromiso y liderazgo; adopción y supervisión de las juntas directivas; compromiso de los participantes; transparencia y revelación.

Figura II.9 Dimensiones y componentes transversales de Blueprint

Fuente: PMNU, 2010

Cerrar este apartado apuntando en qué momento nos encontramos de esta evolución que vive Pacto Mundial. En estos momentos el número de organizaciones firmantes del Pacto Mundial es de 8.900 organizaciones, distribuidas por 166 países. Si bien, prácticamente la mitad de ellas se encuentran en Europa (52,4%), en tanto que las organizaciones firmantes de América del Norte (Estados Unidos y Canadá) sólo suponen un 4,4% del total[30].

---

29 *Ibid*. p.9.

30 Europa 52%, América Latina 20,6%, Asia y Oceanía 15,4%, África 7,2%, América del Norte (Estados Unidos y Canadá) 4,4%. UN-Global Compact (2015) *Guide to Corporate Sustainability. Shaping a Sustainable Futuro*. Pág.8. Disponible en www.unglobalcompact.org. La cifra global de organizaciones y países, proviene de la web de la organización a fecha de julio de 2016.

Durante la Cumbre de Líderes 2016 de Global Compact, realizada en Nueva York, Ban Ki Moon recalcó que Pacto Mundial es el canal institucional de la ONU encargado de orientar a las empresas para poner en marcha las metas de los Objetivos de Desarrollo Sostenible (ODS), incluidos en la Agenda 2030, aprobada en 2015: "El Pacto Global de Naciones Unidas cuenta con una preparación y posición única para guiar a los negocios en la era de los ODS. Alcanzar los ODS requerirá de una cooperación sin precedentes, innovación radical y liderazgo extraordinario. Y requerirá que cada uno de nosotros sea un pionero que avance en territorio desconocido. Eso significa tomar la responsabilidad personal y corporativa de cómo hacemos negocios y a quiénes elegimos como staff y socios. Significa hacer un balance de nuestras decisiones como consumidores e inversores. Significa elevar nuestras voces y tomar una posición cuando importa. El Pacto Global de Naciones Unidas es el foro para que todo esto ocurra".

En la Asamblea se lanzó la segunda fase de la Agenda 2030, la cual consiste en que cada empresa firmante del Pacto Mundial trabaje en alianzas y estrategias de forma particular, para identificar oportunidades de acción e innovación de los ODS que respondan a sus operaciones, para alcanzar el desarrollo sostenible.

Tal y como recalcó Lise Kingo, Directora Ejecutiva del Pacto Global, "para alcanzar los ODS al 2030 el tiempo para actuar es ahora. Muchas compañías ya están viendo a través de la lente de ODS: imaginan cómo sus operaciones, productos y servicios pueden apoyar las realidades de nuestro planeta y servir mejor a los mercados tanto hoy como en el futuro. Es alentador que un número creciente de CEO ya reconozcan que los ODS ofrecen un mapa para los negocios para repensar los acercamientos a la creación de valor sostenible, pero el desafío ahora es escalar este movimiento para incluir a las empresas en todos lados".

2.2 SOBRE LOS OBJETIVOS DE DESARROLLO DEL MILENIO, LOS OBJETIVOS DE DESARROLLO SOSTENIBLE Y LA AGENDA 2030

2.2.1 Los Objetivos de Desarrollo del Milenio 2000-2015

El Pacto Mundial supuso una llamada directa a la RSC, pero entendemos que no fue la única. El año en que Pacto Mundial inicia su andadura operativa se aprueba la "Declaración del Milenio" en el trascurso de la Cumbre del Milenio de las Naciones Unidas celebrada en septiembre[31] y en la que se aprueban los llamados Objetivos

31 UN (2000) Declaración del Milenio. Resolución aprobada por la Asamblea General, Quincuagésimo quinto período de sesiones. Tema 60 *b) del programa*. A/RES/55/2, 13 de septiembre

de Desarrollo del Milenio (ODM), ocho ambiciosos objetivos a alcanzar en 2015 (Tabla II.2).

Tabla II.2 Los 8 Objetivos de Desarrollo del Milenio

- Objetivo 1: Erradicar la pobreza extrema y el hambre
- Objetivo 2: Lograr la enseñanza primaria universal
- Objetivo 3: Promover la igualdad entre los géneros y la autonomía de la mujer
- Objetivo 4: Reducir la mortalidad infantil
- Objetivo 5: Mejorar la salud materna
- Objetivo 6: Combatir el VIH/SIDA, el paludismo y otras enfermedades
- Objetivo 7: Garantizar la sostenibilidad del medio ambiente
- Objetivo 8: Fomentar una Asociación Mundial para el Desarrollo

Sin duda, determinadas fechas permiten y facilitan la reflexión acerca del transcurso del tiempo y de los logros o fracasos del periodo inmediatamente anterior. Así ocurrió con los Estados ONU con la llegada del siglo XXI dado que, como afirmara su Secretario General, la Organización se encontraba en una encrucijada en el camino que debía superar al igual que a lo largo de los años había sorteado todo tipo de dificultades[32].

Así, el nuevo milenio propició la reflexión general en torno a temas esenciales tales como la paz, la seguridad y el desarme, los derechos humanos, la democracia el buen gobierno y el fortalecimiento de las Naciones Unidas. Esta reflexión quedó recogida en la Declaración del Milenio[33], que se ha convertido en la nueva carta de navegación del sistema de las Naciones Unidas. Los ODM se conforman por tanto como una parte de la más amplia y ambiciosa Declaración del Milenio, que no solo prometió erradicar la pobreza extrema sino lograr un mundo más justo y seguro y

---

de 2000.Esta Declaración fue aprobada por 189 países y firmada por 147 jefes de estado y de gobierno presentes en la Cumbre.

32 Informe del Milenio del Secretario General de las Naciones Unidas, Kofi Annan, "Nosotros los pueblos...La función de las Naciones Unidas en el siglo XXI" en el que se señalaba la función de las Naciones Unidas en el siglo XXI y se proponían diferentes objetivos para cumplir con ella. 2000.

33 Resolución de la Asamblea General, A/RES/55/2, de 13 de septiembre de 2000. El documento de base para la reflexión de los representantes de los Estados fue el informe del Milenio del Secretario General de ONU. CANO LINARES, Mª Ángeles, "Equidad v. inequidad: La Declaración del Milenio de las Naciones Unidas y progresos en la consecución de los objetivos de desarrollo del milenio en América latina y el Caribe", Revista Electrónica Iberoamericana, ISSN-e 1988-0618, Vol. 1, Nº. 1, 2007, págs. 117-135

representan un cambio en la forma que desde Naciones Unidas afrontan la cooperación al desarrollo, tras la insatisfactoria sucesión de Décadas para el Desarrollo proclamadas desde 1960.

Con ese fin se identificaron y formularon una serie de objetivos, 8 en total aunque pueden quedar reducidos a 7 objetivos concretos, cuantificables y a una condición necesaria, imprescindible para alcanzar los anteriores: el fomentar una asociación mundial para el desarrollo al resultar imprescindible revitalizar la cooperación internacional para hacerla más eficaz, vinculando países desarrollados y en desarrollo[34].

Los objetivos fueron establecidos con la mayor claridad posible, pero no representaron por sí mismos un programa de desarrollo completo. Se acordaron, asimismo, metas cuantificadas, en las que se indica el nivel que debían alcanzar en 2015 las principales variables económicas y sociales que reflejan los objetivos aprobados. También se convino en examinar periódicamente los adelantos logrados, tratando de evitar así que todo el impulso inicial se desvaneciera con el paso del tiempo. Un primer examen quinquenal se realizó en 2005 y un segundo en 2010[35] que seguido de diferentes informes anuales.

Los ODM se establecieron junto con una agenda común para reducir a la mitad la pobreza extrema y el hambre; conseguir que la enseñanza primaria fuera universal y garantizar la igualdad entre sexos; reducir la mortalidad de los menores de 5 años y la mortalidad materna en dos terceras partes y en tres cuartas partes, respectivamente; detener la propagación del SIDA, el paludismo y otras enfermedades; garantizar la sostenibilidad del medio ambiente; y fomentar una Asociación Mundial para el Desarrollo.

Los objetivos se basaron directamente en una serie de actividades y metas incluidas en la Declaración del Milenio, estando cimentados sobre la idea de que hay una serie de "valores fundamentales" que son catalogados de "esenciales para las relaciones internacionales en el siglo XXI". Dichos valores son:

- la libertad,
- la igualdad,
- la solidaridad,

---

34 En este sentido, el octavo Objetivo combina las responsabilidades de los países en desarrollo con las de los países desarrollados, sobre la base de una alianza mundial respaldada en la Conferencia Internacional sobre la Financiación para el Desarrollo celebrada en Monterrey, México, en 2002 y reafirmada en la Cumbre Mundial sobre Desarrollo Sostenible celebrada en Johannesburgo en agosto de 2002.

35 Informe 2010 Objetivos de Desarrollo del Milenio http://www.undp.org/content/undp/es/home/librarypage/mdg/MDG_report_2010.html. En la primera revisión, el Secretario General presentó el informe, "Un concepto más amplio de la libertad: desarrollo, seguridad, y derechos humanos", A/59/2005.

- la tolerancia,
- el respeto a la naturaleza,
- y la responsabilidad común.

Este último término, *responsabilidad común*, debe entenderse referido a una responsabilidad de la gestión del desarrollo económico y social en el mundo, responsabilidad compartida por todos los gobiernos y actores sociales, incluyendo también las actuaciones del sector privado, por lo que la empresa no es ajena a esta responsabilidad común.

En cumbres mundiales posteriores a la Declaración del Milenio, en particular en la Conferencia Internacional sobre la Financiación para el Desarrollo (celebrada en Monterrey en marzo del 2002)[36] y en la Cumbre Mundial sobre el Desarrollo Sostenible (celebrada en Johannesburgo en septiembre del mismo año)[37], se aprobó el llamado Consenso de Monterrey con el que, entre otras cuestiones, se ratificó el compromiso internacional en torno a los ODM:

> *Apoyaremos a las Naciones Unidas en la ejecución de una campaña mundial de información sobre las metas y objetivos de desarrollo convenidos internacionalmente, incluidos los consignados en la Declaración del Milenio. A este respecto, deseamos alentar a todas las partes interesadas que corresponda, en particular a las organizaciones de la sociedad civil y el sector privado, a que participen activamente.*

En Monterrey quedó patente la necesidad de revitalizar la cooperación multilateral en materia económica y financiera, abogándose explícitamente por el retorno de estos temas al seno de las Naciones Unidas (una gobernanza global para problemas globales), sin dejar de reconocer la ventaja de las alianzas que se estaban desarrollando de forma bilateral entre algunos gobiernos, el sector privado y organizaciones no gubernamentales en la búsqueda del Desarrollo Sostenible. Pero el Consenso no estaba acompañado de líneas de actuación claras y concretas, lo que le hizo perder la deseada operatividad, incluso tras ser revisado posteriormente en 2008.

Bien es cierto que, aunque los ODM eran claros parecían más dirigidos a cuestiones concernientes a los Estados que no al sector empresarial. Ciertamente el peso

36 Consenso de Monterrey, documento A/CONF.198/3, de 1 de marzo de 2002.

37 El propósito principal de la Cumbre fue cómo se debe transformar al mundo para asegurar el desarrollo sostenible lo que implicó abordar una gran variedad de cuestiones relevantes como la erradicación de la pobreza, el desarrollo social y económico, la protección del medio, la desertificación, el agua, la energía, la salud, la agricultura, la biodiversidad, el empleo, la educación, los océanos, los bosques, las tierras áridas, los pantanos, el calentamiento mundial y la atmósfera, entre muchos otros.

de las ayudas oficiales al desarrollo (AOD) recae básicamente sobre los Estados, pero éstos no son los únicos comprometidos. Como se examinó anteriormente, un grupo de empresas comprometidas con la RSC habían firmado la iniciativa Pacto Mundial, lo que venía a suponer no sólo el compromiso con sus 10 principios sino también con otras iniciativas o actuaciones de las Naciones Unidas. Para aquellos años iniciales resultó de gran utilidad la publicación del documento "*Business and the Millennium Development Goals. A framework for Actión*", elaborado por el Foro de los Líderes Internacionales Empresariales Príncipe de Gales y el PNUD[38]. En este documento se señalaban elementos clave para que las empresas (principalmente las multinacionales) vieran la conexión entre la consecución de los ODM y la sostenibilidad de sus negocios a la posibilidad de ampliar mercados. Entre las ideas ofrecidas se encuentran:

- mejorar la situación de los países receptores de sus empresas, colaborando en la estabilidad socio-política;
- hacer una más adecuada gestión de los riesgos y costes (la degradación ambiental, la mala salud, riesgos de conflicto bélico, o los bajos niveles educativos tienen incidencia en los costes y riesgos de hacer negocios en esos países y desde esos países);
- la oportunidad de abrir nuevos mercados y crear nuevos negocios a medio y largo plazo.

De manera genérica, y para que todas las empresas interesadas pudieran emprender acciones -con independencia del tamaño o del tipo de actividad- se identificaron tres elementos que conectan fácilmente la actividad empresarial diaria con la contribución a la consecución de los ODM (Figura II.10):

a. la actividad propia de la empresa;
b. su posible inversión en acción social y/o actividades filantrópicas;
c. y la colaboración con los gobiernos y autoridades en el desarrollo de sus políticas y puesta en práctica de sus actuaciones públicas.

38 NELSON, Jane y PRESCOTT, Dave (2003) Business and the Millennium Development Goals. A framework for Actión. The Prince of Wales International Business Leaders Forum in collaboration with the United Nations Development Programme. 1stedition. London, 2003.

Figura II.10. Contribuciones de las empresas a los ODM y al desarrollo

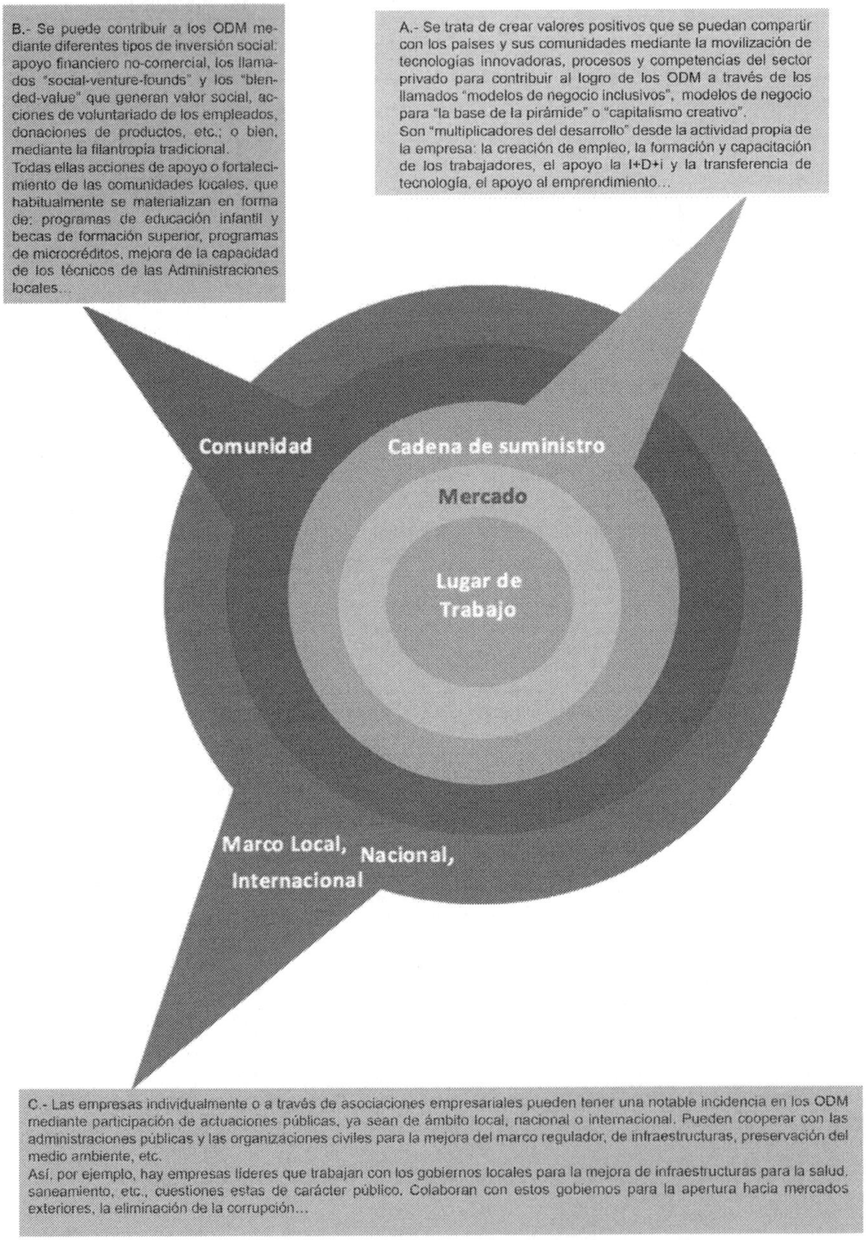

Fuente: Adaptado de Nelson & Prescott, 2003:6

Sin embargo, en la Cumbre Mundial celebrada en Nueva York en 2005, también conocida como Cumbre del Milenio+5, se presentó el primer informe sobre las previsiones de cumplimiento de los ODM. Las conclusiones de la Cumbre fueron rotundas, los ODM no se estaban alcanzando al ritmo necesario para completarlos en 2015 y buena parte países habían fracasado a la hora de encauzar sus políticas públicas de desarrollo hacia soluciones verdaderamente sostenibles.

¿Qué estaba fallando? Para algunos autores, los objetivos "fueron redactados por y para los Gobiernos"[39]. Se hacía necesario entonces pedir explícitamente al sector privado, al mundo empresarial, una colaboración activa reconociendo su importancia para complementar el papel de los Estados. De ahí la redacción del art. 24 d) de la Declaración de la Cumbre, en la que se afirma que es necesario: "Encauzar la capacidad y los recursos privados para estimular al sector privado de los países en desarrollo, a través de medidas en las esferas pública, público-privada y privada, y crear un medio propicio para las alianzas"[40]. Aún en tiempos de bonanza económica global, la sola "voluntad" de los gobiernos no era suficiente dado los bajos niveles de "compromiso dinerario".

Ese mismo año, 2005, el Banco Mundial en su informe "*Business action for the MDGs*" ya ofrece pautas sobre como las empresas pueden ayudar activamente a complementar las actuaciones gubernamentales en la consecución de todos y cada uno de los ODM. También así se explicita en el informe realizado por el Proyecto Milenio de Naciones Unidas "Invirtiendo en el desarrollo: un plan práctico para conseguir los Objetivos de Desarrollo del Milenio", donde se reconoce que "Las empresas privadas son asociados importantes para la consecución de los ODM"[41].

Empiezan a surgir iniciativas aisladas en el sector empresarial, o vinculadas a él, a fin de sensibilizar sobre la necesidad de colaborar desde el sector privado en la consecución de los ODM. A modo de ejemplo citar la *Clinton Global Initiative* del ex presidente norteamericano Clinton[42]; la iniciativa británica *MDG Call to Action*[43], la danesa MDG3 Global Call to Action[44] o la española *Un Mundo Mejor*

---

39 PRANDI, María y LOZANO, J.M. (2009) "¿Pueden las empresas contribuir a los Objetivos de Desarrollo del Milenio", en ¿Pueden las empresas contribuir a los Objetivos de Desarrollo del Milenio? Claves para comprender y actuar, María Prandi y Josep M. Lozano (Coords.), ECP – ESADE, Barcelona 2009: 11-50. Pág. 36.

40 Documento final de la Cumbre Mundial de 2005, A/RES/60/1, de 24 de octubre de 2005.

41 SACHS, Jeffrey D. (2005) "Invirtiendo en el desarrollo: un plan práctico para conseguir los Objetivos de Desarrollo del Milenio", Proyecto Milenio de las Naciones Unidas, Nueva York, pág. 22. Disponible en www.unimilleniumproject.org.

42 http://www.clintonglobalinitiative.org/

43 http://www.dfid.gov.uk/global-issues/millennium-development-goals/

44 http://www.mdg3action.um.dk/

para Joana[45]. Junto a estas también se encuentra la del *International Business Leader Forum*[46]-organización que colabora con las empresas para promover la sostenibilidad del desarrollo y las orienta para que sean más responsables- que empezó a promover el desarrollo de los llamados "negocios inclusivos"[47].

Poco después de su creación, buena parte de estas iniciativas se aúnan en la plataforma *Business Call for Action* (BCtA)[48] desde la que se promueve la aceleración del progreso y la colaboración con la consecución de los ODM mediante actuaciones dirigidas que parten de la RSC de las empresas y también promoviendo el desarrollo de modelos de negocios inclusivos. En esta plataforma internacional concentran sus esfuerzos el PNUD, el Pacto Mundial, la iniciativa del Departamento de Desarrollo internacional británico *MDG Call to Action*, la Agencia Internacional para el Desarrollo de Estados Unidos, el Ministerio de Asuntos Exteriores de Holanda y la Agencia de Desarrollo Internacional de Australia, la *Clinton Global Initiative* y el *International Business Leader Forum*.

Un destacado grupo de empresas lo estaban haciendo, tal y como se recoge en los ejemplos presentados en la 2ª edición del documento de Nelson y Prescott[49], pero la crisis económico financiera que estalló en 2007 influyó notablemente en las actuaciones, tanto del sector empresarial como de algunos gobiernos, acentuándose aún más las desviaciones ya detectadas entre lo planificado por Naciones Unidas y los resultados conseguidos hasta la fecha.

Ese hecho fue puesto de manifiesto durante las tareas preparatorias de la Cumbre del Milenio del 2010. Así se refleja en los informes del Grupo de Tareas sobre el

---

45 http://www.2015unmundomejorparajoana.com/

46 http://www.iblf.org/

47 Los Negocios inclusivos hacen referencia a las empresas, o modelos de negocio, que incluyen a poblaciones de bajos ingresos (pobres) dentro del modelo, es decir, como clientes o consumidores por un lado y, por otro, como productores, empleados o participantes en la empresa. En los debates de la Cumbre se mostró como estos nuevos modelos de negocios están creciendo y que suponen tanto nuevas oportunidades para personas de bajos ingresos, como beneficios comerciales para las empresas. Véase el document "Accelerating progress towards the Millenium Development Goals through inclusive business. Delivering results: moving towards scale", Informe sobre Negocios Inclusivos mantenido durante la Cumbre del Milenio, Nueva York, octubre de 2010, publicado por varias instituciones incluido el *World Business Council for Sustainable Development*; disponible en www.wbcsd.org [31/03/2011].

48 http://business-call-to-action.com/

49 El documento pone ejemplos de actuaciones acometidas por empresas y organismos privados para alcanzar los ODM, señalando cuáles pueden corresponder de manera individualizada a cada uno de los 8 objetivos, tratando de servir de ejemplo a otras empresas. Entre las compañías citadas se encuentran, a modo de ejemplo: Endesa, Vodafone, Deutsche Bank, Nestlé, DuPont, Unilever, L'Occitane, FedEx, Microsoft o Coca-Cola, entre otras muchas. NELSON, Jane y PRESCOTT, Dave (2008) *Business and the Millennium Development Goals. A framework for Actión.* International Business Leaders Forum in collaboration with the United Nations Development Programme. 2nd edition. London, 2003.

Desfase en el logro de los ODM de Naciones Unidas de los años 2008 y 2009[50], ya sólo el nombre del grupo de trabajo es altamente significativo, informes en los que se alerta sobre las consecuencias del estado de la economía mundial, que sufre "la recesión más grave desde la Gran Depresión" (BM, 2009:1)[51], y las desviaciones o desfases que se estaban produciendo en todos y cada uno de los 8 objetivos. Se destacaban en los mencionados documentos tres desfases en la aplicación:

- el desfase entre los compromisos mundiales asumidos y su cumplimiento efectivo (el dinero que no llega o las actuaciones programadas que no se ejecutan);
- el desfase entre los compromisos cumplidos y la distribución equitativa de la asistencia recibida entre los países receptores (especialmente en el caso de países del África Subsahariana);
- y, finalmente, el desfase entre los compromisos cumplidos y la necesidad estimada de asistencia para los países en desarrollo (algunas metas están lejos de ser alcanzadas, Figura II.11).

Estos desfases se hicieron públicos en una reunión especial de alto nivel mantenida por el Consejo Económico y Social (ECOSOC) de la ONU, la Organización Mundial del Comercio (OMC), la Conferencia de las Naciones Unidas sobre Comercio y Desarrollo (UNCTAD) y las instituciones de Bretton Woods en marzo de 2010, bajo el lema "Después de Monterrey y Doha: hacia el logro de los objetivos de desarrollo convenidos internacionalmente, incluidos los Objetivos de Desarrollo del Milenio"[52]. De manera detallada, y objetivo por objetivo, se publicaron las desviaciones en el "Informe sobre seguimiento mundial 2010" de ONU, si bien para suavizar los datos, se presenta primero la evaluación de los logros conseguidos en relación con los ODM, en el contexto de la crisis actual para pasar a continuación a señalar las repercusiones de la crisis y las proyecciones hacia 2015.

---

50 NU (2008-9) Resultados de la alianza mundial para alcanzar los objetivos de desarrollo del Milenio. Informe del Grupo de Tareas sobre el desfase en el logro de los objetivos de desarrollo del Milenio de 2008, edita UN, Nueva York, 2008. Disponible en www.un.org/spanish/millenniumgoals/pdf/MDGGapTFReportSPANISH.pdf, [22/02/2011]. NU (2009) Resultados de la alianza mundial para alcanzar los objetivos de desarrollo del Milenio. Informe del Grupo de Tareas sobre el desfase en el logro de los objetivos de desarrollo del Milenio de 2009, Nueva York, 2009. Disponible en http://www.un.org/spanish/millenniumgoals/pdf/MDG_GAP_2009_SPANISH_web. pdf, [22/02/2011].

51 Banco Mundial (2009) "Informe de seguimiento Mundial 2009".

52 Documento de la Asamblea General de las Naciones Unidas A/65/293, 12 de agosto de 2010.

Figura II.11 Insuficiencias respecto de los ODM detectadas por el Banco Mundial

GRÁFICO 1 Se avecinan insuficiencias mundiales graves respecto de los ODM de desarrollo humano

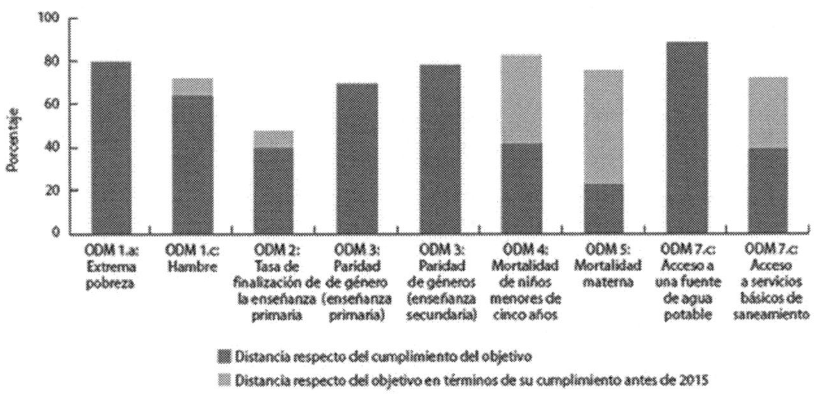

Fuente: Comité de Desarrollo del BM-FMI 2010:3)[53]

Mucho más contundentes fueron los datos del informe conjunto del Banco Mundial y del FMI titulado *Informe sobre seguimiento mundial 2010: Los Objetivos de Desarrollo del Milenio después de la crisis*. Estas instituciones iniciaron en 2004 un seguimiento continuado de los ODM, al considerar que éstos "constituyen puntos de referencia muy útiles para medir el progreso mundial en relación con resultados de desarrollo principales". En el informe se pone de manifiesto que, antes de la crisis, la evolución de los indicadores de los OMD era dispar pero positiva y que la crisis ha ocasionado un grave daño para que estos objetivos puedan alcanzarse en 2015, incluso a pesar del incremento de las ayudas al desarrollo otorgadas a partir de 2009, tanto desde los Estados como del sector privado, puesto que los niveles de salida de la crisis estaban resultando mejores de lo inicialmente esperado[54].

53 Comité para el Desarrollo (2010) *Informe de seguimiento mundial 2010: los ODM después de la crisis. Panorama general*. Banco Mundial y Fondo Monetario Internacional. DC2010-0008, 21 de abril de 2010.

54 Estas afirmaciones son anteriores a los conflictos surgidos en buena parte de los países de la zona norte de África tras el estallido de la llamada "Revolución de los jazmines", comenzada en febrero de 2011 en Túnez y que ha tenido un importante efecto contagio a países del entorno como Egipto y muy particularmente en Libia y Siria.

Figura II.12 Grado de consecución de los ODM

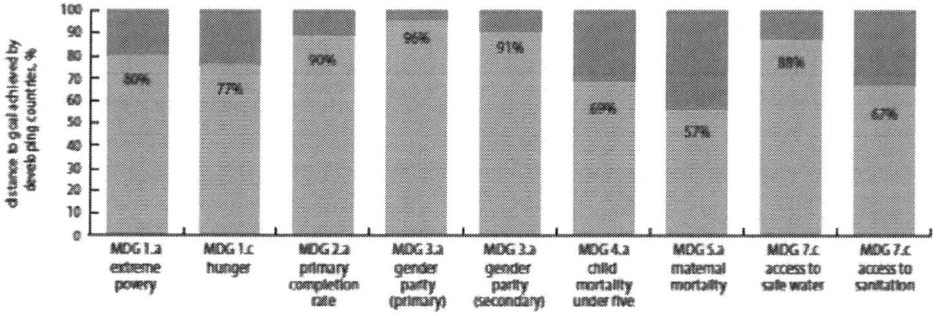

Fuente: Informe BM-FMI 2011

Estas instituciones advirtieron a la comunidad internacional de que el panorama para alcanzar los ODM seguía siendo preocupante y que los análisis y proyecciones de su informe indicaban que el deterioro en términos de desarrollo humano, pese a los ODM, era grave y sus efectos durarían varios años[55], marcando la Agenda Post-2015.

La Cumbre del Milenio celebrada en septiembre de 2010, fue catalogada por algunos medios y organizaciones de "fracaso", puesto que no se acordaron medidas concretas para tratar de mejorar las desviaciones observadas y se sabe de antemano que los ODM marcados para 2015 son inalcanzables[56]. De nuevo se hizo un llamamiento para tratar de acelerar el ritmo para mejorar los resultados finales de algunos de los ODM, particularmente pobreza, mediante el aumento de negocios inclusivos.

Pese a la positividad de las notas de prensa publicadas por la propia ONU, los malos resultados se hicieron explícitamente patentes en la invitación a los asistentes de Ban Ki-Moon a empezar a "mirar más allá de 2015", y lanzar un grupo de alto nivel sobre "sostenibilidad global".

En la misma línea de denuncia continuaron los informes de Seguimiento Mundial del Banco Mundial (BM) y Fondo Monetario Internacional (FMI) que miden los avances en los objetivos de desarrollo. En concreto, en el Informe sobre Seguimiento 2014/2015 se afirma que es necesario trabajar mucho más para terminar con la pobreza y cerrar la brecha en el estándar de vida de quienes se

---

55 BM-FMI (2010) *The MDGs after the Crisis. Global Monitoring Report 2010.* Disponible en http://siteresources.worldbank.org/INTGLOMONREP2010, [22/02/2011].

56 A modo de ejemplo de esta afirmación pueden todavía visitarse algunas web como: http://www.cme-espana.org/doc2006/MilenioRetorica.pdf; http://www.bbc.co.uk/mundo/internacional/2010/09/100913_onu_objetivos_milenio_dinero_action_aid_jp.shtml; [22/02/2011].

encuentran en el 40% inferior de la escala de ingresos en todo el mundo y el 60% que está por encima. El informe detalla por primera vez la doble meta que tiene el Grupo del Banco Mundial de poner fin a la pobreza extrema en 2030 y promover la prosperidad compartida, medida como el crecimiento en el ingreso del 40% inferior de la población.

Respecto de los ODM y a pesar de todas las dificultades, el Informe reitera que se logró, tres años antes de la fecha límite, el objetivo de la pobreza extrema formulado en la Meta 1.A: Reducir a la mitad, entre 1990 y 2015, la proporción de personas con ingresos inferiores a 1,25 dólares al día. Además, se cumplieron otras tres metas secundarias y podría suceder lo mismo con las metas relativas a igualdad de género en la educación secundaria y la incidencia del paludismo. No obstante, los objetivos secundarios de saneamiento y mortalidad materna e infantil no se cumplirán antes de 2015. El Informe reafirma la importancia del crecimiento para el desarrollo pero destaca también que el crecimiento tiene más posibilidades de reducir la pobreza y promover la prosperidad compartida si es inclusivo y sostenible. Tres elementos clave resultan ser de particular importancia: mayor inversión en capital humano, uso sensato de redes de seguridad y pasos para garantizar la sostenibilidad ambiental del desarrollo. Garantizar la sostenibilidad del medioambiente es vital y todos los países enfrentan desafíos por el agotamiento de los recursos naturales, la degradación de los ecosistemas, la contaminación y el cambio climático. Asimismo afirma que Cuando se diseñan con atención, las estrategias de crecimiento verde pueden hacer frente a estos desafíos mejorando la gestión de los recursos naturales, reduciendo la contaminación y las emisiones, aumentando la eficiencia de los recursos y fortaleciendo la resiliencia.

Por tanto, no se puede considerar como fracaso ni el Pacto Mundial ni la iniciativa de los ODM aunque, como señaló Ban-Ki mon, en el informe de 2015, a pesar de los notables logros, las desigualdades persisten y el progreso ha sido desigual. La pobreza continúa concentrada predominantemente en algunas partes del mundo. Por ello, "al reflexionar sobre los ODM, y con vistas a los próximos quince años, no existen dudas de que podemos cumplir con nuestra responsabilidad compartida para poner fin a la pobreza, sin excluir a nadie, y crear un mundo digno para todos[57].

No se han alcanzado los objetivos en su totalidad al 100%, pero cabe preguntarse ¿cuál hubiera sido la situación en 2015 sin el extraordinario impulso que, con sus luces y sombras, ha supuesto esta iniciativa? De ahí que bien se puede afirmar que el Pacto Mundial ya es un éxito por todo lo que ha logrado y lo que ha movido, aunque

57 Objetivos de Desarrollo del Milenio. Informe de 2015. http://www.un.org/es/millennium-goals/reports.shtml

cabe preguntarse: ¿cuánto más se puede llegar a alcanzar en 2050 si las empresas se involucrasen más en materia de RSC – Sostenibilidad Corporativa?[58].

Tabla II.3 Los Objetivos del Milenio de NU, y sus metas

Objetivo 1: Erradicar la pobreza extrema y el hambre
Meta 1A: Reducir a la mitad entre 1990 y 2015 el porcentaje de personas con ingresos inferiores a un dólar Meta 1B: Alcanzar el empleo pleno y el trabajo decente para todos, incluidas las mujeres y los jóvenes Meta 1C: Reducir a la mitad, entre 1990 y 2015, el porcentaje de personas que padezcan hambre
Objetivo 2: Lograr la enseñanza primaria universal
Meta 2A: Velar por que, para el año 2015, los niños y niñas de todo el mundo puedan terminar un ciclo completo de enseñanza primaria
Objetivo 3: Promover la igualdad entre los géneros y la autonomía de la mujer
Meta 3A: Eliminar las desigualdades entre los géneros en la enseñanza primaria y secundaria, preferiblemente para el año 2005, y en todos los niveles de la enseñanza antes del fin del año 2015
Objetivo 4: Reducir la mortalidad infantil
Meta 4A: Reducir en dos terceras partes, entre 1990 y 2015, la mortalidad de los niños menores de 5 años
Objetivo 5: Mejorar la salud materna
Meta 5A: Reducir, entre 1990 y 2015, la mortalidad materna en tres cuartas partes Meta 5B: Lograr, para 2015, el acceso universal a la salud reproductiva

58 Respecto al Objetivo 8, Fomentar una Alianza mundial para el desarrollo, resulta especialmente interesante el informe 2015 del l Grupo de Tareas sobre el Desfase en el Logro de los Objetivos de Desarrollo del Milenio. www.un.org/.../mdg_gap_task_force_report_2015_

Objetivo 6: Combatir el VIH/SIDA, el paludismo y otras enfermedades

Meta 6A: Haber detenido y comenzado a reducir, para el año 2015, la propagación del VIH/SIDA
Meta 6B: Lograr, para 2010, el acceso universal al tratamiento de la infección por VIH a quienes lo necesiten
Meta 6C: Haber comenzado a reducir, para el año 2015, la incidencia del paludismo y otras enfermedades graves

Objetivo 7: Garantizar la sostenibilidad del medio ambiente

Meta 7A: Incorporar los principios del desarrollo sostenible en las políticas y los programas nacionales e invertir la pérdida de recursos del medio ambiente
Meta 7B: Reducir la pérdida de diversidad biológica logrando, para 2010, una reducción significativa en la tasa de pérdida
Meta 7C: Reducir a la mitad, para el año 2015, el porcentaje de personas que carezcan de acceso sostenible a agua potable
Meta 7D: Haber mejorado considerablemente, para el año 2020, la vida de por lo menos 100 millones de habitantes de tugurios

Objetivo 8: Fomentar una asociación mundial para el desarrollo

Meta 8A: Desarrollar aún más un sistema comercial y financiero abierto, basado en normas, previsible y no discriminatorio
Meta 8B: Atender las necesidades especiales de los países menos adelantados Se incluye el acceso libre de aranceles y cupos de las exportaciones de los países menos adelantados.
Meta 8C: Atender las necesidades especiales de los países sin litoral y de los pequeños Estados insulares en desarrollo
Meta 8D: Encarar de manera general los problemas de la deuda de los países en desarrollo con medidas nacionales e internacionales a fin de hacer la deuda sostenible a largo plazo.
Meta 8E: En cooperación con las empresas farmacéuticas, proporcionar acceso a los medicamentos esenciales en los países en desarrollo
Meta 8F: En colaboración con el sector privado, velar por que se puedan aprovechar los beneficios de las nuevas tecnologías, en particular de las tecnologías de la información y de las comunicaciones.

Fuente: Elaboración propia. PNUD, 2011

2.2.2 Los Objetivos de Desarrollo Sostenible y la Agenda 2030

Como ya se señaló en un apartado anterior, los trabajos, en el seno de Naciones Unidas, para continuar el trabajo finalizado el plazo de 2015 se iniciaron años antes. Para ello, además de las necesarias consultas nacionales, estas se complementaron con once consultas temáticas. Las consultas temáticas (conflicto y fragilidad, Educación, Sostenibilidad del medioambiente, Gobernanza, Crecimiento y empleo, Salud, Hambre, nutrición y seguridad alimentaria, Desigualdades, Dinámicas de población, Energía y Agua, organizadas de manera conjunta por diversas entidades de la familia de las Naciones Unidas con el apoyo de organizaciones de la sociedad civil y otras organizaciones internacionales, conformaron lo que se denominó una conversación global para recoger las opiniones de distintos sectores representativos de la sociedad civil de forma que ésta pudiera contribuir a dar forma a una agenda de Agenda de Desarrollo Post-2015.

El informe, *Un millón de voces: el mundo que queremos Un futuro sostenible con dignidad para todos y todas*, presentado 10 septiembre 2013 ante la Asamblea General de Naciones Unidas, resume los resultados de las consultas públicas y encuestas en las que participaron más de 1,3 millones de personas en los 193 Estados Miembros de la ONU. Insta a adoptar un enfoque basado en políticas integradas de modo que garanticen el desarrollo económico y social, la paz y la seguridad, y la sostenibilidad medioambiental, en el marco de una agenda que dé respuesta a las aspiraciones de todos de vivir en un mundo sin miedo y sin carencias.

Finalmente, en agosto de 2015, los Estados miembros de la ONU alcanzaron un consenso sobre el contenido de la futura agenda de desarrollo sostenible post 2015, que sería adoptada primero en la Cumbre para el Desarrollo Sostenible, que tuvo lugar septiembre de 2015. Finalmente, la Asamblea General de la ONU adoptó 25 de septiembre la **Agenda 2030 para el Desarrollo Sostenible**, concebida como un plan de acción a favor de las personas, el planeta y la prosperidad, que también tiene la intención de fortalecer la paz universal y el acceso a la justicia y hacer frente al cambio climático.

Como ya hemos apuntado anteriormente, la Agenda plantea 17 Objetivos con 169 metas de carácter integrado e indivisible que abarcan las esferas económica, social y ambiental (Figura II.13). La nueva estrategia orientará los programas de desarrollo mundiales durante los próximos 15 años. Al adoptarla, los Estados se comprometieron a movilizar los medios necesarios para su implementación mediante alianzas centradas especialmente en las necesidades de los más pobres y vulnerables: "Estamos resueltos a poner fin a la pobreza y el hambre en todo el mundo de aquí a 2030, a combatir las desigualdades dentro de los países y entre ellos, a construir sociedades pacíficas, justas e inclusivas, a proteger los derechos humanos y promover la igualdad entre los géneros y el empoderamiento de las mujeres y las niñas, y a garantizar una protección duradera del planeta y sus recursos naturales", afirmaron los Estados en la resolución.

No obstante, implica un compromiso común y, en gran medida universal, puesto que cada país enfrenta retos específicos en su búsqueda del desarrollo sostenible, por lo que los Estados tienen soberanía plena sobre su riqueza, recursos y actividad económica, y cada uno fijará sus propias metas nacionales, ajustándose a los Objetivos de Desarrollo Sostenible (ODS), tal y como dispone el texto aprobado por la Asamblea General.

Además de poner fin a la pobreza en el mundo, los ODS incluyen, entre otros puntos, erradicar el hambre y lograr la seguridad alimentaria; garantizar una vida sana y una educación de calidad; lograr la igualdad de género; asegurar el acceso al agua y la energía; promover el crecimiento económico sostenido; adoptar medidas urgentes contra el cambio climático; promover la paz y facilitar el acceso a la justicia.

Figura II 13 Objetivos de Desarrollo Sostenible

Fuente: PNUD

Tabla II.4 Los Objetivos de Desarrollo Sostenible

Objetivo 1: Poner fin a la pobreza en todas sus formas y en todo el mundo

1.1 De aquí a 2030, erradicar para todas las personas y en todo el mundo la pobreza extrema(actualmente se considera que sufren pobreza extrema las personas que viven con menos de 1,25 dólares de los Estados Unidos al día)
1.2 De aquí a 2030, reducir al menos a la mitad la proporción de hombres, mujeres y niños de todas las edades que viven en la pobreza en todas sus dimensiones con arreglo a las definiciones nacionales
1.3 Implementar a nivel nacional sistemas y medidas apropiados de protección social para todos, incluidos niveles mínimos, y, de aquí a 2030, lograr una amplia cobertura de las personas pobres y vulnerables
1.4 De aquí a 2030, garantizar que todos los hombres y mujeres, en particular los pobres y los vulnerables, tengan los mismos derechos a los recursos económicos y acceso a los servicios básicos, la propiedad y el control de la tierra y otros bienes, la herencia, los recursos naturales, las nuevas tecnologías apropiadas y los servicios financieros, incluida la micro financiación
1.5 De aquí a 2030, fomentar la resiliencia de los pobres y las personas que se encuentran en situaciones de vulnerabilidad y reducir su exposición y vulnerabilidad a los fenómenos extremos relacionados con el clima y otras perturbaciones y desastres económicos, sociales y ambientales

1.a Garantizar una movilización significativa de recursos procedentes de diversas fuentes, incluso mediante la mejora de la cooperación para el desarrollo, a fin de proporcionar medios suficientes y previsibles a los países en desarrollo, en particular los países menos adelantados, para que implementen programas y políticas encaminados a poner fin a la pobreza en todas sus dimensiones1.b Crear marcos normativos sólidos en los planos nacional, regional e internacional, sobre la base de estrategias de desarrollo en favor de los pobres que tengan en cuenta las cuestiones de género, a fin de apoyar la inversión acelerada en medidas para erradicar la pobreza

Objetivo 2: Poner fin al hambre, lograr la seguridad alimentaria y la mejora de la nutrición y promover la agricultura sostenible

2.1 De aquí a 2030, poner fin al hambre y asegurar el acceso de todas las personas, en particular los pobres y las personas en situaciones de vulnerabilidad, incluidos los niños menores de 1 año, a una alimentación sana, nutritiva y suficiente durante todo el año
2.2 De aquí a 2030, poner fin a todas las formas de malnutrición, incluso logrando, a más tardar en 2025, las metas convenidas internacionalmente sobre el retraso del crecimiento y la emaciación de los niños menores de 5 años, y abordar las necesidades de nutrición de las adolescentes, las mujeres embarazadas y lactantes y las personas de edad
2.3 De aquí a 2030, duplicar la productividad agrícola y los ingresos de los productores de alimentos en pequeña escala, en particular las mujeres, los pueblos indígenas, los agricultores familiares, los ganaderos y los pescadores, entre otras cosas mediante un acceso seguro y equitativo a las tierras, a otros recursos e insumos de producción y a los conocimientos, los servicios financieros, los mercados y las oportunidades para añadir valor y obtener empleos no agrícolas
2.4 De aquí a 2020, mantener la diversidad genética de las semillas, las plantas cultivadas y los animales de granja y domesticados y sus correspondientes especies silvestres, entre otras cosas mediante una buena gestión y diversificación de los bancos de semillas y plantas a nivel nacional, regional e internacional, y promover el acceso a los beneficios que se deriven de la utilización de los recursos genéticos y los conocimientos tradicionales conexos y su distribución justa y equitativa, según lo convenido internacionalmente

2.a Aumentar, incluso mediante una mayor cooperación internacional, las inversiones en infraestructura rural, investigación y servicios de extensión agrícola, desarrollo tecnológico y bancos de genes de plantas y ganado a fin de mejorar la capacidad de producción agropecuaria en los países en desarrollo, particularmente en los países menos adelantados 2.b Corregir y prevenir las restricciones y distorsiones comerciales en los mercados agropecuarios mundiales, incluso mediante la eliminación paralela de todas las formas de subvención a las exportaciones agrícolas y todas las medidas de exportación con efectos equivalentes, de conformidad con el mandato de la Ronda de Doha para el Desarrollo 2.c Adoptar medidas para asegurar el buen funcionamiento de los mercados de productos básicos alimentarios y sus derivados y facilitar el acceso oportuno a la información sobre los mercados, incluso sobre las reservas de alimentos, a fin de ayudar a limitar la extrema volatilidad de los precios de los alimentos

Objetivo 3: Garantizar una vida sana y promover el bienestar de todos a todas las edades

3.1 De aquí a 2030, reducir la tasa mundial de mortalidad materna a menos de 70 por cada 100.000 nacidos vivos

3.2 De aquí a 2030, poner fin a las muertes evitables de recién nacidos y de niños menores de 5 años, logrando que todos los países intenten reducir la mortalidad neonatal al menos a 12 por cada 1.000 nacidos vivos y la mortalidad de los niños menores de 5 años al menos a 25 por cada 1.000 nacidos vivos

3.3 De aquí a 2030, poner fin a las epidemias del SIDA, la tuberculosis, la malaria y las enfermedades tropicales desatendidas y combatir la hepatitis, las enfermedades transmitidas por el agua y otras enfermedades transmisibles

3.4 De aquí a 2030, reducir en un tercio la mortalidad prematura por enfermedades no transmisibles mediante su prevención y tratamiento, y promover la salud mental y el bienestar

3.5 Fortalecer la prevención y el tratamiento del abuso de sustancias adictivas, incluido el uso indebido de estupefacientes y el consumo nocivo de alcohol

3.6 De aquí a 2020, reducir a la mitad el número de muertes y lesiones causadas por accidentes de tráfico en el mundo

3.7 De aquí a 2030, garantizar el acceso universal a los servicios de salud sexual y reproductiva, incluidos los de planificación familiar, información y educación, y la integración de la salud reproductiva en las estrategias y los programas nacionales

3.8 Lograr la cobertura sanitaria universal, incluida la protección contra los riesgos financieros, el acceso a servicios de salud esenciales de calidad y el acceso a medicamentos y vacunas inocuos, eficaces, asequibles y de calidad para todos

3.9 De aquí a 2030, reducir considerablemente el número de muertes y enfermedades causadas por productos químicos peligrosos y por la polución y contaminación del aire, el agua y el suelo

3.a Fortalecer la aplicación del Convenio Marco de la Organización Mundial de la Salud para el Control del Tabaco en todos los países, según proceda

3.b Apoyar las actividades de investigación y desarrollo de vacunas y medicamentos contra las enfermedades transmisibles y no transmisibles que afectan primordialmente a los países en desarrollo y facilitar el acceso a medicamentos y vacunas esenciales asequibles de conformidad con la Declaración relativa al Acuerdo sobre los Aspectos de los Derechos de Propiedad Intelectual Relacionados con el Comercio y la Salud Pública, en la que se afirma el der echo de los países en desarrollo a utilizar al máximo las disposiciones del Acuerdo sobre los Aspectos de los Derechos de Propiedad Intelectual Relacionados con el Comercio respecto a la flexibilidad para proteger la salud pública y, en particular, proporcionar acceso a los medicamentos para todos

3.c Aumentar considerablemente la financiación de la salud y la contratación, el perfeccionamiento, la capacitación y la retención del personal sanitario en los países en desarrollo, especialmente en los países menos adelantados y los pequeños Estados insulares en desarrollo

3.d Reforzar la capacidad de todos los países, en particular los países en desarrollo, en materia de alerta temprana, reducción de riesgos y gestión de los riesgos para la salud nacional y mundial

Objetivo 4: Garantizar una educación inclusiva y equitativa de calidad y promover oportunidades de aprendizaje permanente para todos

4.1 De aquí a 2030, asegurar que todas las niñas y todos los niños terminen la enseñanza primaria y secundaria, que ha de ser gratuita, equitativa y de calidad y producir resultados de aprendizaje pertinentes y efectivos
4.2 De aquí a 2030, asegurar que todas las niñas y todos los niños tengan acceso a servicios de atención y desarrollo en la primera infancia y educación preescolar de calidad, a fin de que estén preparados para la enseñanza primaria
4.3 De aquí a 2030, asegurar el acceso igualitario de todos los hombres y las mujeres a una formación técnica, profesional y superior de calidad, incluida la enseñanza universitaria
4.4 De aquí a 2030, aumentar considerablemente el número de jóvenes y adultos que tienen las competencias necesarias, en particular técnicas y profesionales, para acceder al empleo, el trabajo decente y el emprendimiento
4.5 De aquí a 2030, eliminar las disparidades de género en la educación y asegurar el acceso igualitario a todos los niveles de la enseñanza y la formación profesional para las personas vulnerables, incluidas las personas con discapacidad, los pueblos indígenas y los niños en situaciones de vulnerabilidad
4.6 De aquí a 2030, asegurar que todos los jóvenes y una proporción considerable de los adultos, tanto hombres como mujeres, estén alfabetizados y tengan nociones elementales de aritmética
4.7 De aquí a 2030, asegurar que todos los alumnos adquieran los conocimientos teóricos y prácticos necesarios para promover el desarrollo sostenible, entre otras cosas mediante la educación para el desarrollo sostenible y los estilos de vida sostenibles, los derechos humanos, la igualdad de género, la promoción de una cultura de paz y no violencia, la ciudadanía mundial y la valoración de la diversidad cultural y la contribución de la cultura al desarrollo sostenible

4.a Construir y adecuar instalaciones educativas que tengan en cuenta las necesidades de los niños y las personas con discapacidad y las diferencias de género, y que ofrezcan entornos de aprendizaje seguros, no violentos, inclusivos y eficaces para todos
4.b De aquí a 2020, aumentar considerablemente a nivel mundial el número de becas disponibles para los países en desarrollo, en particular los países menos adelantados, los pequeños Estados insulares en desarrollo y los países africanos, a fin de que sus estudiantes puedan matricularse en programas de enseñanza superior, incluidos programas de formación profesional y programas técnicos, científicos, de ingeniería y de tecnología de la información y las comunicaciones, de países desarrollados y otros países en desarrollo
4.c De aquí a 2030, aumentar considerablemente la oferta de docentes calificados, incluso mediante la cooperación internacional para la formación de docentes en los países en desarrollo, especialmente los países menos adelantados y los pequeños Estados insulares en desarrollo

Objetivo 5: Lograr la igualdad de género y empoderar a todas las mujeres y las niñas

5.1 Poner fin a todas las formas de discriminación contra todas las mujeres y las niñas en todo el mundo

5.2 Eliminar todas las formas de violencia contra todas las mujeres y las niñas en los ámbitos público y privado, incluidas la trata y la explotación sexual y otros tipos de explotación

5.3 Eliminar todas las prácticas nocivas, como el matrimonio infantil, precoz y forzado y la mutilación genital femenina

5.4 Reconocer y valorar los cuidados y el trabajo doméstico no remunerados mediante servicios públicos, infraestructuras y políticas de protección social, y promoviendo la responsabilidad compartida en el hogar y la familia, según proceda en cada país

5.5 Asegurar la participación plena y efectiva de las mujeres y la igualdad de oportunidades de liderazgo a todos los niveles decisorios en la vida política, económica y pública

5.6 Asegurar el acceso universal a la salud sexual y reproductiva y los derechos reproductivos según lo acordado de conformidad con el Programa de Acción de la Conferencia Internacional sobre la Población y el Desarrollo, la Plataforma de Acción de Beijing y los documentos finales de sus conferencias de examen

5.a Emprender reformas que otorguen a las mujeres igualdad de derechos a los recursos económicos, así como acceso a la propiedad y al control de la tierra y otros tipos de bienes, los servicios financieros, la herencia y los recursos naturales, de conformidad con las leyes nacionales

5.b Mejorar el uso de la tecnología instrumental, en particular la tecnología de la información y las comunicaciones, para promover el empoderamiento de las mujeres

5.c Aprobar y fortalecer políticas acertadas y leyes aplicables para promover la igualdad de género y el empoderamiento de todas las mujeres y las niñas a todos los niveles

Objetivo 6: Garantizar la disponibilidad y la gestión sostenible del agua y el saneamiento para todos

6.1 De aquí a 2030, lograr el acceso universal y equitativo al agua potable a un precio asequible para todos
6.2 De aquí a 2030, lograr el acceso a servicios de saneamiento e higiene adecuados y equitativos para todos y poner fin a la defecación al aire libre, prestando especial atención a las necesidades de las mujeres y las niñas y las personas en situaciones de vulnerabilidad
6.3 De aquí a 2030, mejorar la calidad del agua reduciendo la contaminación, eliminando el vertimiento y minimizando la emisión de productos químicos y materiales peligrosos, reduciendo a la mitad el porcentaje de aguas residuales sin tratar y aumentando considerablemente el reciclado y la reutilización sin riesgos a nivel mundial
6.4 De aquí a 2030, aumentar considerablemente el uso eficiente de los recursos hídricos en todos los sectores y asegurar la sostenibilidad de la extracción y el abastecimiento de agua dulce para hacer frente a la escasez de agua y reducir considerablemente el número de personas que sufren falta de agua
6.5 De aquí a 2030, implementar la gestión integrada de los recursos hídricos a todos los niveles, incluso mediante la cooperación transfronteriza, según proceda
6.6 De aquí a 2020, proteger y restablecer los ecosistemas relacionados con el agua, incluidos los bosques, las montañas, los humedales, los ríos, los acuíferos y los lagos

6.a De aquí a 2030, ampliar la cooperación internacional y el apoyo prestado a los países en desarrollo para la creación de capacidad en actividades y programas relativos al agua y el saneamiento, como los de captación de agua, desalinización, uso eficiente de los recursos hídricos, tratamiento de aguas residuales, reciclado y tecnologías de reutilización
6.b Apoyar y fortalecer la participación de las comunidades locales en la mejora de la gestión del agua y el saneamiento

Objetivo 7: Garantizar el acceso a una energía asequible, fiable, sostenible y moderna para todos

7.1 De aquí a 2030, garantizar el acceso universal a servicios energéticos asequibles, fiables y modernos
7.2 De aquí a 2030, aumentar considerablemente la proporción de energía renovable en el conjunto de fuentes energéticas
7.3 De aquí a 2030, duplicar la tasa mundial de mejora de la eficiencia energética

7.a De aquí a 2030, aumentar la cooperación internacional para facilitar el acceso a la investigación y la tecnología relativas a la energía limpia, incluidas las fuentes renovables, la eficiencia energética y las tecnologías avanzadas y menos contaminantes de combustibles fósiles, y promover la inversión en infraestructura energética y tecnologías limpias 7.b De aquí a 2030, ampliar la infraestructura y mejorar la tecnología para prestar servicios energéticos modernos y sostenibles para todos en los países en desarrollo, en particular los países menos adelantados, los pequeños Estados insulares en desarrollo y los países en desarrollo sin litoral, en consonancia con sus respectivos programas de apoyo

Objetivo 8: Promover el crecimiento económico sostenido, inclusivo y sostenible, el empleo pleno y productivo y el trabajo decente para todos

8.1 Mantener el crecimiento económico per capita de conformidad con las circunstancias nacionales y, en particular, un crecimiento del producto interno bruto de al menos el 7% anual en los países menos adelantados
8.2 Lograr niveles más elevados de productividad económica mediante la diversificación, la modernización tecnológica y la innovación, entre otras cosas centrándose en los sectores con gran valor añadido y un uso intensivo de la mano de obra
8.3 Promover políticas orientadas al desarrollo que apoyen las actividades productivas, la creación de puestos de trabajo decentes, el emprendimiento, la creatividad y la innovación, y fomentar la formalización y el crecimiento de las microempresas y las pequeñas y medianas empresas, incluso mediante el acceso a servicios financieros
8.4 Mejorar progresivamente, de aquí a 2030, la producción y el consumo eficientes de los recursos mundiales y procurar desvincular el crecimiento económico de la degradación del medio ambiente, conforme al Marco Decenal de Programas sobre Modalidades de Consumo y Producción Sostenibles, empezando por los países desarrollados
8.5 De aquí a 2030, lograr el empleo pleno y productivo y el trabajo decente para todas las mujeres y los hombres, incluidos los jóvenes y las personas con discapacidad, así como la igualdad de remuneración por trabajo de igual valor
8.6 De aquí a 2020, reducir considerablemente la proporción de jóvenes que no están empleados y no cursan estudios ni reciben capacitación
8.7 Adoptar medidas inmediatas y eficaces para erradicar el trabajo forzoso, poner fin a las formas contemporáneas de esclavitud y la trata de personas y asegurar la prohibición y eliminación de las peores formas de trabajo infantil, incluidos el reclutamiento y la utilización de niños soldados, y, de aquí a 2025, poner fin al trabajo infantil en todas sus formas
8.8 Proteger los derechos laborales y promover un entorno de trabajo seguro y sin riesgos para todos los trabajadores, incluidos los trabajadores migrantes, en particular las mujeres migrantes y las personas con empleos precarios
8.9 De aquí a 2030, elaborar y poner en práctica políticas encaminadas a promover un turismo sostenible que cree puestos de trabajo y promueva la cultura y los productos locales
8.10 Fortalecer la capacidad de las instituciones financieras nacionales para fomentar y ampliar el acceso a los servicios bancarios, financieros y de seguros para todos

8.a Aumentar el apoyo a la iniciativa de ayuda para el comercio en los países en desarrollo, en particular los países menos adelantados, incluso mediante el Marco Integrado Mejorado para la Asistencia Técnica a los Países Menos Adelantados en Materia de Comercio
8.b De aquí a 2020, desarrollar y poner en marcha una estrategia mundial para el empleo de los jóvenes y aplicar el Pacto Mundial para el Empleo de la Organización Internacional del Trabajo

Objetivo 9: Construir infraestructuras resilientes, promover la industrialización inclusiva y sostenible y fomentar la innovación

9.1 Desarrollar infraestructuras fiables, sostenibles, resilientes y de calidad, incluidas infraestructuras regionales y transfronterizas, para apoyar el desarrollo económico y el bienestar humano, haciendo especial hincapié en el acceso asequible y equitativo para todos
9.2 Promover una industrialización inclusiva y sostenible y, de aquí a 2030 , aumentar significativamente la contribución de la industria al empleo y al producto interno bruto, de acuerdo con las circunstancias nacionales, y duplicar esa contribución en los países menos adelantados
9.3 Aumentar el acceso de las pequeñas industrias y otras empresas, particularmente en los países en desarrollo, a los servicios financieros, incluidos créditos asequibles, y su integración en las cadenas de valor y los mercados
9.4 De aquí a 2030, modernizar la infraestructura y reconvertir las industrias para que sean sostenibles, utilizando los recursos con mayor eficacia y promoviendo la adopción de tecnologías y procesos industriales limpios y ambientalmente racionales, y logrando que todos los países tomen medidas de acuerdo con sus capacidades respectivas
9.5 Aumentar la investigación científica y mejorar la capacidad tecnológica de los sectores industriales de todos los países, en particular los países en desarrollo, entre otras cosas fomentando la innovación y aumentando considerablemente, de aquí a, el número de personas que trabajan en investigación y desarrollo por millón de habitantes y los gastos de los sectores público y privado en investigación y desarrollo

9.a Facilitar el desarrollo de infraestructuras sostenibles y resilientes en los países en desarrollo mediante un mayor apoyo financiero, tecnológico y técnico a los países africanos, los países menos adelantados, los países en desarrollo sin litoral y los pequeños Estados insulares en desarrollo
9.b Apoyar el desarrollo de tecnologías, la investigación y la innovación nacionales en los países en desarrollo, incluso garantizando un entorno normativo propicio a la diversificación industrial y la adición de valor a los productos básicos, entre otras cosas
9.c Aumentar significativamente el acceso a la tecnología de la información y las comunicaciones y esforzarse por proporcionar acceso universal y asequible a Internet en los países menos adelantados de aquí a 2020

Objetivo 10: Reducir la desigualdad en los países y entre ellos

10.1 De aquí a 2030, lograr progresivamente y mantener el crecimiento de los ingresos del 40% más pobre de la población a una tasa superior a la media nacional
10.2 De aquí a 2030, potenciar y promover la inclusión social, económica y política de todas las personas, independientemente de su edad, sexo, discapacidad, raza, etnia, origen, religión o situación económica u otra condición
10.3 Garantizar la igualdad de oportunidades y reducir la desigualdad de resultados, incluso eliminando las leyes, políticas y prácticas discriminatorias y promoviendo legislaciones, políticas y medidas adecuadas a ese respecto
10.4 Adoptar políticas, especialmente fiscales, salariales y de protección social, y lograr progresivamente una mayor igualdad
10.5 Mejorar la reglamentación y vigilancia de las instituciones y los mercados financieros mundiales y fortalecer la aplicación de esos reglamentos
10.6 Asegurar una mayor representación e intervención de los países en desarrollo en las decisiones adoptadas por las instituciones económicas y financieras internacionales para aumentar la eficacia, fiabilidad, rendición de cuentas y legitimidad de esas instituciones
10.7 Facilitar la migración y la movilidad ordenadas, seguras, regulares y responsables de las personas, incluso mediante la aplicación de políticas migratorias planificadas y bien gestionadas

10.a Aplicar el principio del trato especial y diferenciado para los países en desarrollo, en particular los países menos adelantados, de conformidad con los acuerdos de la Organización Mundial del Comercio
10.b Fomentar la asistencia oficial para el desarrollo y las corrientes financieras, incluida la inversión extranjera directa, para los Estados con mayores necesidades, en particular los países menos adelantados, los países africanos, los pequeños Estados insulares en desarrollo y los países en desarrollo sin litoral, en consonancia con sus planes y programas nacionales
10.c De aquí a 2030, reducir a menos del 3% los costos de transacción de las remesas de los migrantes y eliminar los corredores de remesas con un costo superior al 5%

Objetivo 11: Lograr que las ciudades y los asentamientos humanos sean inclusivos, seguros, resilientes y sostenibles

11.1 De aquí a 2030, asegurar el acceso de todas las personas a viviendas y servicios básicos adecuados, seguros y asequibles y mejorar los barrios marginales
11.2 De aquí a 2030, proporcionar acceso a sistemas de transporte seguros, asequibles, accesibles y sostenibles para todos y mejorar la seguridad vial, en particular mediante la ampliación del transporte público, prestando especial atención a las necesidades de las personas en situación de vulnerabilidad, las mujeres, los niños, las personas con discapacidad y las personas de edad
11.3 De aquí a 2030, aumentar la urbanización inclusiva y sostenible y la capacidad para la planificación y la gestión participativas, integradas y sostenibles de los asentamientos humanos en todos los países
11.4 Redoblar los esfuerzos para proteger y salvaguardar el patrimonio cultural y natural del mundo
11.5 De aquí a 2030, reducir significativamente el número de muertes causadas por los desastres, incluidos los relacionados con el agua, y de personas afectadas por ellos, y reducir considerablemente las pérdidas económicas directas provocadas por los desastres en comparación con el producto interno bruto mundial, haciendo especial hincapié en la protección de los pobres y las personas en situaciones de vulnerabilidad
11.6 De aquí a 2030, reducir el impacto ambiental negativo per capita de las ciudades, incluso prestando especial atención a la calidad del aire y la gestión de los desechos municipales y de otro tipo
11.7 De aquí a 2030, proporcionar acceso universal a zonas verdes y espacios públicos seguros, inclusivos y accesibles, en particular para las mujeres y los niños, las personas de edad y las personas con discapacidad

11.a Apoyar los vínculos económicos, sociales y ambientales positivos entre las zonas urbanas, periurbanas y rurales fortaleciendo la planificación del desarrollo nacional y regional
11.b De aquí a 2020, aumentar considerablemente el número de ciudades y asentamientos humanos que adoptan e implementan políticas y planes integrados para promover la inclusión, el uso eficiente de los recursos, la mitigación del cambio climático y la adaptación a él y la resiliencia ante los desastres, y desarrollar y poner en práctica, en consonancia con el Marco de Sendai para la Reducción del Riesgo de Desastres 2015-2030, la gestión integral de los riesgos de desastre a todos los niveles
11.c Proporcionar apoyo a los países menos adelantados, incluso mediante asistencia financiera y técnica, para que puedan construir edificios sostenibles y resilientes utilizando materiales locales

Objetivo 12: Garantizar modalidades de consumo y producción sostenibles

12.1 Aplicar el Marco Decenal de Programas sobre Modalidades de Consumo y Producción Sostenibles, con la participación de todos los países y bajo el liderazgo de los países desarrollados, teniendo en cuenta el grado de desarrollo y las capacidades de los países en desarrollo

12.2 De aquí a 2030, lograr la gestión sostenible y el uso eficiente de los recursos naturales

12.3 De aquí a 2030, reducir a la mitad el desperdicio de alimentos per capita mundial en la venta al por menor y a nivel de los consumidores y reducir las pérdidas de alimentos en las cadenas de producción y suministro, incluidas las pérdidas posteriores a la cosecha

12.4 De aquí a 2020, lograr la gestión ecológicamente racional de los productos químicos y de todos los desechos a lo largo de su ciclo de vida, de conformidad con los marcos internacionales convenidos, y reducir significativamente su liberación a la atmósfera, el agua y el suelo a fin de minimizar sus efectos adversos en la salud humana y el medio ambiente

12.5 De aquí a 2030, reducir considerablemente la generación de desechos mediante actividades de prevención, reducción, reciclado y reutilización

12.6 Alentar a las empresas, en especial las grandes empresas y las empresas transnacionales, a que adopten prácticas sostenibles e incorporen información sobre la sostenibilidad en su ciclo de presentación de informes

12.7 Promover prácticas de adquisición pública que sean sostenibles, de conformidad con las políticas y prioridades nacionales

12.8 De aquí a 2030, asegurar que las personas de todo el mundo tengan la información y los conocimientos pertinentes para el desarrollo sostenible y los estilos de vida en armonía con la naturaleza

12.a Ayudar a los países en desarrollo a fortalecer su capacidad científica y tecnológica para avanzar hacia modalidades de consumo y producción más sostenibles

12.b Elaborar y aplicar instrumentos para vigilar los efectos en el desarrollo sostenible, a fin de lograr un turismo sostenible que cree puestos de trabajo y promueva la cultura y los productos locales

12.c Racionalizar los subsidios ineficientes a los combustibles fósiles que fomentan el consumo antieconómico eliminando las distorsiones del mercado, de acuerdo con las circunstancias nacionales, incluso mediante la reestructuración de los sistemas tributarios y la eliminación gradual de los subsidios perjudiciales, cuando existan, para reflejar su impacto ambiental, teniendo plenamente en cuenta las necesidades y condiciones específicas de los países en desarrollo y minimizando los posibles efectos adversos en su desarrollo, de manera que se proteja a los pobres y a las comunidades afectadas

Objetivo 13: Adoptar medidas urgentes para combatir el cambio climático y sus efectos

13.1 Fortalecer la resiliencia y la capacidad de adaptación a los riesgos relacionados con el clima y los desastres naturales en todos los países
13.2 Incorporar medidas relativas al cambio climático en las políticas, estrategias y planes nacionales
13.3 Mejorar la educación, la sensibilización y la capacidad humana e institucional respecto de la mitigación del cambio climático, la adaptación a él, la reducción de sus efectos y la alerta temprana

13.a Cumplir el compromiso de los países desarrollados que son partes en la Convención Marco de las Naciones Unidas sobre el Cambio Climático de lograr para el año 2020 el objetivo de movilizar conjuntamente 100.000 millones de dólares anuales procedentes de todas las fuentes a fin de atender las necesidades de los países en desarrollo respecto de la adopción de medidas concretas de mitigación y la transparencia de su aplicación, y poner en pleno funcionamiento el Fondo Verde para el Clima capitalizándolo lo antes posible
13.b Promover mecanismos para aumentar la capacidad para la planificación y gestión eficaces en relación con el cambio climático en los países menos adelantados y los pequeños Estados insulares en desarrollo, haciendo particular hincapié en las mujeres, los jóvenes y las comunidades locales y marginadas

Objetivo 14: .Conservar y utilizar sosteniblemente los océanos, los mares y los recursos marinos para el desarrollo sostenible

14.1 De aquí a 2025, prevenir y reducir significativamente la contaminación marina de todo tipo, en particular la producida por actividades realizadas en tierra, incluidos los detritos marinos y la polución por nutrientes

14.2 De aquí a 2020, gestionar y proteger sosteniblemente los ecosistemas marinos y costeros para evitar efectos adversos importantes, incluso fortaleciendo su resiliencia, y adoptar medidas para restaurarlos a fin de restablecer la salud y la productividad de los océanos

14.3 Minimizar y abordar los efectos de la acidificación de los océanos, incluso mediante una mayor cooperación científica a todos los niveles

14.4 De aquí a 2020, reglamentar eficazmente la explotación pesquera y poner fin a la pesca excesiva, la pesca ilegal, no declarada y no reglamentada y las prácticas pesqueras destructivas, y aplicar planes de gestión con fundamento científico a fin de restablecer las poblaciones de peces en el plazo más breve posible, al menos alcanzando niveles que puedan producir el máximo rendimiento sostenible de acuerdo con sus características biológicas

14.5 De aquí a 2020, conservar al menos el 10% de las zonas costeras y marinas, de conformidad con las leyes nacionales y el derecho internacional y sobre la base de la mejor información científica disponible

14.6 De aquí a 2020, prohibir ciertas formas de subvenciones a la pesca que contribuyen a la sobrecapacidad y la pesca excesiva, eliminar las subvenciones que contribuyen a la pesca ilegal, no declarada y no reglamentada y abstenerse de introducir nuevas subvenciones de esa índole, reconociendo que la negociación sobre las subvenciones a la pesca en el marco de la Organización Mundial del Comercio debe incluir un trato especial y diferenciado, apropiado y efectivo para los países en desarrollo y los países menos adelantados

14.7 De aquí a 2030, aumentar los beneficios económicos que los pequeños Estados insulares en desarrollo y los países menos adelantados obtienen del uso sostenible de los recursos marinos, en particular mediante la gestión sostenible de la pesca, la acuicultura y el turismo

14.a Aumentar los conocimientos científicos, desarrollar la capacidad de investigación y transferir tecnología marina, teniendo en cuenta los Criterios y Directrices para la Transferencia de Tecnología Marina de la Comisión Oceanográfica Intergubernamental, a fin de mejorar la salud de los océanos y potenciar la contribución de la biodiversidad marina al desarrollo de los países en desarrollo, en particular los pequeños Estados insulares en desarrollo y los países menos adelantados

14.b Facilitar el acceso de los pescadores artesanales a los recursos marinos y los mercados

14.c Mejorar la conservación y el uso sostenible de los océanos y sus recursos aplicando el derecho internacional reflejado en la Convención de las Naciones Unidas sobre el Derecho del Mar, que constituye el marco jurídico para la conservación y la utilización sostenible de los océanos y sus recursos, como se recuerda en el párrafo 158 del documento "El futuro que queremos"

Objetivo 15: Proteger, restablecer y promover el uso sostenible de los ecosistemas terrestres, gestionar sosteniblemente los bosques, luchar contra la desertificación, detener e invertir la degradación de las tierras y detener la pérdida de biodiversidad

15.1 De aquí a 2020, asegurar la conservación, el restablecimiento y el uso sostenible de los ecosistemas terrestres y los ecosistemas interiores de agua dulce y sus servicios, en particular los bosques, los humedales, las montañas y las zonas áridas, en consonancia con las obligaciones contraídas en virtud de acuerdos internacionales

15.2 De aquí a 2020, promover la puesta en práctica de la gestión sostenible de todos los tipos de bosques, detener la deforestación, recuperar los bosques degradados y aumentar considerablemente la forestación y la reforestación a nivel mundial **15.3** De aquí a 2030, luchar contra la desertificación, rehabilitar las tierras y los suelos degradados, incluidas las tierras afectadas por la desertificación, la sequía y las inundaciones, y procurar lograr un mundo con efecto neutro en la degradación del suelo

15.4 De aquí a 2030, asegurar la conservación de los ecosistemas montañosos, incluida su diversidad biológica, a fin de mejorar su capacidad de proporcionar beneficios esenciales para el desarrollo sostenible

15.5 Adoptar medidas urgentes y significativas para reducir la degradación de los hábitats naturales, detener la pérdida de biodiversidad y, de aquí a 2020, proteger las especies amenazadas y evitar su extinción

15.6 Promover la participación justa y equitativa en los beneficios derivados de la utilización de los recursos genéticos y promover el acceso adecuado a esos recursos, según lo convenido internacionalmente

15.7 Adoptar medidas urgentes para poner fin a la caza furtiva y el tráfico de especies protegidas de flora y fauna y abordar tanto la demanda como la oferta de productos ilegales de flora y fauna silvestres

15.8 De aquí a 2020, adoptar medidas para prevenir la introducción de especies exóticas invasoras y reducir significativamente sus efectos en los ecosistemas terrestres y acuáticos y controlar o erradicar las especies prioritarias

15.9 De aquí a 2020, integrar los valores de los ecosistemas y la biodiversidad en la planificación, los procesos de desarrollo, las estrategias de reducción de la pobreza y la contabilidad nacionales y locales

15.a Movilizar y aumentar significativamente los recursos financieros procedentes de todas las fuentes para conservar y utilizar de forma sostenible la biodiversidad y los ecosistemas

15.b Movilizar recursos considerables de todas las fuentes y a todos los niveles para financiar la gestión forestal sostenible y proporcionar incentivos adecuados a los países en desarrollo para que promuevan dicha gestión, en particular con miras a la conservación y la reforestación

15.c Aumentar el apoyo mundial a la lucha contra la caza furtiva y el tráfico de especies protegidas, incluso aumentando la capacidad de las comunidades locales para perseguir oportunidades de subsistencia sostenibles

Objetivo 16: Promover sociedades pacíficas e inclusivas para el desarrollo sostenible, facilitar el acceso a la justicia para todos y construir a todos los niveles instituciones eficaces e inclusivas que rindan cuentas

16.1 Reducir significativamente todas las formas de violencia y las correspondientes tasas de mortalidad en todo el mundo
16.2 Poner fin al maltrato, la explotación, la trata y todas las formas de violencia y tortura contra los niños
16.3 Promover el estado de derecho en los planos nacional e internacional y garantizar la igualdad de acceso a la justicia para todos
16.4 De aquí a 2030, reducir significativamente las corrientes financieras y de armas ilícitas, fortalecer la recuperación y devolución de los activos robados y luchar contra todas las formas de delincuencia organizada
16.5 Reducir considerablemente la corrupción y el soborno en todas sus formas
16.6 Crear a todos los niveles instituciones eficaces y transparentes que rindan cuentas
16.7 Garantizar la adopción en todos los niveles de decisiones inclusivas, participativas y representativas que respondan a las necesidades
16.8 Ampliar y fortalecer la participación de los países en desarrollo en las instituciones de gobernanza mundial
16.9 De aquí a 2030, proporcionar acceso a una identidad jurídica para todos, en particular mediante el registro de nacimientos
16.10 Garantizar el acceso público a la información y proteger las libertades fundamentales, de conformidad con las leyes nacionales y los acuerdos internacionales

16.a Fortalecer las instituciones nacionales pertinentes, incluso mediante la cooperación internacional, para crear a todos los niveles, particularmente en los países en desarrollo, la capacidad de prevenir la violencia y combatir el terrorismo y la delincuencia
16.b Promover y aplicar leyes y políticas no discriminatorias en favor del desarrollo sostenible

Objetivo 17: Fortalecer los medios de implementación y revitalizar la Alianza Mundial para el Desarrollo Sostenible

Finanzas

17.1 Fortalecer la movilización de recursos internos, incluso mediante la prestación de apoyo internacional a los países en desarrollo, con el fin de mejorar la capacidad nacional para recaudar ingresos fiscales y de otra índole

17.2 Velar por que los países desarrollados cumplan plenamente sus compromisos en relación con la asistencia oficial para el desarrollo, incluido el compromiso de numerosos países desarrollados de alcanzar el objetivo de destinar el 0,7% del ingreso nacional bruto a la asistencia oficial para el desarrollo de los países en desarrollo y entre el 0,15% y el 0,20% del ingreso nacional bruto a la asistencia oficial para el desarrollo de los países menos adelantados; se alienta a los proveedores de asistencia oficial para el desarrollo a que consideren la posibilidad de fijar una meta para destinar al menos el 0,20% del ingreso nacional bruto a la asistencia oficial para el desarrollo de los países menos adelantados

17.3 Movilizar recursos financieros adicionales de múltiples fuentes para los países en desarrollo

17.4 Ayudar a los países en desarrollo a lograr la sostenibilidad de la deuda a largo plazo con políticas coordinadas orientadas a fomentar la financiación, el alivio y la reestructuración de la deuda, según proceda, y hacer frente a la deuda externa de los países pobres muy endeudados a fin de reducir el endeudamiento excesivo

17.5 Adoptar y aplicar sistemas de promoción de las inversiones en favor de los países menos adelantados

---

Tecnología

17.6 Mejorar la cooperación regional e internacional Norte-Sur, Sur-Sur y triangular en materia de ciencia, tecnología e innovación y el acceso a estas, y aumentar el intercambio de conocimientos en condiciones mutuamente convenidas, incluso mejorando la coordinación entre los mecanismos existentes, en particular a nivel de las Naciones Unidas, y mediante un mecanismo mundial de facilitación de la tecnología

17.7 Promover el desarrollo de tecnologías ecológicamente racionales y su transferencia, divulgación y difusión a los países en desarrollo en condiciones favorables, incluso en condiciones concesionarias y preferenciales, según lo convenido de mutuo acuerdo

17.8 Poner en pleno funcionamiento, a más tardar en 2017, el banco de tecnología y el mecanismo de apoyo a la creación de capacidad en materia de ciencia, tecnología e innovación para los países menos adelantados y aumentar la utilización de tecnologías instrumentales, en particular la tecnología de la información y las comunicaciones

---

Creación de capacidad

17.9 Aumentar el apoyo internacional para realizar actividades de creación de capacidad eficaces y específicas en los países en desarrollo a fin de respaldar los planes nacionales de implementación de todos los Objetivos de Desarrollo Sostenible, incluso mediante la cooperación Norte-Sur, Sur-Sur y triangular

Comercio

17.10 Promover un sistema de comercio multilateral universal, basado en normas, abierto, no discriminatorio y equitativo en el marco de la Organización Mundial del Comercio, incluso mediante la conclusión de las negociaciones en el marco del Programa de Doha para el Desarrollo

17.11 Aumentar significativamente las exportaciones de los países en desarrollo, en particular con miras a duplicar la participación de los países menos adelantados en las exportaciones mundiales de aquí a 2020

17.12 Lograr la consecución oportuna del acceso a los mercados libre de derechos y contingentes de manera duradera para todos los países menos adelantados, conforme a las decisiones de la Organización Mundial del Comercio, incluso velando por que las normas de origen preferenciales aplicables a las importaciones de los países menos adelantados sean transparentes y sencillas y contribuyan a facilitar el acceso a los mercados

Cuestiones sistémicas

Coherencia normativa e institucional

17.13 Aumentar la estabilidad macroeconómica mundial, incluso mediante la coordinación y coherencia de las políticas

17.14 Mejorar la coherencia de las políticas para el desarrollo sostenible

17.15 Respetar el margen normativo y el liderazgo de cada país para establecer y aplicar políticas de erradicación de la pobreza y desarrollo sostenible

Alianzas entre múltiples interesados
17.16 Mejorar la Alianza Mundial para el Desarrollo Sostenible, complementada por alianzas entre múltiples interesados que movilicen e intercambien conocimientos, especialización, tecnología y recursos financieros, a fin de apoyar el logro de los Objetivos de Desarrollo Sostenible en todos los países, particularmente los países en desarrollo
17.17 Fomentar y promover la constitución de alianzas eficaces en las esferas pública, público-privada y de la sociedad civil, aprovechando la experiencia y las estrategias de obtención de recursos de las alianzas

Datos, vigilancia y rendición de cuentas
17.18 De aquí a 2020, mejorar el apoyo a la creación de capacidad prestado a los países en desarrollo, incluidos los países menos adelantados y los pequeños Estados insulares en desarrollo, para aumentar significativamente la disponibilidad de datos oportunos, fiables y de gran calidad desglosados por ingresos, sexo, edad, raza, origen étnico, estatus migratorio, discapacidad, ubicación geográfica y otras características pertinentes en los contextos nacionales
17.19 De aquí a 2030, aprovechar las iniciativas existentes para elaborar indicadores que permitan medir los progresos en materia de desarrollo sostenible y complementen el producto interno bruto, y apoyar la creación de capacidad estadística en los países en desarrollo

Fuente: Elaboración propia. A/RES/70/1

En definitiva, si los ODM estaban destinados a resolver una amplia gama de problemas, incluidos el hambre, enfermedades, promover la igualdad de género, y el acceso al agua y saneamiento, la nueva Agenda tiene la intención de ir aún más lejos, abordando las causas profundas de la pobreza y la necesidad de desarrollo sostenible para todos los pueblos.

Dos importantes críticas surgieron casi de inmediato. Por un lado, se denuncia la posible falsedad del presupuesto de base lo que en definitiva supone atacar el pilar en el que se asientan todos ellos. En concreto, en la Agenda se afirma que "la reducción de la pobreza es el mayor desafío global", por lo que el primer objetivo para 2030 es "erradicar la pobreza extrema para todas las personas en todas partes, medida a menos de 1,25 dólares al día». Sin embargo, son varias las voces que afirman que el principal problema al que nos enfrentamos es el aumento de la desigualdad. No obstante, es cierto que los ODS contemplan igualmente la lucha contra la desigualdad en el Objetivo 10, pero de una forma más parcial puesto la primera meta es lograr progresivamente y mantener el crecimiento de los ingresos del 40% más pobre de la población a una tasa superior a la media nacional. Se afirma que para hablar realmente de la desigualdad, la meta debería cubrir todo el espectro de ingresos, no sólo del 40% más bajo en la escala socioeconómica dado que es perfectamente posible que el ingreso de los más necesitados crezca más rápido que el promedio nacional, y que la desigualdad siga aumentando por la erosión de la clase media. En resumen, esta crítica afirma que el enfoque en la pobreza extrema es una negación de la realidad de la desigualdad extrema en el mundo de hoy. Una agenda centrada en la desigualdad extrema también resolvería la pobreza extrema.

La segundad crítica resulta más evidente, frente al consenso de que en gran medida el éxito de los ODM fue debido en gran parte a su claridad, concisión y al hecho de contar con parámetros cuantificables, este no es el caso de los ODS. Parece claro que no es posible logar una Agenda global que no sea al mismo completa y concisa. De todo ello el aspecto más preocupante es el relativo a las metas mensurables lo que exige un cierto grado de objetividad, o haber fijado ciertos parámetros con claridad. Sin embargo, este no es el caso para la mayoría de los ODS.

Finalmente, destacar la formulación del objetivo 17, "Fortalecer los medios de implementación y revitalizar la Alianza Mundial para el Desarrollo Sostenible", lo que implica sin duda el reconocimiento a la labor ya realizada. En su concreción, junto a otras cuestiones consideradas sistémicas en la resolución, como son la coherencia normativa e institucional, se aborden las alianzas entre múltiples interesados y se fijen como metas mejorar la Alianza Mundial para el Desarrollo Sostenible, complementada por alianzas entre múltiples interesados que movilicen e intercambien conocimientos, especialización, tecnología y recursos financieros, a fin de apoyar el logro de los Objetivos de Desarrollo Sostenible en todos los países, particularmente los países en desarrollo y fomentar y promover la constitución de alianzas eficaces en las esferas pública, público-privada y de la sociedad civil, aprovechando la experiencia y las estrategias de obtención de recursos de las alianzas. Lo que nos lleva de nuevo al Pacto Mundial.

Figura II.14 El Pacto Mundial en el escenario 2015

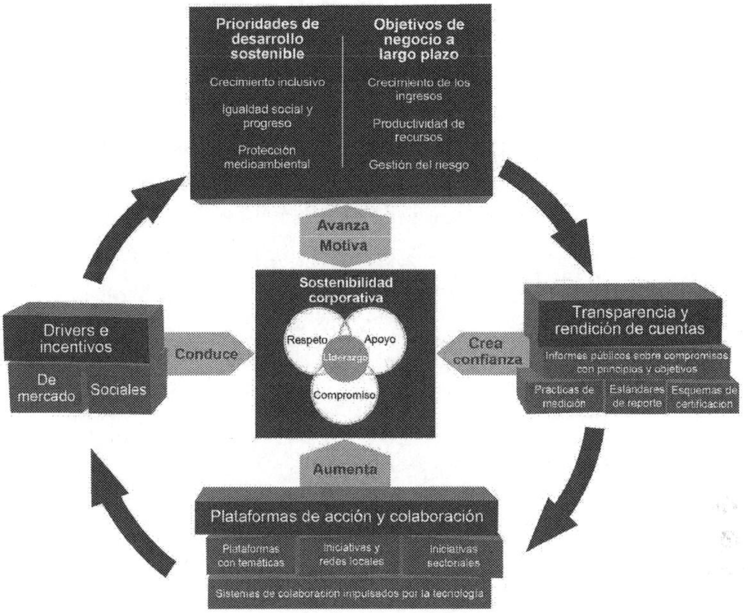

Fuente: www.pactomundial.org/2015/04/agenda-post-2015/

En efecto, desde que en el año 2000 naciera la iniciativa del Pacto Mundial de Naciones Unidas, las empresas han participado de forma sincronizada en la incorporación y el respeto de los derechos fundamentales y el estado de derecho en los países en los que operan, por medio de la integración en sus operaciones de los 10 Principios en materia de derechos humanos, normas laborales, medioambiente y lucha contra la corrupción, que se abordaron en el capítulo anterior. Sin embargo, con la Agenda 2030 se intenta avanzar un paso más en la implicación del sector empresarial.

Esta Alianza parece responder a un doble convencimiento. Por parte de los Estados, al reconocimiento de que el desarrollo de las naciones requiere del fortalecimiento de las empresas que residen en ellas; por parte de las empresas, el asumir que sólo en sociedades prósperas, estables, transparentes e inclusivas es posible la generación de beneficios sostenibles en el largo plazo.

Sin duda, es un momento muy ilusionante y decisivo del desarrollo a nivel mundial. Las expresiones "oportunidad histórica" y "ser parte de la solución" se reiteran, pero desde el Pacto Mundial se advierte que si realmente estamos buscando que la Agenda de Desarrollo se cumpla, es necesario entender cuál es el papel de cada una de las partes (estados-empresas-otras organizaciones) y cuáles son los objetivos marcados para cada uno de los actores.

Una de las contribuciones que puede tener la empresa viene de su propia forma de trabajar, que tiene mucho que aportar al desarrollo. Su predisposición a la innovación, su orientación a resultados, su interés en la medición o su capacidad de reacción, entre otros, pueden inspirar la Agenda 2030 y complementar su papel natural como agentes vitales de desarrollo. Pero al igual que los Estados, el resto de los agentes que trabajan en pos de los objetivos de Naciones Unidas, y Pacto Mundial en particular están llamados a catalizar la acción de las empresas en este sentido, deberán, con carácter previo, hacer un ejercicio de medición, aterrizaje y definición de objetivos y adaptarlos a la realidad contexto-país.

En esta línea, desde Pacto Mundial España, conscientes de que el desarrollo requiere de creación de empleo y de la participación activa de las empresas en la sociedad, se han propuesto seis prioridades para nuestro país:

a. **Dignidad**.-Promover un nuevo modelo de futuro sostenible en España bajo el prisma de los Derechos Humanos, donde el sector público involucre al sector privado en la definición de los marcos legales.
b. **Personas**.-Abrir espacios de diálogo público-privado en educación, sanidad e igualdad que soslayen la territorialidad y los cambios de gobierno.
c. **Prosperidad**.-Mejorar el acceso a la energía, infraestructuras y a las tecnologías de la información, generando un cambio en el modelo de negocio.
d. **Justicia**.-Situar la corrupción como prioridad de las empresas españolas, sobre la base de mecanismos de responsabilidad corporativa.
e. **Planeta**.-Promover la educación escolar y empresarial en medio ambiente, la alimentación sostenible y los valores sociales para fomentar una cultura de consumo responsable.
f. **Asociación**.-Establecer la Agenda de los Objetivos de Desarrollo Sostenible como elemento unificador de colaboración entre la administración pública/empresa/tercer sector[59].

En definitiva, tal y como declaró Ban Ki-moon a la Asamblea del Pacto Mundial, "el desarrollo sostenible no es caridad; es una decisión inteligente" siendo de esperar que dicha afirmación sea progresivamente asumida por todos.

59 ISABEL GARRO, Red Española del Pacto Mundial. Nombrada en julio de 2015 Presidenta del Consejo Asesor de Redes Locales de Global Compact. En "Aterrizar los ODS en el entorno país, clave para el éxito", artículo publicado en el diario El País, el 25 de septiembre de 2015, disponible en archivo electrónico en la versión digital, http://elpais.com/elpais/2015/08/03/planeta_futuro/1438613575_283895.html

2.2 PRINCIPIOS PARA UNA INVERSIÓN RESPONSABLE

Posiblemente esta es la iniciativa menos conocida por el público general aunque tal vez, y sólo tal vez, la más destacada interesante a largo plazo.

La idea de los "Principios para una Inversión Responsable"(PRI), fue lanzada por Kofi Annan, el 27 de Abril de 2005 en la Bolsa de Valores de Nueva York, a las empresas que invierten pidiendo un comportamiento responsable en torno a valores como los del Pacto Mundial. A partir de ese momento, y bajo invitación del Secretario General de Naciones Unidas, se puso un grupo de profesionales de la inversión a trabajar en el establecimiento de una serie de principios que permitiesen a los inversores institucionales integrar la consideración de las cuestiones ambientales, sociales y de gobernanza empresarial (ASG[60]) a sus procesos de toma de decisiones y a sus prácticas de gestión de activos. Este grupo de 20 grandes inversores institucionales contó con el apoyo de un grupo de expertos de diversas áreas de la industria de inversión, siendo los trabajos coordinados por la Iniciativa Financiera del Programa de Naciones Unidas para el medio Ambiente (UNEP-FI) y el Pacto Mundial.

Los **6 Principios para la Inversión Responsable** (Tabla II.4) se basan en la premisa de que las cuestiones ASG pueden afectar al comportamiento de las inversiones, y en que la consideración adecuada de estas cuestiones forma parte de la garantía de rendimientos mejor ajustados al riesgo, cuestión ésta que se encuentra entre los aspectos a considerar como deber fiduciario de los inversores. Ahora bien, como sucede con otras iniciativas de Naciones Unidas, estamos frente a una herramienta basada en la "voluntad" de quien la aplica y que, en principio, no contempla la exclusión sino que tiene un enfoque "suave", el de "cumplir o explicar" como en el caso del Pacto Mundial. Esto significa que lo único que se requiere a los signatarios de la iniciativa PRI es que informen de cómo aplican los Principios o, en su defecto, que proporcionen una explicación de por qué no han cumplido con ellos. No obstante, al igual que ya ha sucedido en la segunda etapa del Pacto Mundial, es muy probable que cuando esta iniciativa cuente con una amplia experiencia (posiblemente para el año 2015) aquellos signatarios que no cumplan los Principios sean objeto de algún tipo de sanción, tipo expulsión, con la consiguiente pérdida de reputación.

60 En inglés las siglas son ESG. Ponemos esto puesto que, que en ocasiones, podemos encontrar ESG (*environmental, social and gobenance*) en textos escritos en castellano, en vez de ASG.

Hay tres categorías de signatarios de PRI[61]:

- **Propietarios de Activos.**- Organizaciones que representan a propietarios de activos finales que poseen fondos de retiro a largo plazo, seguros y otros activos. Entre ellos se incluyen fondos de pensión, fondos de reserva de gobierno, fundaciones, compañías de seguros y reaseguros y organizaciones depositarias. A modo de ejemplo, en esta categoría se encuentran en España: BBVA Fondo de Empleo, VidaCaixa y Caser Pensiones, entre otras.
- **Gestor de Carteras de Inversión.**- Se trata de compañías de gestión de inversiones que sirven al mercado institucional y/o de menudeo, y administran activos como proveedores a terceras personas. A modo de ejemplo, en España sería el caso de: Mercapital, Arcano Group o del Santander pensiones.
- **Proveedor de Servicios de Inversión.**- organizaciones que ofrecen productos o servicios a propietarios de activos y/o gestores de inversiones. No son gestores de activos propiamente, pero tienen una considerable influencia en la forma en que sus clientes enfocan las cuestiones ASG. A modo de ejemplo, en España están Novaster y Oquendo Capital.

Tabla II.5 Los Principios para la Inversión Responsable

	Incorporaremos los temas ASG al análisis de inversiones y procesos de toma de decisiones
Principio 1	Acciones Posibles: • Abordar las cuestiones de ASG en las declaraciones de política de inversiones. • Apoyar la elaboración de instrumentos, métricas y análisis de cuestiones ASG. • Evaluar la capacidad de los gestores internos y externos para incorporar las cuestiones ASG. • Promover la capacitación de profesionales de la inversión en estas cuestiones.

61 Por lo extendido del uso de los términos en inglés, señalar que las equivalencias de las tres categorías de signatarios son: *Asset Owners*, *Invest Managers* y *Profesional Service Partners*; respectivamente.

	Seremos pioneros en incorporar las cuestiones ASG a nuestras prácticas y políticas de propiedad
Principio 2	**Acciones Posibles:** • Elaborar y hacer pública una política de identificación activa coherente de los Principios. • Comprometerse con las empresas sobre cuestiones SG. • Participar en iniciativas de compromiso colaborativo. • Pedir a los gestores de inversión que asuman compromisos relacionados con ASG y que rindan cuentas.
	Buscaremos una divulgación transparente de las cuestiones ASG por parte de las entidades en las que invirtamos
Principio 3	**Acciones Posibles:** • Pedir que las cuestiones ASG se integren en los informes financieros anuales. • Pedir a terceros informes normalizados sobre cuestiones ASG o información relativa a la adopción de reglas, normas, códigos de conducta o iniciativas internacionales relacionadas (caso de Pacto Mundial). • Apoyar las iniciativas y resoluciones de accionistas que promuevan la difusión de las cuestiones ASG.
	Promoveremos la aceptación y aplicación de los Principios en el sector de las inversiones
Principio 4	**Acciones Posibles:** • Incluir requisitos relacionados con los Principios en las Peticiones de Propuestas. • Comunicar expectativas de ASG a los proveedores de servicios de inversión. • Revisar las relaciones con proveedores de servicios que no cumplen con expectativas ASG. • Apoyar el desarrollo de marcos regulatorios y/o políticos que permitan la aplicación de los Principios.

	Trabajaremos en conjunto para mejorar nuestra eficacia en la aplicación de los Principios
Principio 5	**Acciones Posibles:** • Apoyar o participar en redes y plataformas de información para compartir instrumentos y recursos. • Abordar colectivamente cuestiones emergentes relevantes. • Desarrollar, participar o apoyar iniciativas adecuadas de colaboración.
	Reportaremos nuestra actividad y progreso en la aplicación de los Principios
Principio 6	**Acciones Posibles:** • Mostrar cómo las cuestiones ASG se integran en las prácticas de gestión. • Divulgar las medidas de propiedad activa y qué se espera de los proveedores de servicios en relación a los Principios. • Informar sobre los progresos y/o logros relativos a los Principios usando la modalidad "cumplir o explicar".

Fuente: www.unpri.org

Al firmar los Principios, se establece el compromiso público como inversores de adoptarlos y aplicarlos, en la medida en que sean compatibles con las responsabilidades fiduciarias, evaluando su eficacia y mejorando progresivamente el contenido de los Principios. Señalar que los signatarios seleccionan por sí mismos la categoría en la que deben estar, si bien la Mesa Directiva de los PRI se reserva el derecho de ajustarla cuando sea apropiado. Según estudio realizado en marzo de 2011, el total de entidades firmantes de los Principios de Inversión Responsable alcanzaron las 885, de las cuales el 56% eran Gestores de carteras de Inversión; el 25,7% Propietarios de Activos y el 18,3% restante correspondían a la categoría de Proveedores de Servicios de Inversión. La cifra ha seguido creciendo y, en la actualidad hay más de 1.500 organizaciones signatarias de los Principios, con activos que superan los 6 billones de euros.

Figura II.15 Evolución de los PRI en 10 años, en número de signatarios y fondos

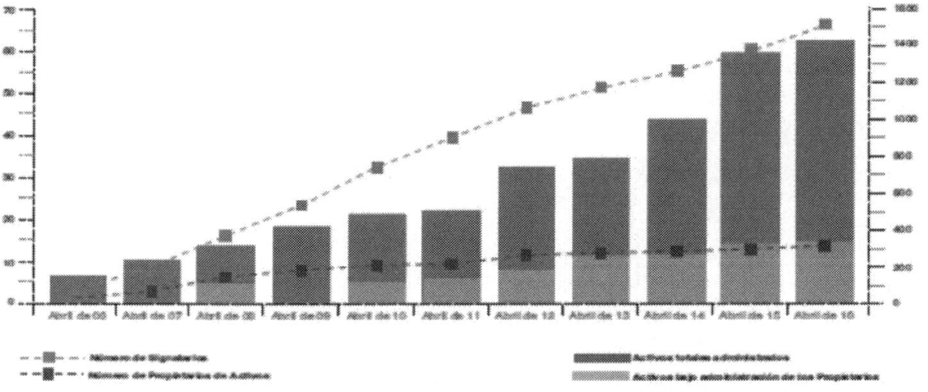

Fuente: unpri.org, 2016

Obviamente el interés por la Inversión Socialmente Responsable es anterior a la aparición de los PRI[62], pero no cabe duda de que la iniciativa de la ONU tuvo un efecto multiplicador[63]. El creciente interés en inversión responsable se vio impulsado por[64]:

- El reconocimiento de la importancia financiera de las cuestiones ASG.
- El entendimiento de que la integración de estas cuestiones forma parte del deber fiduciario de los inversores para con sus clientes y beneficiarios.
- La preocupación por las consecuencias de una visión a corto plazo sobre el funcionamiento de las empresas, los rendimientos de las inversiones y el comportamiento del mercado.
- Las políticas públicas que exigen a los inversores ejercer sus derechos y responsabilidades como propietarios.
- La presión de los competidores que buscan diferenciarse a través de la práctica de inversión responsable.
- Motivaciones éticas por parte de los inversores, clientes y beneficiarios.

62 A modo de ejemplo, los artículos de: KURTZ, L. (1997) "No effect or no net effect? Studies on social responsible investing", *Journal of Investing* 6(winter):37-49. STATMAN, M. (2000) "Socially Responsibility Mutual Funds", *Financial Analysis Journal,* may/jun, 56(3):30-39. SCHUETH, S. (2003) "Socially Responsible Investing in USA", *Journal of Business Ethics 43(3):189-194.*

63 BIELAK, D.; BONINI, SMJ, y OPPENHEIM, J. (2007) "CEOs strategy and social issues", *The McKinsey Quarterly,* Oct. 2007.

64 PRI-UNEP-FI-Global Compact (2016) 2006-2016: Showcasing Leadership in Responsible Investment. Disponible en www.pri.org

A nivel mundial lideran esta iniciativa la UE, Estados Unidos y Australia. No obstante, desagregando los datos de la UE-27 vemos que los países donde esta iniciativa tiene mayor aceptación son Reino Unido, con gran diferencia, seguido de Francia, Holanda y Dinamarca. España tiene un peso todavía pequeño, de 5,4%, principalmente Propietarias de Activos (véase Figura II.16). Según un estudio presentado en la Bolsa de Madrid, sobre "Expectativas de los inversores institucionales en materia social, ambiental y de orden ético sobre las compañías cotizadas españolas"[65], en el caso de nuestro país esta circunstancia podría deberse a:

- Los inversores institucionales españoles poseen un bajo interés sobre el desempeño ambiental y social de las compañías cotizadas, en comparación con los inversores franceses, británicos y norteamericanos.
- La inclusión de propuestas de carácter ambiental, social y ético en los órdenes del día de las Juntas de Accionistas en España es una práctica poco frecuente.

Y ello, a pesar de que hay una creciente demanda por parte de inversores institucionales extranjeros (y asesores de voto), sobre la inclusión de los temas de sostenibilidad; y que los temas "de mayor preocupación por parte de los inversores institucionales son: Derechos Humanos, medidas anticorrupción, cadena de suministro, diversidad, cambio climático, gestión del agua y gestión de residuos.

Figura II.16 Distribución de signatarios PRI en la UE-27

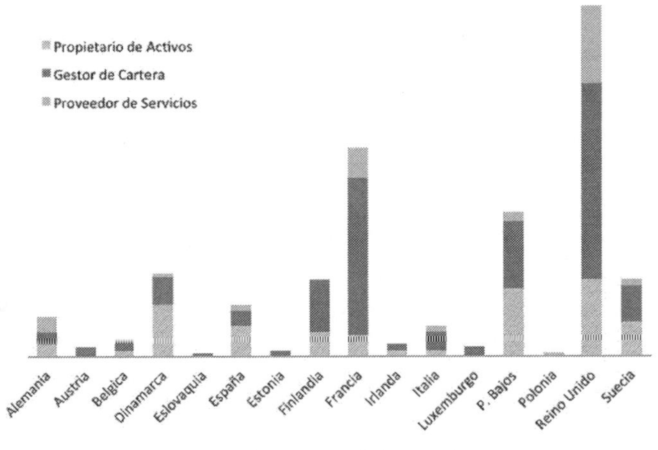

Fuente: Elaboración propia. www.unpri.org-2011

65 Georgeson-FundsPeople-Club de Excelencia en Sostenibilidad (2015) "Expectativas de los inversores institucionales en materia social, ambiental y de orden ético sobre las compañías cotizadas españolas". Disponible en clubsostenibilidad.org

Hay otras actuaciones de Naciones Unidas que inciden directamente sobre la RSC. Así desde la Conferencia de las Naciones Unidas sobre Comercio y Desarrollo (UNCTAD) se ha trabajado sobre el uso de indicadores de responsabilidad de las empresas en los informes anuales. Pero las orientaciones dadas por la UNCTAD para reportar sobre RSC tienen varios "puntos débiles", entre ellos el que se maneje un grupo demasiado reducido de indicadores y que "la categorización elegida no ofrece una visión diferenciada de las tres dimensiones de la sostenibilidad: económica, social y ambiental" (2010)[66]. Estos trabajos permanecen sin avances ya que, como hemos visto anteriormente, en caso de reportes o memorias relativas a RSC la propia NU recomienda ya utilizar las guías GRI.

Finalmente, señalar que hay programas más específicos para temas relacionados con elementos de la RSC, es el caso en medio ambiente de *Caring for Climate* o el *CEO Water Mandate*; y en acción social los Principios de Facultación de la Mujer o la Inicia de Empresas Líderes en Derechos Humanos.

2.4 LOS PRINCIPIOS RECTORES SOBRE LAS EMPRESAS Y LOS DERECHOS HUMANOS. EL MARCO DE LAS NACIONES UNIDAS PARA "PROTEGER, RESPETAR Y REMEDIAR"

La cuestión de las empresas y los derechos humanos entró definitivamente en la agenda política mundial en la década de 1990, como consecuencia de la gran expansión mundial del sector privado y del correspondiente aumento de la actividad económica transnacional que fue acompañado por gran incremento de los impactos sociales tanto positivos como negativos.

En efecto, las empresas multinacionales pueden realizar una importante contribución al desarrollo económico de los Estados y de los pueblos, lo que repercute positivamente en los derechos humanos dado que hoy existe un gran consenso en considerar el desarrollo como "el vector de los derechos humanos"[67]. No obstante, puede apreciarse asimismo una relación igualmente directa pero en sentido opuesto entre empresas y derechos humanos si estas no respetan las condiciones de trabajo digno, si proceden a inversiones poco responsables socialmente, si desencadenan

66 Sobre la base del estudio de los indicadores propuestos por la UNCTAD, LIZCANO, GARCÍA y FERNÁNDEZ presentan su propio modelo realizado sobre la información obtenida de un estudio realizado por ellos desde la Asociación Española de Contabilidad y Administración de Empresas. Su modelo incluye 9 indicadores económicos, 5 ambientales y 13 sociales (estos últimos para medición de la responsabilidad social interna, exclusivamente).

67 E/CN.4/2006/26, 22 de febrero de 2006. Cf. Mª Mª Ángeles CANO LINARES, "El desarrollo, vector de los derechos humanos. Principales obstáculos".

desplazamiento de poblaciones de sus lugares de origen como resultado de la contaminación medioambiental o sostienen sistemas políticos poco respetuosos con sus obligaciones internacionales.

Esta incidencia negativa se ha visto incrementada en la actual economía globalizada, pues los desequilibrios repercuten con mayor fuerza en los más débiles, cada vez más vulnerables ante los intereses de las grandes empresas transnacionales. Esta situación reforzó la conciencia social del impacto de las empresas sobre los derechos humanos y también atrajo la atención de las Naciones Unidas que han reconocido que las actividades de las empresas comerciales pueden tener un impacto negativo en el disfrute de los derechos[68].

Por tanto, crecieron simultáneamente la conciencia sobre las potenciales obligaciones de derechos humanos de actores no-estatales y por el disfrute de los derechos económicos, sociales y culturales con las campañas realizadas fuera del sistema de las Naciones Unidas en contra del carácter destructivo de grandes proyectos de desarrollo, que facilitaron la aparición de nuevas formas de hacer responsables a instituciones financieras por daños sociales y medioambientales[69].

Por ello se puede afirmar que, en la consolidación de la RSC a nivel internacional ha resultado decisivo que se abordara esta cuestión desde Naciones Unidas[70]. En este sentido, como ya se indicó en apartados anteriores, destacan el informe Bruntland como el Foro Económico Mundial de Davos de 1999; el primero con su objetivo de establecer principalmente dos tipos de restricciones: las ecológicas, por un lado, con el fin de preservar los recursos de proporcionados por nuestro planeta y su propia subsistencia y, por otro, las morales con la reducción de unos niveles de consumo inalcanzables para todos los hombres y conseguir un desarrollo sostenible; el Foro debido a que dio lugar, en el marco de las Naciones Unidas, al Pacto Mundial en el año 2000, que se enfocó en involucrar a las empresas en los principios de la RSC a través del establecimiento de los 10 principios ya referidos en el Capítulo 1.

Por tanto, la relación entre las Naciones Unidas y la comunidad empresarial internacional se ha estrechado en los últimos años, con toda una serie de asociaciones y

68 SOMO, M. et al. (2012) "Cómo utilizar los Principios Rectores de la ONU sobre las empresas y los derechos humanos en la investigación y la incidencia sobre empresas. Una guía para las organizaciones de la sociedad civil".

69 FEENE, Patricia. Empresas y derechos humanos: la lucha por la rendición de cuentas en la ONU.

70 Como desde la Organización para la Cooperación y el Desarrollo (OCDE o la propia UE, entre otras. Second Annual UN Forum on Business and Human Rights 2-4 Diciembre de 2013, Ginebra, Suiza.

alianzas[71] que han favorecido un nuevo estándar de responsabilidad empresarial[72] pero que al final ha llevado a sobrepasar este ámbito.

Sin embargo, el interés es anterior. En la década de 1980, en la línea de los anteriores, una de las primeras iniciativas impulsadas por Naciones Unidas fueron las denominadas Normas sobre las empresas transnacionales y otras empresas comerciales, elaboradas por un órgano subsidiario de expertos de la entonces Comisión de Derechos Humanos[73]. El objetivo, en aquel momento, fue esencialmente el tratar de imponer directamente a las empresas, conforme al derecho internacional, la misma gama de obligaciones que en materia de derechos humanos habían aceptado cumplir los Estados al prestar el consentimiento a los tratados en la materia , esto es "promover, asegurar su cumplimiento, respetar y proteger", lo que desencadenó una gran oposición.

El proyecto de "Normas sobre las Responsabilidades de las Empresas Transnacionales y Otras Empresas Comerciales en la Esfera de los Derechos Humanos" fue por tanto un intento de hacer frente a la insuficiencia del tradicional enfoque centrado en el Estado para regular el comportamiento empresarial en la era de la globalización. Esta propuesta generó un intenso debate con gran división de opiniones entre la comunidad empresarial y las agrupaciones de defensa de los derechos humanos, pero recibió escaso apoyo por parte de los Gobiernos. Finalmente, la Comisión se abstuvo de continuar su actuación en relación con la propuesta[74]. Un nuevo intento en sentido similar se produjo en 2003 al aprobar la Subcomisión de Promoción y Protección de los Derechos Humanos un proyecto de «Normas sobre responsabilidades de las empresas transnacionales y otras empresas comerciales», que si bien no significaba un sistema de control muy perfeccionado, era un importante avance. Pero, de nuevo, los grupos empresariales se opusieron frontalmente a la aprobación de estas normas y, finalmente, la Comisión de Derechos Humanos, que debía dar su aprobación, paralizó el proyecto.

---

71 Entre ellas, business.un.org, ámbito para compaginar los recursos de las empresas con las necesidades de las Naciones Unidas la Oficina de las Naciones Unidas para las Asociaciones de Colaboración que promueve nuevas asociaciones, centro institucional para el Fondo de las Naciones Unidas para la Democracia o la Fundación proNaciones Unidas.

72 En 1983.

73 Establecida por el Consejo Económico y Social a través de la Resolución 9 (II) del 21 de mayo de 1946 como principal órgano en materia de derechos humanos, fue sustituida con la creación el 15 de marzo de 2006 del Consejo de Derechos Humanos por la Asamblea General de las Naciones Unidas el 15 de con el objetivo principal de considerar las situaciones de violaciones de los derechos humanos y hacer recomendaciones al respecto.

74 En el año 1998 se presentó por la Subcomisión de Promoción y Protección de los Derechos Humanos un proyecto de resolución para la creación de un grupo de trabajo encargado de la elaboración de un marco normativo de responsabilidad.

A pesar de su aparente fracaso, desde la perspectiva estricta de los derechos humanos[75] las Normas sobre las empresas transnacionales y otras empresas comerciales, fueron la primera realización concreta y aunque no prosperaron consagraron y articularon cuatro principios generales, que operan como fundamento y marco de la cuestión, además de contribuir al reconocimiento cada vez más compartido de las responsabilidades empresariales en el respeto de los derechos humanos con carácter universal, esto es, en todos y en cada uno de los lugares en los que operan[76]. Esos principios marco son: el reconocimiento de que los Estados son los titulares de obligaciones internacionales en materia de derechos humanos; los actores empresariales también tienen responsabilidades en virtud del derecho internacional de los derechos humanos; estas responsabilidades se aplican universalmente y cubren una amplia gama de derechos; los Estados tiene el deber de adoptar las medidas para proteger a las personas de abusos de las empresas y el carácter transnacional del problema que requiere respuestas de las mismas características.

Una nueva iniciativa habría que esperar unos años hasta la actuación del Consejo de Derechos humanos que, con un cambio de estrategia, en 2005 solicitó al Secretario General que nombraba un representante especial con el fin de iniciar un proceso nuevo. El mandato de este representante especial era temporal —de hecho, finalizó en 2011— y la persona elegida para ello fue John Ruggie, asesor del Pacto Mundial y uno de los máximos defensores de los códigos de conducta voluntarios.

Paralelamente, desde que se empezó a plantear la cuestión la opción de los Estados más desarrollados fue decantarse por abordarla en el marco de la Organización para la Cooperación y el Desarrollo Económicos (OCDE) que ya en 1975 había creado el Comité sobre Inversión Internacional y Empresas Multinacionales para estudiar la posibilidad de establecer códigos de conducta para ETNs. No obstante, el objeto primordial de esta iniciativa en el seno de la OCDE era el de proteger a los inversionistas internacionales de la discriminación y expropiación por parte de los gobiernos de los países de acogida. Por su parte, la Organización Internacional del Trabajo (OIT) adoptó, en 1977, la Declaración Tripartita de Principios sobre las Empresas Multinacionales y la Política Social que insta a las empresas a respetar la Declaración Universal de los Derechos Humanos y las convenciones internacionales de derechos humanos correspondientes. Con más fácil aceptación por no tratarse de un instrumento jurídicamente vinculante,

75 La relevancia de la RSC dentro de la estrategia empresarial se debe a su carácter multidisciplinar afecta a distintivos ámbitos de gestión de la empresa (derechos humanos; prácticas de trabajo y empleo; protección de la salud; cuestiones medioambientales; lucha contra el fraude y la corrupción) que pueden reducirse a protección de derechos humanos, lucha contra fraude y la corrupción y protección medioambiental.

76 Recogidos como principios generales en 2011en los Principios Rectores sobres las empresas y los derechos humanos.

se concentra específicamente en los derechos de los trabajadores y cuenta con el acierto de haber establecido un mecanismo a través del cual los grupos de la sociedad civil, en cooperación con los sindicatos, pueden presentar reclamaciones ante comportamientos abusivos de las empresas.

2.4.1 La labor del representante especial del Secretario General para la cuestión de los derechos humanos y las empresas trasnacionales y otras empresas: Los Principios Rectores

Como ya se ha indicado, en 2005, el Consejo de Derechos Humanos[77] se decantó por una nueva estrategia, al establecer un mandato para un "Representante Especial del Secretario General para la cuestión de los derechos humanos y las empresas transnacionales y otras empresas" con el fin de iniciar un proceso nuevo, y solicitar al Secretario General que designara al titular del mandato, nombramiento que recayó en John Ruggie, asesor de Kofi Anan para la elaboración del Pacto Mundial y de las Metas del Milenio.

El representante especial, siguiendo en su línea de defensa de pactos voluntarios, rechazó la propuesta de establecer normas obligatorias en todos los informes que realizó y que quedó igualmente reflejada en los "Principios rectores sobre las empresas y los derechos humanos: puesta en práctica del marco de las Naciones Unidas para 'proteger, respetar y remediar" que en este caso sí fueron aprobados por el Consejo de Derechos humanos[78].

La labor del representante especial se puede dividir en tres fases. La primera (2005-2007) tuvo como objetivo principal "identificar y aclarar" las normas y prácticas existentes[79] y llevó a la creación de un portal en la web[80] para recoger no solo las

77 El Consejo de Derechos Humanos es un organismo intergubernamental de las Naciones Unidas encargado de fortalecer la promoción y protección de los derechos humanos en todo el mundo y para hacer frente a situaciones de violaciones de los derechos humanos y formular recomendaciones sobre ellos. Tiene la capacidad de discutir todas cuestiones temáticas relativas a los derechos humanos y situaciones que requieren su atención durante todo el año. Se reúne en la Oficina de las Naciones Unidas en Ginebra.

78 Por otro lado, diversas organizaciones sociales y de derechos humanos han criticado la ausencia de una participación real de la sociedad civil durante el trabajo realizado por Ruggie. En este sentido, han revindicado en numerosas ocasiones el establecimiento de instancias formales y sistemáticas de consulta a las comunidades afectadas por las multinacionales, pero el relator ha hecho oídos sordos a estas propuestas para, en su lugar, elegir como los verdaderos interlocutores a las grandes empresas.

79 En 2005, eran escasos los intercambios de conocimientos entre grupos interesados en el sector empresarial y en la esfera de los derechos humanos.

80 http://www.business-humanrights.org/SpecialRepPortal/Home (noviembre 2015)

pautas de las presuntas violaciones de los derechos humanos cometidas por empresas, sino cualquier otra información pertinente sobre la materia[81].

La segunda fase se dedicó a la presentación de recomendaciones tal y como se indicó en la renovación del mandato. En su informe de 2008, "Proteger, Respetar y Remediar: Un Marco para las Actividades Empresariales y los Derechos Humanos", tras constatar que "la causa última de la difícil situación de los derechos humanos en relación con las empresas reside en las lagunas de gobernabilidad debidas a la globalización, que han surgido, por una parte, entre el alcance y los efectos de las fuerzas y actores económicos, y por la capacidad de las sociedades para gestionar sus consecuencias adversas. Estas lagunas de gobernabilidad crean un entorno permisivo para actor ilícitos de las empresas de todo tipo sin que haya sanciones o reparaciones adecuadas" se presenta un marco conceptual con los tres principios esenciales que fue bien recibido por todos los implicados, asociaciones empresariales, gobiernos y muchos grupos de la sociedad civil, al considerar que recogía muchas de las conclusiones que los órganos expertos y los defensores de derechos humanos habían expresado con anterioridad.

Los tres principios fundamentales son los que le dan nombre: proteger, respetar, remediar. El primero es la obligación del Estado de ofrecer protección frente a los abusos de los derechos humanos cometidos por terceros, incluidas las empresas, mediante medidas adecuadas, actividades de reglamentación y sometimiento a la justicia. El segundo es la obligación de las empresas de respetar los derechos humanos, lo que significa actuar con la debida diligencia para no vulnerar los derechos de terceros, y reparar las consecuencias negativas de sus actividades. El tercero es la necesidad de mejorar el acceso de las víctimas a vías de reparación efectivas, tanto judiciales como extrajudiciales.

Cada uno de estos principios constituye un elemento esencial de un sistema interrelacionado y dinámico de medidas de prevención y de reparación: el deber del Estado de brindar protección, ya que constituye la base misma del régimen internacional de derechos humanos; la responsabilidad de las empresas de respetar los derechos humanos, por tratarse de la expectativa social más elemental en relación con las empresas; y el acceso a vías de reparación porque ni siquiera los esfuerzos mejor coordinados pueden impedir totalmente que se cometan abusos[82]. Además, tales principios han de ser aplicados tomando en consideración el principio general de no discriminación, prestando atención especial a los derechos, necesidades y problemas de las personas pertenecientes a grupos o poblaciones con mayores riesgos de vulnerabilidad o marginación, y teniendo debidamente en cuenta los diversos riesgos que pueden enfrentar mujeres y hombres.

81 La página se mantiene actualizada.

82 A/HRC/17/31, p.6.

En junio de 2008 el Representante Especial formuló una única recomendación debido a que había apreciado tanto la multiplicidad de iniciativas públicas y privadas como la ausencia de un marco general: que el Consejo apoyara el Marco para "proteger, respetar y remediar" que el Representante Especial había elaborado[83].

La tercera fase vino dada por la puesta en práctica del Marco en cuestión y la presentación de recomendaciones concretas y prácticas para su implementación. En efecto, el 24 de marzo de 2011, Ruggie presentó a la consideración de la sesión de junio del Consejo de Derechos Humanos de Naciones Unidas el documento "Principios Rectores sobre las empresas y los derechos humanos: puesta en práctica del marco para "proteger, respetar y remediar"[84].

La aprobación de los Principios Rectores de las Naciones Unidas sobre empresas y derechos humanos por parte del Consejo de Derechos Humanos de la ONU en 2011[85] confirmó que todas las empresas tienen una responsabilidad internacionalmente reconocida de respetar los derechos humanos.

Un paso realmente importante. Como señaló el propio representante especial, "el respaldo del Consejo a los Principios Rectores no servirá por sí solo para poner fin a los problemas que plantea la cuestión de las empresas y los derechos humanos pero marcará el fin del comienzo: la creación de una plataforma conjunta de acción a nivel mundial, como base para seguir avanzando paso a paso, sin excluir ninguna otra posibilidad prometedora a largo plazo"[86].

El documento de los Principios consta de un total de 31 principios, agrupados en tres bloques, que responden a los tres principios generales- proteger, respetar, remediar- y dedicados a los tres grandes bloques de actores: Estados, empresas y víctimas.

Así, la primera parte está dedicada a las obligaciones de los Estados, la segunda a la responsabilidad de las empresas y la tercera, al acceso a los mecanismos de reparación, recogiendo cada uno de ellos principios fundacionales y otros de carácter operativos.

Respecto a los Estados y su deber de proteger los derechos humanos se recogen dos principios fundacionales y ocho operativos.

---

83 Así lo hizo el Consejo, que "acogió complacido" el establecimiento de ese marco en su resolución 7/8 y estableció el punto focal dotado de autoridad que venía faltando. Ha sido igualmente apoyado por gobiernos, empresas y asociaciones empresariales, organizaciones de la sociedad civil y de trabajadores, instituciones nacionales de derechos humanos, inversores e instituciones multilaterales, como la Organización Internacional de Normalización y la Organización para la Cooperación y el Desarrollo.

84 HRC/17/31, de 21 de marzo de 2011, Informe del Representante Especial del Secretario General para la cuestión de los derechos humanos y las empresas transnacionales y otras empresas.

85 Resolución 17/4, de 16 de junio de 2011.

86 A/HRC/17/31, p.13.

Los principios fundacionales son:

1. Los Estados deben proteger contra las violaciones de los derechos humanos cometidas en su territorio y/o su jurisdicción por terceros, incluidas las empresas. A tal efecto deben adoptar las medidas apropiadas para prevenir, investigar, castigar y reparar esos abusos mediante políticas adecuadas, actividades de reglamentación y sometimiento a la justicia.
2. Los Estados deben enunciar claramente que se espera de todas las empresas domiciliadas en su territorio y/o jurisdicción que respeten los derechos humanos en todas sus actividades.

Respecto al primero, se debe destacar la referencia territorial pero también la jurisdiccional del Estado, que le permite actuar respecto a sus nacionales aun cuando se encuentren fuera de su territorio. Que esta obligación del Estado sea una obligación de comportamiento que no le hace responsable por si sola de las violaciones de los derechos humanos cometidas por actores privados salvo que les sean directamente atribuibles o que no hayan adoptado las medidas adecuadas para prevenirlas y castigarlas.

Respecto al segundo, recordar que algunos órganos creados por tratados de derechos humanos recomiendan a los Estados que adopten medidas para impedir los abusos en el extranjero de empresas registradas bajo su jurisdicción, lo que puede suponer la adopción de medidas nacionales con implicaciones extraterritoriales o incluso la adopción de legislación y ejecución extraterritorial, lo que, a su vez, plantea otra serie de consideraciones.

Los **ocho principios operativos** relativos a los Estados tratan sobre la necesidad de que existan funciones reglamentarias y normativas del Estado de carácter general, el nexo entre el Estado y las empresas, como se debería fomentar el respeto de los derechos humanos por las empresas en zonas afectadas por conflictos y cómo garantizar la coherencia política.

Al respecto, se estima que los Estados no deben dar por supuesto que las empresas siempre prefieren o se benefician de la inacción pública, y deben considerar una combinación inteligente de medidas (nacionales e internacionales, obligatorias y facultativas) para promover el respeto de los derechos humanos por parte del sector privado. Además, se contempla el caso de empresas controladas por el Estado o cuando sus actos pueden atribuirse por alguna otra razón al Estado, en cuyo caso el responsable de la violación de los derechos humanos por la empresa podría generar responsabilidad internacional del Estado.

De especial interés resulta la referencia a la privatización de servicios públicos por parte del Estado ya que en estos casos se afirma que con ello no renuncia a sus obligaciones internacionales en materia de derechos humanos. Así, es necesario que los contratos de prestación de servicios o la legislación que habilite esa prestación precisen claramente que el Estado espera de las empresas un respeto claro de los derechos humanos. Los Estados deben asegurarse de su capacidad de supervisar efectivamente las actividades de las empresas, en particular mediante mecanismos adecuados e independientes de supervisión y de rendición de cuentas[87]. Este principio está en estrecha relación con el 9, relativo al supuesto de conclusión de acuerdos políticos sobre actividades empresariales con otros Estados o empresas, por ejemplo a través de tratados o contratos de inversión. Similar referencia se hace en relación con las relaciones comerciales Estados-empresas pues se trata de una oportunidad excelente de promover la concienciación y el respeto de los derechos humanos entre esas empresas, en particular al estipular los términos de los contratos, prestando la debida atención a las obligaciones del Estado dimanantes de la legislación nacional e internacional así como cuando actúen en instituciones multilaterales[88].

Fomentar el respeto de los derechos humanos por las empresas en zonas afectadas por conflictos y garantizar la coherencia política son otros de los principios operativos, puesto que, se afirma, no hay una tensión inevitable entre las obligaciones de en materia de derechos humanos tienen los Estados y las políticas que han de adoptar para configurar las prácticas empresariales.

---

87 Principio operativo 5.

88 Principio 10.

El deber del Estado de proteger los derechos humanos	
Principios fundacionales	
Principio 1	Los Estados deben proteger contra las violaciones de los derechos humanos cometidas en su territorio y/o su jurisdicción por terceros, incluidas las empresas. A tal efecto deben adoptar las medidas apropiadas para prevenir, investigar, castigar y reparar esos abusos mediante políticas adecuadas, actividades de reglamentación y sometimiento a la justicia.
Principio 2	Los Estados deben enunciar claramente que se espera de todas las empresas domiciliadas en su territorio y/o jurisdicción que respeten los derechos humanos en todas sus actividades.
Principios operativos	
Funciones reglamentarias y normativas del Estado de carácter general	
Principio 3	En cumplimiento de su obligación de protección, los Estados deben: a. Hacer cumplir las leyes que tengan por objeto o por efecto hacer respetar los derechos humanos a las empresas, evaluar periódicamente si tales leyes resultan adecuadas y remediar eventuales carencias; b. Asegurar que otras leyes y normas que rigen la creación y las actividades de las empresas, como el derecho mercantil, no restrinjan sino que propicien el respeto de los derechos humanos por las empresas; c. Asesorar de manera eficaz a las empresas sobre cómo respetar los derechos humanos en sus actividades; d. Alentar y si es preciso exigir a las empresas que expliquen cómo tienen en cuenta el impacto de sus actividades sobre los derechos humanos.
El nexo entre el Estado y las empresas	
Principio 4	Los Estados deben adoptar medidas adicionales de protección contra las violaciones de derechos humanos cometidas por empresas de su propiedad o bajo su control, o que reciban importantes apoyos y servicios de organismos estatales, como los organismos oficiales de crédito a la exportación y los organismos oficiales de seguros o de garantía de las inversiones, exigiendo en su caso, la debida diligencia en materia de derechos humanos.
Principio 5	Los Estados deben ejercer una supervisión adecuada con vistas a cumplir sus obligaciones internacionales de derechos humanos cuando contratan los servicios de empresas, o promulgan leyes a tal fin, que puedan tener un impacto sobre el disfrute de los derechos humanos.
Principio 6	Los Estados deben promover el respeto de los derechos humanos por parte de las empresas con las que lleven a cabo transacciones comerciales.

Fomentar el respeto de los derechos humanos por las empresas	
Principio 7	En zonas afectadas por conflictos, puesto que el riesgo de violaciones graves de los derechos humanos es mayor en zonas afectadas por conflictos, los Estados deben tratar de asegurar que las empresas que operan en tales contextos no se vean implicadas en abusos de este tipo, adoptando entre otras las siguientes medidas: a. Colaborar en la fase más temprana posible con las empresas para ayudarlas a determinar, prevenir y mitigar los riesgos que entrañen sus actividades y relaciones empresariales para los derechos humanos; b. asistencia adecuada a las empresas para evaluar y tratar los principales riesgos de abusos, prestando especial atención tanto a la violencia de género como a la violencia sexual; c. Negar el acceso al apoyo y servicios públicos a toda empresa que esté implicada en graves violaciones de los derechos humanos y se niegue a cooperar para resolver la situación; d. Asegurar la eficacia de las políticas, leyes, reglamentos y medidas coercitivas vigentes para prevenir el riesgo de que las empresas se vean implicadas en graves violaciones de los derechos humanos.
Principio 8	**Garantizar la coherencia política:** Los Estados deben asegurar que los departamentos y organismos gubernamentales y otras instituciones estatales que configuran las prácticas empresariales sean conscientes de las obligaciones de derechos humanos del Estado y las respeten en el desempeño de sus respectivos mandatos, en particular ofreciéndoles la información, la capacitación y el apoyo pertinentes.
Principio 9	Los Estados deben mantener un marco normativo nacional adecuado para asegurar el cumplimiento de sus obligaciones de derechos humanos cuando concluyan acuerdos políticos sobre actividades empresariales con otros Estados o empresas, por ejemplo a través de tratados o contratos de inversión.
Principio 10	Los Estados cuando actúen en calidad de miembros de instituciones multilaterales que tratan cuestiones relacionadas con las empresas, deberán: a. Tratar de asegurarse de que esas instituciones no limiten la capacidad de los Estados miembros de cumplir su deber de protección ni pongan trabas a la observancia de los derechos humanos por las empresas; b. Alentar a esas instituciones, en el marco de sus respectivos mandatos y capacidades, a promover el respeto de los derechos humanos entre las empresas y a ayudar a los Estados que lo soliciten a cumplir su deber de protección contra las violaciones de los derechos humanos cometidas por empresas, en particular mediante iniciativas de asistencia técnica, fomento de la capacidad y sensibilización; c. Inspirarse en estos Principios Rectores para promover el mutuo entendimiento y la cooperación internacional en la gestión de problemas relacionados con las empresas y los derechos humanos.

Como se recoge en la tabla, cinco son los principios fundacionales (principios 11 al 15) en relación con la responsabilidad de las empresas de respetar los derechos humanos y nueve los operativos (principios 16 al 24). Se parte, como presupuesto necesario, del deber de respeto de los derechos humanos por parte de las empresas, lo que implica no solo abstenerse de violarlos sino asumir igualmente las consecuencias directas de cualquier infracción. Además, se atiende una cuestión necesaria, esto es, determinar cuáles son esos derechos que han de ser respetados con una formulación que podríamos llamar de mínimos. Se trata de los recogidos en la conocida como Carta internacional de Derechos humanos, esto es el contenido d la Declaración Universal y los dos Pactos internacionales que los desarrollan[89] además de los contenidos en la anteriormente mencionada Declaración de la OIT relativa a los principios y derechos fundamentales del trabajo. Este deber de respeto compromete a todo tipo de empresas y exige no solo evitar que las propias actividades empresariales desencadenen estas violaciones y atender a las consecuencias en caso de violación sino igualmente un deber de prevención respecto a las operaciones, productos o servicios prestados. Se especifican asimismo un compromiso político de asumir esta responsabilidad, diligencia debida y procesos de reparación.

Tabla II.7 Principios fundacionales de Responsabilidad de las empresas de respetar los derechos humanos para la Inversión Responsable (cont)

Principio 11	Las empresas deben respetar los derechos humanos. Eso significa que deben abstenerse de infringir los derechos humanos de terceros y hacer frente a las consecuencias negativas sobre los derechos humanos en las que tengan alguna participación.
Principio 12	La responsabilidad de las empresas de respetar los derechos humanos se refiere a los derechos humanos internacionalmente reconocidos – que abarcan, como mínimo, los derechos enunciados en la Carta Internacional de Derechos Humanos y los principios relativos a los derechos fundamentales establecidos en la Declaración de la OIT relativa a los principios y derechos fundamentales en el trabajo.
Principio 13	La responsabilidad de respetar los derechos humanos exige que las empresas: a. Eviten que sus propias actividades provoquen o contribuyan a provocar consecuencias negativas sobre los derechos humanos y hagan frente a esas consecuencias cuando se produzcan; b. Traten de prevenir o mitigar las consecuencias negativas sobre los derechos humanos directamente relacionadas con operaciones, productos o servicios prestados por sus relaciones comerciales, incluso cuando no hayan contribuido a generarlos.

89 Pacto internacional de los Derechos civiles y políticos y Pacto Internacional de los Derechos Económicos, Sociales y Culturales, ambos adoptados en diciembre de 1966, en vigor internacionalmente desde 1977.

Principio 14	La responsabilidad de las empresas de respetar los derechos humanos se aplica a todas las empresas independientemente de su tamaño, sector, contexto operacional, propietario y estructura. Sin embargo, la magnitud y la complejidad de los medios dispuestos por las empresas para asumir esa responsabilidad puede variar en función de esos factores y de la gravedad de las consecuencias negativas de las actividades de la empresa sobre los derechos humanos.
Principio 15	Para cumplir con su responsabilidad de respetar los derechos humanos, las empresas deben contar con políticas y procedimientos apropiados en función de su tamaño y circunstancias, a saber: a. Un compromiso político de asumir su responsabilidad de respetar los derechos humanos; b. Un proceso de diligencia debida en materia de derechos humanos para identificar, prevenir, mitigar y rendir cuentas de cómo abordan su impacto sobre los derechos humanos; c. Unos procesos que permitan reparar todas las consecuencias negativas sobre los derechos humanos que hayan provocado o contribuido a provocar.

Los principios operativos contribuyen a aclarar el alcance de estos deberes de las empresas. Así, el principio 19 especifica que si una empresa corre el riesgo de producir o contribuir a que se produzca una consecuencia negativa sobre los derechos humanos por sus propias actividades, debe interrumpir o modificar la actividad en cuestión a fin de prevenir o mitigar la probabilidad de que esa consecuencia se produzca o vuelva a producirse y que si, a pesar de ello, esa consecuencia se produjera, la empresa deberá procurar activamente su reparación bien directamente o en colaboración con otros (los tribunales, el gobierno, otras empresas involucradas u otras terceras partes).

Figura II.17 Responsabilidad de las empresas de respetar los derechos humanos

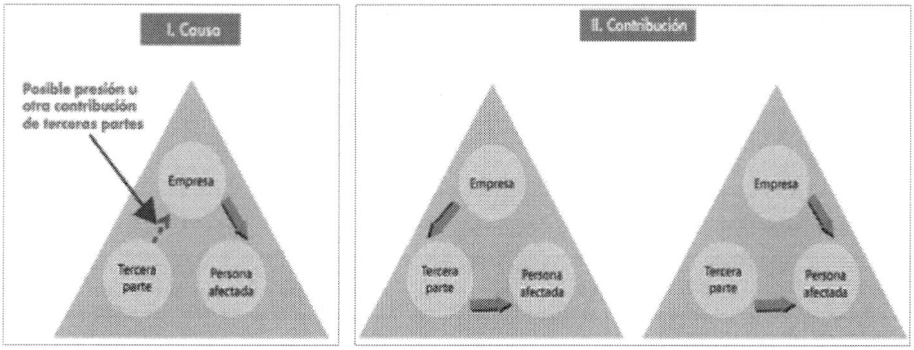

Fuente: ONU

Asimismo, si una empresa se encuentra en riesgo de verse involucrada en la aparición de una consecuencia negativa únicamente porque esa consecuencia está vinculada a sus operaciones, productos o servicios a través de una relación comercial, la empresa no es responsable de esa consecuencia: esa responsabilidad recae en la entidad que la provocó o contribuyó a provocarla. Así pues, la empresa no está obligada a la reparación (aunque puede decidir hacerse cargo de ella para proteger su reputación o por otros motivos). No obstante, tiene la responsabilidad de hacer pesar su influencia para inducir a la entidad que provocó a esa consecuencia o contribuyó a provocarla a que evite o mitigue la posibilidad de que vuelva a producirse. Eso puede suponer trabajar con esa entidad o con otras que puedan prestar ayuda.

Figura II.18 Responsabilidad de las empresas de respetar los derechos humanos

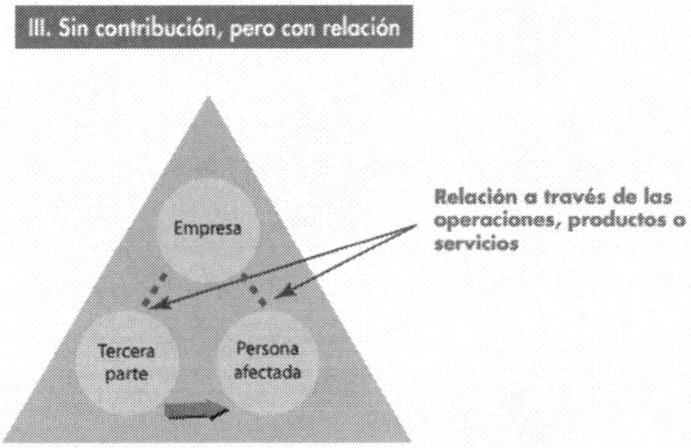

Fuente: ONU

Por su parte, el principio 21 aborda la obligación de las empresas en cuanto comunicar todo lo que vaya ocurriendo, ofrecer transparencia y rendir cuentas a las personas o grupos que puedan verse afectados y a otros interesados, incluidos los inversores. Así como las distintas posibilidades por las que se puede optar a la hora de realizar una comunicación (diálogos en línea, consultas con los afectados e informes públicos oficiales, etc.).

La espinosa cuestión de la reparación es tratada en el principio 22 que establece que si las empresas determinan que han provocado o contribuido a provocar consecuencias negativas deben repararlas o contribuir a su reparación por medios legítimos.

En relación con lo anterior, en el siguiente principio se plantean las denominadas cuestiones de Contexto del que se desprende que aunque pueden existir contextos nacionales y locales que pueden determinar el riesgo de que la actividad o las relaciones comerciales de una empresa afecten a los derechos humanos, todas las empresas tienen la misma responsabilidad de respetar los derechos humanos dondequiera que operen. Igualmente se advierte que, cuando el contexto nacional impida asumir plenamente esta responsabilidad, las empresas deben respetar los principios de derechos humanos internacionalmente reconocidos en la mayor medida de lo posible dadas las circunstancias, y ser capaces de demostrar sus esfuerzos a este respecto.

Por su parte, el principio 24 aclara cual debe ser el orden de prioridad para atender los efectos negativos que hayan podido causar las empresas con su actividad. El documento especifica que a falta de asesoramiento jurídico especializado, si es necesario establecer prioridades, las empresas deben empezar por abordar las consecuencias sobre los derechos humanos por orden de gravedad, ya que una respuesta tardía puede dar lugar a una situación irremediable. La gravedad en este contexto no es un concepto absoluto sino relativo, en función de las consecuencias sobre otros derechos humanos que haya identificado la empresa.

Tabla II.8 Principios operativos de Responsabilidad de las empresas de respetar los derechos humanos para la Inversión Responsable (cont)

Principios operativos Responsabilidad empresas	
Compromiso político	
Principio 16	Para asumir su responsabilidad de respetar los derechos humanos, las empresas deben expresar su compromiso con esta responsabilidad mediante una declaración política que: a. Sea aprobada al más alto nivel directivo de la empresa; b. Se base en un asesoramiento especializado interno y/o externo; c. Establezca lo que la empresa espera, en relación con los derechos humanos, de su personal, sus socios y otras partes directamente vinculadas con sus operaciones, productos o servicios; d. Se haga pública y se difunda interna y externamente a todo el personal, los socios y otras partes interesadas; e. Quede reflejada en las políticas y los procedimientos operacionales necesarios para inculcar el compromiso asumido a nivel de toda la empresa.

	Diligencia debida
Principio 17	Con el fin de identificar, prevenir, mitigar y responder de las consecuencias negativas de sus actividades sobre los derechos humanos, las empresas deben proceder con la debida diligencia en materia de derechos humanos. Este proceso debe incluir una evaluación del impacto real y potencial de las actividades sobre los derechos humanos, la integración de las conclusiones, y la actuación al respecto; el seguimiento de las respuestas y la comunicación de la forma en que se hace frente a las consecuencias negativas. La debida diligencia en materia de derechos humanos: a. Debe abarcar las consecuencias negativas sobre los derechos humanos que la empresa haya provocado o contribuido a provocar a través de sus propias actividades, o que guarden relación directa con sus operaciones, productos o servicios prestados por sus relaciones comerciales; b. Variará de complejidad en función del tamaño de la empresa, el riesgo de graves consecuencias negativas sobre los derechos humanos y la naturaleza y el contexto de sus operaciones; c. Debe ser un proceso continuo, ya que los riesgos para los derechos humanos pueden cambiar con el tiempo, en función de la evolución de las operaciones y el contexto operacional de las empresas.
Principio 18	A fin de calibrar los riesgos en materia de derechos humanos, las empresas deben identificar y evaluar las consecuencias negativas reales o potenciales sobre los derechos humanos en las que puedan verse implicadas ya sea a través de sus propias actividades o como resultado de sus relaciones comerciales. Este proceso debe: a. Recurrir a expertos en derechos humanos internos y/o independientes; b. Incluir consultas sustantivas con los grupos potencialmente afectados y otras partes interesadas, en función del tamaño de la empresa y de la naturaleza y el contexto de la operación.
Principio 19	Para prevenir y mitigar las consecuencias negativas sobre los derechos humanos, las empresas deben integrar las conclusiones de sus evaluaciones de impacto en el marco de las funciones y procesos internos pertinentes y tomar las medidas oportunas. a. Para que esa integración sea eficaz es preciso que: i. La responsabilidad de prevenir esas consecuencias se asigne a los niveles y funciones adecuados dentro de la empresa; ii. La adopción de decisiones internas, las asignaciones presupuestarias y los procesos de supervisión permitan ofrecer respuestas eficaces a esos impactos. b. Las medidas que deban adoptarse variarán en función de: i. Que la empresa provoque o contribuya a provocar las consecuencias negativas o de que su implicación se reduzca a una relación directa de esas consecuencias con las operaciones, productos o servicios prestados por una relación comercial; ii. Su capacidad de influencia para prevenir las consecuencias negativas.

Principio 20	A fin de verificar si se están tomando medidas para prevenir las consecuencias negativas sobre los derechos humanos, las empresas deben hacer un seguimiento de la eficacia de su respuesta. Este seguimiento debe: a. Basarse en indicadores cualitativos y cuantitativos adecuados; b. Tener en cuenta los comentarios de fuentes tanto internas como externas, incluidas las partes afectadas.
Principio 21	Para explicar las medidas que toman para hacer frente a las consecuencias de sus actividades sobre los derechos humanos, las empresas deben estar preparadas para comunicarlas exteriormente, sobre todo cuando los afectados o sus representantes planteen sus inquietudes. Las empresas cuyas operaciones o contextos operacionales implican graves riesgos de impacto sobre los derechos humanos deberían informar oficialmente de las medidas que toman al respecto. En cualquier caso, las comunicaciones deben reunir las siguientes condiciones: a. Una forma y una frecuencia que reflejen las consecuencias de las actividades de la empresa sobre los derechos humanos y que sean accesibles para sus destinatarios; b. Aportar suficiente información para evaluar si la respuesta de una empresa ante consecuencias concretas sobre los derechos humanos es adecuada; c. No poner en riesgo, a su vez, a las partes afectadas o al personal, y no vulnerar requisitos legítimos de confidencialidad comercial.
Reparación	
Principio 22	Si las empresas determinan que han provocado o contribuido a provocar consecuencias negativas deben repararlas o contribuir a su reparación por medios legítimos.
Cuestiones de contexto	
Principio 23	En cualquier contexto, las empresas deben: a) Cumplir todas las leyes aplicables y respetar los derechos humanos internacionalmente reconocidos, dondequiera que operen; b) Buscar fórmulas que les permitan respetar los principios de derechos humanos internacionalmente reconocidos cuando deban hacer frente a exigencias contrapuestas; c) Considerar el riesgo de provocar o contribuir a provocar violaciones graves de los derechos humanos como una cuestión de cumplimiento de la ley dondequiera que operen.
Principio 24	Cuando sea necesario dar prioridad a las medidas para hacer frente a las consecuencias negativas, reales y potenciales, sobre los derechos humanos, las empresas deben ante todo tratar de prevenir y atenuar las consecuencias que sean más graves o que puedan resultar irreversibles si no reciben una respuesta inmediata.

El tercer bloque es el que está dedicado a los Mecanismos de reparación y está formado por un único principio fundacional, el principio 25, y seis operacionales. El principio fundacional atiende de nuevo a las obligaciones de los Estados, en concreto la de adoptar las medidas apropiadas para garantizar, por las vías judiciales, administrativas, legislativas o de otro tipo, que cuando se produzcan abusos contra los derechos humanos con empresas involucradas ya sea en su territorio y/o bajos su jurisdicción los afectados puedan acceder a mecanismos de reparación eficaces.

Al respecto, es necesario especificar que por mecanismo de reclamaciones se entiende cualquier proceso habitual, estatal o no estatal, judicial o extrajudicial, que permita plantear reclamaciones y reparar violaciones de los derechos humanos relacionadas con actividades empresariales; que los procedimientos de reparación deben ser imparciales y estar protegidos contra toda forma de corrupción o intento político o de otro tipo de influir en su resultado la reparación puede incluir disculpas, restitución, rehabilitación, compensaciones económicas o no económicas y sanciones punitivas (ya sean penales o administrativas, por ejemplo multas), así como medidas de prevención de nuevos daños como, por ejemplo, los requerimientos o las garantías de no repetición. Y que los mecanismos estatales de reclamación pueden ser administrados por una agencia u organismo del Estado, o bien por una entidad independiente en virtud de una disposición legal o constitucional. Pueden ser judiciales o extrajudiciales. Ejemplos son los tribunales de justicia (tanto para las acciones civiles como para las penales), los tribunales laborales, las instituciones nacionales de derechos humanos, los centros nacionales de contacto establecidos con arreglo a las Directrices para las empresas multinacionales de la OCDE.

Los principios operacionales 26 a 31 profundizan en estas cuestiones y ofrecen ciertas directrices sobre estos mecanismos.

Tabla II.9 Principios de Acceso a los mecanismo de reparación

ACCESO A LOS MECANISMO DE REPARACIÓN	
Principio fundacional	
Principio 25	Como parte de su deber de protección contra las violaciones de derechos humanos relacionadas con actividades empresariales, los Estados deben tomar medidas apropiadas para garantizar, por las vías judiciales, administrativas, legislativas o de otro tipo que correspondan, que cuando se produzcan ese tipo de abusos en su territorio y/o jurisdicción los afectados puedan acceder a mecanismos de reparación eficaces.
Principios operacionales	
Mecanismos judiciales estatales	
Principio 26	Los Estados deben adoptar las medidas apropiadas para asegurar la eficacia de los mecanismos judiciales nacionales cuando aborden las violaciones de derechos humanos relacionadas con empresas, en particular considerando la forma de limitar los obstáculos legales, prácticos y de otros tipos que puedan conducir a una denegación del acceso a los mecanismos de reparación
Mecanismos extrajudiciales de reclamación del Estado	
Principio 27	Los Estados deben establecer mecanismos de reclamación extrajudiciales eficaces y apropiados, paralelamente a los mecanismos judiciales, como parte de un sistema estatal integral de reparación de las violaciones de los derechos humanos relacionadas con empresas.
Mecanismos de reclamación no estatales	
Principio 28	Los Estados deben estudiar la forma de facilitar el acceso a los mecanismos de reclamación no estatales que se ocupan de las violaciones de los derechos humanos relacionadas con empresas.
Principio 29	Para que sea posible atender rápidamente y reparar directamente los daños causados, las empresas deben establecer o participar en mecanismos de reclamación eficaces de nivel operacional a disposición de las personas y las comunidades que sufran las consecuencias negativas.
Principio 30	Las corporaciones industriales, las colectividades de múltiples partes interesadas y otras iniciativas de colaboración basadas en el respeto de las normas relativas a los derechos humanos deben garantizar la disponibilidad de mecanismos de reclamación eficaces.

	Criterios de eficacia de los mecanismos de reclamación extrajudiciales
Principio 31	Para garantizar su eficacia, los mecanismos de reclamación extrajudiciales, tanto estatales como no estatales, deben ser: a. Legítimos: suscitar la confianza de los grupos de interés a los que están destinados y responder del correcto desarrollo de los procesos de reclamación; b. Accesibles: ser conocidos por todos los grupos interesados a los que están destinados y prestar la debida asistencia a los que puedan tener especiales dificultades para acceder a ellos; c. Predecibles: disponer de un procedimiento claro y conocido, con un calendario indicativo de cada etapa, y aclarar los posibles procesos y resultados disponibles, así como los medios para supervisar la implementación; d. Equitativos: asegurar que las víctimas tengan un acceso razonable a las fuentes de información, el asesoramiento y los conocimientos especializados necesarios para entablar un proceso de reclamación en condiciones de igualdad, con plena información y respeto; e. Transparentes: mantener informadas a las partes en un proceso de reclamación de su evolución, y ofrecer suficiente información sobre el desempeño del mecanismo, con vistas a fomentar la confianza en su eficacia y salvaguardar el interés público que esté en juego; f. Compatibles con los derechos: asegurar que los resultados y las reparaciones sean conformes a los derechos humanos internacionalmente reconocidos; g. Una fuente de aprendizaje continuo: adoptar las medidas pertinentes para identificar experiencias con el fin de mejorar el mecanismo y prevenir agravios y daños en el futuro; Los mecanismos de nivel operacional también deberían: h. Basarse en la participación y el diálogo: consultar a los grupos interesados a los que están destinados sobre su diseño y su funcionamiento, con especial atención al diálogo como medio para abordar y resolver los agravios.

En definitiva, se puede afirmar que la mejor aportación de los Principios Rectores no radica en la creación de nuevas obligaciones internacionales, sino en precisar las implicaciones que las normas actualmente en vigor comportan tanto para los Estados como para las empresas además de recogerlas en un único documento sistematizado e inclusivo. En ese sentido, se facilita en gran medida la detección de los puntos débiles del actual sistema y se aprecian con una mayor claridad las mejoras necesarias.

Si bien seguimos en el ámbito de la voluntariedad por parte de las empresas, lo que ciertamente es reprochado por amplios sectores, se han configurado como modelo, como estándar o regla de medida que contiene los requisitos mínimos aceptables para la operación de las empresas con el fin de asegurar el respeto a los derechos humanos en sus actividades.

Por otro lado, los Principios Rectores no parecen haber sido concebidos como una plantilla estática que baste adoptar y aplicar. Aunque su universalidad haya sido claramente establecida, los medios utilizados para su aplicación han de reflejar la diversidad del mundo, con 192 Estados Miembros de las Naciones Unidas, 80.000 empresas transnacionales, un número diez veces mayor de filiales e innumerables millones de empresas nacionales, que en su mayoría son pequeñas y medianas empresas.

2.4.2 Labor del Consejo de Derechos Humanos desde 2011: Seguimiento de los Principios: El Foro y el Grupo de Trabajo

Finalizado el mandato del Representante especial y aprobados los Principios Rectores, el Consejo de Derechos adoptó dos nuevas decisiones para dar seguimiento a su labor y muy especialmente a estos Principios Rectores.

Así, decidió la creación de dos nuevos mecanismos. Por un lado, un nuevo grupo de trabajo sobre la cuestión de los derechos humanos y las sociedades transnacionales y otras empresas con el mandato de promocionar los Principios Rectores y dar cuenta de las buenas prácticas de las sociedades transnacionales. Por otro, decidió establecer[90]un Foro sobre las empresas y los derechos humanos, bajo la dirección del grupo de trabajo sobre la cuestión de los derechos humanos y las empresas transnacionales y otras empresas para: "examinar las tendencias y los problemas de aplicación de los Principios Rectores y promover el diálogo y la cooperación acerca de las cuestiones relacionadas con las empresas y los derechos humanos, incluidos los problemas de determinados sectores, ámbitos de operación o en relación con derechos o grupos específicos, así como para definir las buenas prácticas".

De conformidad con la resolución que lo creó[91], el Foro está abierto a todos los interesados, incluyendo los Estados, los mecanismos y órganos de las Naciones Unidas, las organizaciones intergubernamentales y organizaciones regionales, las empresas, los sindicatos, las instituciones nacionales de derechos humanos, organizaciones no gubernamentales, así como las personas y grupos afectados. Este mecanismo de seguimiento de los Principios Rectores, cuya labor se realiza bajo la orientación del Grupo de Trabajo, y que opera como plataforma global de diálogo y seguimiento, se reúne anualmente durante dos días para llevar a cabo diálogos acerca de las cuestiones de

---

90 párrafo 12 de su resolución 17/4: "Decide crear un Foro sobre las empresas y los derechos humanos bajo la dirección del Grupo de Trabajo para examinar las tendencias y los problemas de aplicación de los Principios Rectores y promover el diálogo y la cooperación acerca de las cuestiones relacionadas con las empresas y los derechos humanos, incluidos los problemas de determinados sectores, ámbitos de operación o en relación con derechos o grupos específicos, así como para definir las buenas prácticas".

91 Resolución 17/4 del Consejo de Derechos Humanos, párrafo 13.

empresa y derechos humanos. Cuenta con la participación de empresas comerciales, miembros de la sociedad civil y delegaciones de los Estados.

Hasta la fecha se han realizado, por tanto 4, Foros de carácter universal además de otros dos de carácter regional: el Foro Regional de América Latina y el Caribe en 2013 y el Foro Regional de África 2014.

El primero, que tuvo lugar en diciembre de 2012, la Presidenta del grupo de trabajo expuso una de las prioridades fijadas por el Grupo de Trabajo en su agenda, la cuestión de los pueblos indígenas así como los problemas que plantea la aplicación de los Principios a nivel microeconómico, que fueron las principales cuestiones debatidas en el Segundo Foro., Aproximadamente 1.500 personas procedentes de más de 100 países se inscribieron para participar en el mismo que tuvo lugar en Ginebra del 2 al 4 de diciembre de 2013. Entre los asistentes destacó la presencia de personas afectadas por la acción de las empresas, muchas de ellas procedentes de comunidades indígenas, representantes de grandes empresas multinacionales, así como representantes de gobiernos, de instituciones nacionales de derechos humanos, de organizaciones internacionales y regionales, de organizaciones de la sociedad civil y otros interlocutores pertinentes.

El tercer Foro sobre las empresas y los derechos humanos tuvo lugar del 1 al 3 de diciembre de 2014 en Ginebra, bajo la dirección del Grupo de Trabajo de las Naciones Unidas sobre las empresas y los derechos humanos, y se centró en los siguientes temas: Fortalecimiento del diálogo y compromiso entre las partes interesadas; Debate acerca de planes nacionales de acción para la implementación de los Principios Rectores; Explorar el acceso a mecanismos de reparación eficaces e Identificación de las buenas prácticas existentes Las cuestiones de las cartas de alegaciones, esto es el mecanismo de examen de los posibles casos de vulneración de derechos, y su accesibilidad, la creación de guías sobre mecanismos de quejas no judiciales y sus resultados y la reflexión sobre cómo abordar la impunidad de las empresas frente a violaciones graves de derechos humanos fueron algunas de las cuestiones planteadas, sin olvidar la omnipresente cuestión de incrementar la capacidad y voluntad de los Estados.

El cuarto Foro, en 2015, abordó como cuestiones principales: el fortalecimiento del diálogo y compromiso entre todos los interlocutores pertinentes; Maneras efectivas para medir los progresos en la puesta en práctica de los Principios Rectores e informar al respecto; Planes nacionales de acción para aplicar los Principios Rectores; Medidas prácticas para mejorar el acceso a las reparaciones; Examinar las prácticas existentes de los Estados y las empresas, y revelar lo que la aplicación de los Principios Rectores significa en áreas concretas.

Como se ha venido indicando, el Foro se celebra bajo los auspicios del Grupo de Trabajo sobre la cuestión de los derechos humanos y las empresas transnacionales que creara el Consejo de Derechos Humanos en 2011 con, entre otros muchos aspectos, ese específico mandato[92].

Compuesto por cinco expertos independientes por un periodo inicial de tres años, el mandato del Grupo fue renovado en 2014[93]. Debe, de conformidad con la resolución que lo creó, "solicitar y recibir información de todas las fuentes pertinentes" y realizar estudios, prestar asesoramiento en materia de cooperación técnica y participar en las actividades generales de promoción de los derechos humanos, con presentación de informes anuales al Consejo de Derechos Humanos.

---

92 A/HRC/RES/17/4 "6. Decide establecer un grupo de trabajo sobre la cuestión de los derechos humanos y las empresas transnacionales y otras empresas, integrado por cinco expertos independientes, con una representación geográfica equilibrada, por un período de tres años, que serán designados por el Consejo de Derechos Humanos en su 18° período de sesiones, y pide al Grupo de Trabajo que:

a) Promueva la divulgación y aplicación efectiva y global de los Principios Rectores;

b) Identifique, intercambie y promueva las buenas prácticas y las lecciones aprendidas sobre la aplicación de los Principios Rectores y evalúe y formule recomendaciones sobre ellos y, en ese contexto, solicite y reciba información de todas las fuentes pertinentes, como gobiernos, empresas transnacionales y otras empresas, instituciones nacionales de derechos humanos, la sociedad civil y los titulares de derechos;

c) Apoye la labor de promoción del fomento de la capacidad y la utilización de los Principios Rectores, y, cuando se le solicite, brinde asesoramiento y recomendaciones acerca de la elaboración de leyes y políticas nacionales relativas a las empresas y los derechos humanos;

d) Realice visitas a los países y responda con prontitud a las invitaciones de los Estados;

e) Siga estudiando las posibilidades que existen, a nivel nacional, regional e internacional, de aumentar el acceso a recursos efectivos disponibles para quienes vean afectados sus derechos humanos por las actividades de las empresas, incluidos quienes se encuentren en zonas de conflicto;

f) Integre una perspectiva de género en toda la labor prevista en su mandato y preste especial atención a las personas que se encuentran en situación vulnerable, en particular los niños;

g) Trabaje en estrecha cooperación y coordinación con otros procedimientos pertinentes del Consejo de Derechos Humanos, los órganos pertinentes de las Naciones Unidas y demás órganos internacionales, los órganos de tratados y las organizaciones regionales de derechos humanos;

h) Establezca un diálogo sistemático y analice los posibles ámbitos de cooperación con los gobiernos y todos los interlocutores pertinentes, incluidos los órganos de las Naciones Unidas, los organismos especializados, los fondos y los programas, como la Oficina del Alto Comisionado de las Naciones Unidas para los Derechos Humanos, el Pacto Mundial, la Organización Internacional del Trabajo, el Banco Mundial y su Corporación Financiera Internacional, el Programa de las Naciones Unidas para el Desarrollo y la Organización Internacional para las Migraciones, así como con las empresas transnacionales y otras empresas, las instituciones nacionales de derechos humanos, los representantes de los pueblos indígenas, las organizaciones de la sociedad civil y otras organizaciones internacionales regionales y subregionales;

i) Guíe los trabajos del Foro sobre las empresas y los derechos humanos que se establece de conformidad con el párrafo 12 infra;

j) Presente anualmente informes al Consejo de Derechos Humanos y a la Asamblea General;"

93 A/HRC/RES/26/22, 15 de julio de 2014.

Así, en el informe de 2014 se destacó que el objetivo a largo plazo es generar información fiable y empírica para hacer un seguimiento de los avances sistémicos, animar a rendir cuentas y mantener informados al Grupo de Trabajo y otros agentes implicados en la elaboración de guías sobre empresa y derechos humanos"[94].

De acuerdo con el Grupo de Trabajo se estima que se requiere un proceso de regulación de las actividades de las empresas, de las relaciones entre empresa y Estado, tanto a nivel internacional como a nivel interno; que debe existir un compromiso tanto por parte de las empresas como de los Estados de proteger a las personas de las amenazas de violación que pueden producir las acciones de éstas y la inacción del Estado.

Asimismo, se entiende que son las instancias internas en los diferentes Estados las que se deben encargar de resolver los conflictos surgidos por la acción de las empresas que vulneren los derechos consignados en su propia legislación. Sin embargo, al respecto se aprecian distintos problemas como los vacíos jurídicos, que no permiten tener claridad a la hora de entablar una acción judicial respecto de ciertas vulneraciones de derechos de particulares, por parte de las empresas. Lo es también la posición de algunos Estados a la hora de juzgar a sus propias empresas en razón de los actos cometidos fuera de su territorio.

Los Estados actúan independientemente los unos de los otros, por lo que no existe una jurisdicción común sobre las empresas, sino jurisdicciones paralelas de los diferentes Estados, cada uno de los cuales tiene la jurisdicción sobre la sociedad del grupo vinculada a su orden jurídico, cuando de filiales de las empresas matrices se trata. Es decir que cada Estado conoce de los asuntos que por su jurisdicción le competan y los resuelve de acuerdo con su propia legislación.

Cada Estado posee sus propias directivas y protege derechos que pueden no ser protegidos en otro Estado o viceversa. Y puede conocer de las actividades llevadas a cabo por una filial establecida dentro de su territorio, por ejemplo, de una sociedad que se encuentra establecida y tiene su sede social en otro Estado y por ende se complica el establecimiento de la responsabilidad de esta última por las actividades de la primera[95].

Por todo ello, a pesar de todas las medidas y los avances logrados hasta el momento, lo cierto es que las actuaciones de las empresas transnacionales siguen careciendo de un auténtico control en relación con el respeto de los derechos humanos. Y sin embargo se considera indispensable contar con recursos para la protección de los derechos en el contexto de las operaciones empresariales y reparaciones a las víctimas de abusos de derechos humanos por parte de las empresas. Estas cuestiones fueron tomadas en

94 El 16 de abril de 2014 presentaron los resultados de los estudios a través del informe A/HRC/23/32/Add.2.

95 A/HRC/26/L.1.

consideración por el Consejo de Derechos Humanos que, finalmente el 26 de junio de 2014, decidió[96] establecer un grupo de trabajo intergubernamental de composición abierta, que celebraría su primera reunión en 2015, para la elaboración de un instrumento internacional jurídicamente vinculante sobre las empresas transnacionales y otras empresas comerciales en materia de derechos humanos[97].

La primera sesión del Grupo de Trabajo Intergubernamental, tuvo lugar en julio de 2015, se centró en la determinación del contenido, el alcance, la naturaleza y la forma del futuro instrumento internacional.

Como se ha señalado, la iniciativa de los Estados es de gran importancia en la búsqueda de una real protección de los derechos humanos frente a la actividad de las empresas, que se puede materializar con la revisión de las normas jurídicas internas. Sin embargo, parece absolutamente necesario un instrumento internacional que permita cubrir las lagunas existentes en cuanto a la protección, la reparación y las garantías de no repetición de cualquier violación de derechos por parte de las empresas.

El mandato del Grupo de Trabajo intergubernamental de composición abierta para la elaboración de un instrumento internacional jurídicamente vinculante sobre corporaciones transnacionales y otras empresas comerciales en relación con los derechos humanos, es el de regular, en el derecho internacional de derechos humanos, las actividades de dichas corporaciones transnacionales y otras empresas. La mayor parte de los casos en el ámbito de las demandas civiles contra compañías implican cuestiones de derechos económicos, sociales y culturales y daños ambientales. Por tanto, es de esperar que este instrumento tome en cuenta los principios de la indivisibilidad e interdependencia de todos los derechos humanos.

En todo caso, con esta decisión del Consejo de Derechos Humanos de las Naciones Unidas se da un paso más, muy importante ya que busca la obligatoriedad jurídica, en el camino hacia el fortalecimiento del derecho de derechos humanos. Sin duda, con ello Naciones Unidas ha respondido a una petición muy generalizada de fortalecimiento de la arquitectura del derecho internacional de derechos humanos para adaptarlo mejor a los desafíos que genera la actual sociedad internacional globalizada, muy especialmente las violaciones de derechos humanos relacionadas con las empresas. Dos aspectos son absolutamente prioritarios al respecto el acceso a la reparación y la necesidad de reforzar la primacía de los derechos humanos en el contexto de las actividades empresariales.

---

96 A/HRC/26/L.22/Rev.1.

97 Esta respondía a la iniciativa presentada en septiembre de 2013 por el Gobierno de Ecuador, junto con otros 84 países ante el CDH en la que propone un mecanismo jurídico vinculante sobre las actividades de las transnacionales. Un mecanismo vinculante significa que las empresas transnacionales serían jurídicamente responsables por sus violaciones de derechos humanos, lo que difiere de la perspectiva internacional actual, que propone códigos de conducta que son meramente voluntarios, sin ninguna responsabilidad jurídica.

Con todo ello, está claro que se supera el ámbito estricto de la Responsabilidad Social Corporativa para entrar de lleno en el campo del Derecho, que implicará la creación de obligaciones jurídicamente vinculantes para las transnacionales. Y con ello uno de los rasgos esenciales del Derecho, la capacidad de sanción por que se debería contemplar la creación de alguna institución u organismo encargado de hacer cumplir las sanciones previstas y dar acceso a la justicia a los individuos o comunidades afectados.

Los instrumentos internacionales de los que disponemos hasta la fecha (los Principios Rectores de la ONU, las Líneas Directrices de la OCDE, la Declaración sobre las Empresas Multinacionales de la OIT o el Pacto Mundial) no son vinculantes y se enmarcan en el ámbito del "soft law" o "derecho blando" mientras que la responsabilidad social empresarial ha mostrado sus límites, frente a Estados sometidos a intereses particulares. Además, el actual sistema internacional de protección de los derechos humanos es incompleto, no unificado, no formalizado en relación con el tema de las empresas.

Por tanto, se ha producido una evolución dentro del sistema de Naciones Unidas, para tratar de elaborar Códigos de conducta para las Empresas Transnacionales y otras empresas en los que se establezcan determinados principios a los que tienen que estar sujetas las actividades de las mismas. En este contexto, los Principios Rectores sirven de indicadores de la manera como los gobiernos deben ayudar a las empresas para evitar abusos contra los derechos humanos y su aplicación se deja a la buena voluntad de los actores involucrados, es decir empresas y Estado.

En todo caso, es sumamente necesario diferenciar la responsabilidad social empresarial de la obligación que tienen las corporaciones de respetar los derechos humanos. La esencia de la RSC es la voluntariedad de la actuación y no, necesariamente y por naturaleza, es incompatible con la violación de derechos humanos por parte de las mismas empresas que los llevan a cabo. Por ello resulta absolutamente prioritario incorporar el respeto de derechos humanos en la estructura empresarial.

De ser finalmente adoptado y ratificado por los Estados, es de espera que ese tratado vinculante reduzca si no la capacidad que tienen las empresas transnacionales para violar los derechos humanos sí al menos su impunidad. Deberá ser igualmente un instrumento que facilite el acceso a la justicia para las comunidades afectadas y las personas que actualmente se ven privadas de ese acceso a un procesos jurídico justo, tanto a nivel nacional como internacional.

Todo ello representa sin duda un paso importante para establecer la responsabilidad de las empresas hacia la rendición de cuentas corporativas que solo conducirá al éxito final si se mantiene un diálogo verdaderamente incluyente y constructivo con todas las partes interesadas. Se trata en definitiva de conseguir un pleno y completo disfrute de los derechos humanos de todos y para todos.

CAPÍTULO 3. OTRAS ORGANIZACIONES INTERNACIONALES: BANCO MUNDIAL (BM), FONDO MONETARIO INTERNACIONAL (FMI) Y ORGANIZACIÓN PARA LA COOPERACIÓN Y EL DESARROLLO (OCDE)

Al hacer referencia a los ODM se mencionó a las "Instituciones de Bretton Woods". El Banco mundial (BM) y el Fondo Monetario Internacional (FMI)son dos de las instituciones que reciben este nombre por haber sido creadas en una conferencia internacional que se reunió en Bretton Woods (New Hampshire, Estados Unidos) en el año 1944. El objeto de la reunión fue crear un marco para la cooperación económica y el desarrollo que permitiera lograr que la economía mundial fuera más próspera y estable[1].

Se trata de instituciones que forman parte del sistema de las Naciones Unidas y comparten un único objetivo, mejorar el nivel de vida de los países miembros, aunque la forma de conseguir este objetivo se aborde de forma distinta por cada institución. Así, el FMI atiende a cuestiones macroeconómicas y financieras, en tanto que el BM concentra sus actuaciones en el desarrollo económico a largo plazo y en la reducción de la pobreza.

Ambas instituciones colaboran, o trabajan de forma mancomunada, en ciertos temas y el año 2004 BM y FMI elaboran conjuntamente informes anuales donde

1 Para más información sobre el origen de estas instituciones, su evolución y funciones puede visitarse www.imf.org y www.bancomundial.org.

se evalúan los avances relativos a las políticas y medidas adoptadas para tratar de alcanzar los ODM.

Por su parte, la Organización para la Cooperación y el Desarrollo (OCDE), fue creada posteriormente, en 1961, con la misión de promover políticas que mejorasen el bienestar económico y social de las personas de todo el mundo. Bien es cierto que las bases de la OCDE son anteriores, en concreto fue en 1948 se creó la llamada Organización para la Cooperación Económica Europea (OCEE), al objeto de dirigir el Plan Marshall para la reconstrucción de parte de Europa tras la II Guerra Mundial. Los buenos resultados obtenidos por la organización llevaron a los Estados firmantes de la OCEE, a Estados Unidos y a Canadá, a suscribir una nueva convención a finales de 1960, a fin de trasladar el escenario de sus trabajos a una escala mayor.

En la actualidad, los 34 miembros de la OCDE, junto con otros países socios, vienen a representar el 80% del comercio mundial, lo que hace de esta organización un magnífico foro internacional para identificar y analizar problemas, para promover políticas que los resuelvan, y para fijar estándares internacionales dirigidos tanto a organizaciones públicas como privadas en muy diversos temas, como es el caso que nos ocupa:la gobernanza corporativa, el desarrollo y, de forma amplia, la relación entre las empresas y los derechos humanos.

3.1 EL COMITÉ PARA EL DESARROLLO Y LA CORPORACIÓN FINANCIERA INTERNACIONAL

El Comité para el Desarrollo[2] es un foro común a ambas instituciones encargado de promover la formación de consenso entre los gobiernos sobre temas relativos al desarrollo. No obstante, el mandato inicial dado al Comité de asesorar sobre desarrollo, y los recursos necesarios para promoverlo, a evolucionado de forma que en la actualidad también interviene en cuestiones interrelacionadas con los temas tradicionales del desarrollo, como son: la reducción de la pobreza, reducción de la carga de la deuda externa de los países más pobres y estabilidad financiera; incluyendo ahora también la problemática ambiental, particularmente cambio climático, huella de carbono.

La Corporación Financiera Internacional (CFI, aunque es más conocido por sus siglás en inglés IFC, que se utilizan indistintamente en muchos textos en español) es una institución afiliada al Banco Mundial que se ocupa del sector privado. Creada

2 Oficialmente su denominación completa es Comité Ministerial Conjunto de las Juntas de Gobernadores del Banco y del Fondo para la Transferencia de Recursos Reales a los Países en Desarrollo. Este Comité fue establecido en 1974.

en 1956 para fomentar la inversión del sector privado en los países en desarrollo[3], su relevancia para el tema que nos ocupa, la RSC, viene dada por ser la CFI la fuente multilateral más grande de préstamos e inversiones de capital para proyectos del sector privado en el mundo en desarrollo (países emergentes principalmente, y también países en vías de desarrollo y no desarrollados; véase Figura III.1). En sus propios térmios: "es un inversionista y asesor internacional abocado a promover, en sus países miembros en desarrollo, proyectos viables que sean reditables, financiera y comercialmente sólidos, y sostenibles desde el punto de vista ambiental y social".

Así pues, CFI promueve actuaciones que pueden enmarcarse dentro de las políticas de RSC de las empresas, puesto que las actuaciones objeto de financiación y apoyo se enmarcan en el Desarrollo Sostenible. Particularmente mediante tres líneas de actividad[4]: servicios de inversión; servicios de asesoría y gestión de activos, que según informe del CFI movieron más de 65.000 millones de dólares en préstamos, subsidios, inversiones de capital y gastos financieros en todo el mundo (Figura III.1).

Figura III.1 Paises con mayor volumen de operaciones de IFC en 2014 (en M$USA)

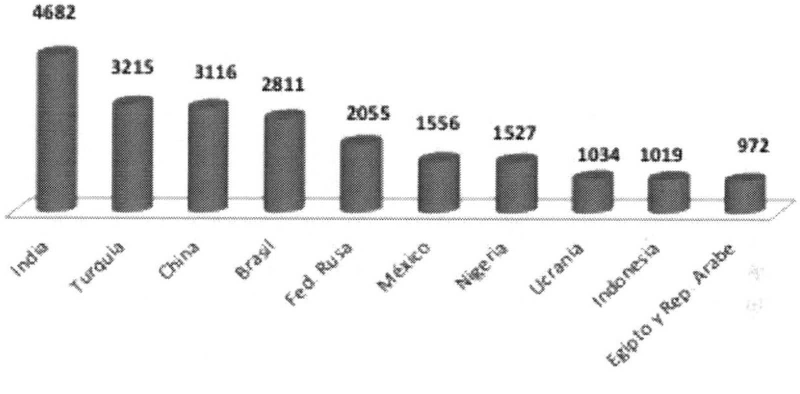

Fuente: Elaboración propia, www.ifc.org, 2014

Servicios de Inversión.- CFI es el principal proveedor de financiamiento multilateral para el mundo en desarrollo y ofrece servicios de inversión cruciales en áreas a las que tradicionalmente el capital del sector privado no se dedica. Durante

3 Actualmente la CIF cuenta con 182 países miembros, entre los que se encuentra España, como país donante. http://www.ifc.org/ifcext/spanish.nsf/ Content/Donor_Countries [25/02/2011].

4 Los datos que se dan a continuación, provienen del Informe Anual del IFC 2010: Donde la Innovación produce Impacto. Edita IFC. Washington, 2010.

el ejercicio 2009, se invirtieron 12.700 millones US$ en 528 proyectos; asimismo, movilizó otros 5.400 millones US$ para respaldar el sector privado en países en desarrollo.

Servicios de Asesoría.- Dado que el desarrollo económico a menudo resulta coartado en los países donde las empresas privadas encuentran obstáculos para operar y crecer, CFI ayuda al sector privado de los mercados emergentes a superar estos obstáculos mediante asesoría técnica y financiera. En 2009 gastó un 19% de su presupuesto para asesoría a empresas, 336 millones de US$.

Gestión de Activos.- *IFC Asset Management Company (AMC)* es una empresa administradora de fondos de capitales privados, quefue creada para aprovechar los cuantiosos recursos financieros en manos de fondos soberanos, fondos administradores de pensiones y otros inversionistas institucionales, canalizándolos hacia oportunidades de inversión rentables en países con grandes necesidades de capital. Esta empresa subsidiaria (de la que CFI es única propietaria), invierte capitales de terceros en operaciones de CFI en el mundo en desarrollo.A fecha de 30 de junio de 2010, el mecanismo había comprometido inversiones por un total de 395 millones US$ en cinco bancos comerciales de Paraguay, Serbia, Filipinas, Papua Nueva Guinea y África occidental.

Figura III.2 Distribución Geográfica de operaciones IFC en 2014

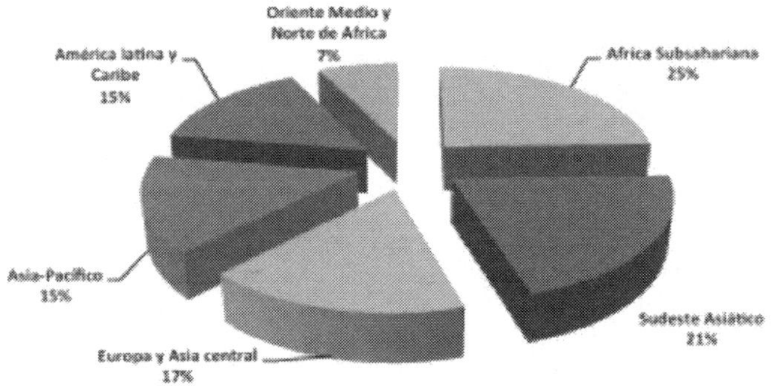

El CFI no sólo trabaja para elevar las normas de conducta del sector privado, respecto de cuestiones ambientales y sociales, sino que también lo hace en relación con la gestión financiera e institucional. Más aún, en sus tareas está la de colaborar con los Gobiernos para que éstos mejoren sus propias normas que rigen los mercados privados, tratando de generar un marco de inversión más estable. Como ha quedado patente en párrafos anteriores, su fuerza radica en la canidad de dinero que mueve, casi la tercera parte de toda la financiación para el desarrollo del FMI-BM (CFI, 2010)[5].

3.2 LOS PRINCIPIOS DE ECUADOR

Los Principios de Ecuador hacen referencia a unas directrices estándar que han sido desarrolladas por una serie de instituciones financieras junto con la CFI del Banco Mundial. En octubre de 2002, se reunieron representantes de la CFI con representantes de nueve grandes bancos internacionales para discutir cómo los grandes bancos podían contribuir, de forma voluntaria, a avanzar hacia el tan deseado Desarrollo Sostenible. No cabía duda de que una vía posible era la derivada de la financiación de grandes proyectos, buena parte de ellos en países emergentes y en desarrollo.

La financiación de proyectos"es un método de financiación en el que el prestamista atiende principalmente a las rentas generadas por un único proyecto como fuente del reembolso y de respaldo de la posición. Este tipo de financiación se utiliza habitualmente para instalaciones grandes, complejas y costosas que podrían incluir, por ejemplo, centrales eléctricas, plantas químicas, minas, infraestructuras de transporte, medio ambiente y telecomunicaciones. La financiación de proyectos puede utilizarse para financiar la construcción de una nueva instalación productiva o para refinanciar una instalación ya existente, con o sin mejoras"[6]. Así pues, establecer una serie de principios o "estándares de comportamiento" -ambientales y sociales- a la hora de determinar cuándo otorgar finaniación a grandes proyectos (originalmente más de 50 millones de dólares), y cuándo no, podrían venir a garantizar que los poyectos financiados lo fueran de forma social y ambientalmente responsable, disminuyendo sus efectos negativos.

Basándose en esta idea, el 4 de junio de 2003 se presentaron los llamados Principios de Ecuador, que se fundan en las políticas y directrices de la CFI. Estos Principios fueron inicialmente aceptados por 10 instituciones financieras globales (en lo sucesivo, Instituciones Financieras signatarias de los Principios de Ecuador, conocidas por sus sigras en inglés como EPFI)[7].

5 CFI (2010), Informe Anual 2010: Donde la innovación produce un impacto. Disponible en www.ifc.org, [23.05.2011].

6 Definición dada por el Banco de Pagos Internacional (BIS, Bank for International Settlements) en su documento "Convergencia Internacional de Medidas y Normas de Capital ("Basilea II"), de junio de 2004. BIS 2004:56.

7 Las 10 "Equator Principles Financial Institutions – EPFI" fueron: ABN AMRO Bank, NV Barclays plc., Citi, Crédit Lyonnais, Credit Suisse First Boston, HVB Group, Rabobank Group, The Royal Bank of Scotland, WestLG AG y Westpac Banking Corporation.

El compromiso de las EPFIs es financiar solamente aquellos proyectos cuyas entidades ejecutoras pueda probar ser capaces de desarrollarlos con responsabilidad social y de acuerdo con prácticas de gestión ambientalmente acertadas. La finalidad es evitar potenciales impactos ambientales negativos al ambiente y a las comunidades en la zona de influencia de los proyectos y reducir, mitigar y compensar los efectos negativos de los impactos que no se puedan evitar.

Tabla III.1 Los Principios de Ecuador son 10

Principio 1	Revisión y categorización
Principio 2	Evaluación Socio Ambiental
Principio 3	Normas sociales y ambientales aplicables
Principio 4	Plan de Acción y sistema de gestión
Principio 5	Consulta y divulgación
Principio 6	Mecanismo de queja
Principio 7	Revisión independiente
Principio 8	Compromisos contractuales
Principio 9	Seguimiento independiente y provisión de información
Principio 10	Presentación de informes de la EPFI

Estos Principios de Ecuador fueron revisados y ampliados a mediados de 2006 (Principios de Ecuador II), rebajándose el montante de los proyectos sobre los que aplicar a una cifra de 10 millones de dólares. Los 10 Principios (Tabla III.1) marcan los criterios que aplicarán las EPFI para los grandes proyectos, a los que divide en tres categorías:

- **Categoría A.**- Proyectos con posibles impactos sociales o ambientales adversos significativos que son diversos, irresistibles o sin precedentes;
- **Categoría B.**- Proyectos con posibles impactos sociales o ambientales adversos limitados, que son escasos en número, y por lo general localizados en

sitios específicos, mayormente reversibles y fácilmente abordables a través de medidas de mitigación; y

- **Categoría C.**- Proyectos con impactos sociales o ambientales mínimos o inexistentes.

Para los proyectos que las EPFI cataloguen de Categoría A, y buena parte de los catalogados como B, los promotores o prestatarios han de presentar una Evaluación del citado proyecto, no sólo con los datos económicos del mismo, sino también añadiendo los riesgos de impacto social y ambiental, evaluación y manejo de peligros mayores[8], impacto acumulativos con proyectos existentes, etc. La Evaluación se acompaña de un Plan de Acción para ejecutar el proyecto, e informar periodicamente. En el desarrollo de estas cuestiones, las EPFI cuentan con guías generales sobre medio ambiente, salud y seguridad que han sido elaboradas por el Banco Mundial y la CFI para los grandes sectores y actividades que suelen ser objeto de financiación, caso de: aeropuertos, petróleo y gas en plataformas, fundiciones, minería y producción de carbón, desarrollos turísticos, entre otros (hasta un total de 69 guías).

Lo más importante no es la exigencia de estos documentos, que ya de por sí supone un gran avance, sino la decisión firme de las EPFI de no otorgar préstamos en aquellos casos en los que el prestatario deje o sea incapaz de cumplir con sus políticas y procedimientos sociales y ambientales que implementan los Principios de Ecuador. Además, cuando los proyectos ya estén en marcha, si se producen incumplimientos hay previstos "mecanismos de queja" (Principio 6) y "las EPFI se reservan el derecho a tomar medidas reparatorias, en la forma en que ellas lo consideren apropiado" (Principio 8). Queda por ver cómo se articularían estas medidas.

Lo cierto es que desde que en 2003 se aprobaran estos Principios por 10 entidades financieras a la actualidad, se ha producido un progresivo incremento de entidades financieras firmantes. Aunque el número total todavía sea escaso, lo cierto es que en volumen representan en torno al 75% del mercado global de préstamos sindicados para proyectos NELSON, 2011) 9. La Figura III.3 muestra la evolución del número de organizaciones financieras adheridas a la iniciativa, desde las primeras 10 firmantes hasta las 72 existentes al cierre de este texto (debe tenerse en cuenta que el dato relativo a 2011 sólo incluye organizaciones que hayan podido adherirse hasta agosto). Estas entidades financieras, firmantes o asociadas, han pasado a constituir la Asociación de los Principios de Ecuador, a fin de aunar intereses en futuras negociaciones y contar con representación propia en foros internacionales.

---

8 Situaciones como la ocurrida en Bophal no deben repetirse, ni por el accidente en sí mismo, ni por la falta de asistencia a la población afectada ni la desatención a las víctimas.

9 Nelson, J. (2011), "Debating the future of sustainability at the IFC", documento para el debate disponible en http://www.bsr.org/en/tag/water [25.08.2011].

Figura III.3 Evolución del número de EPFI

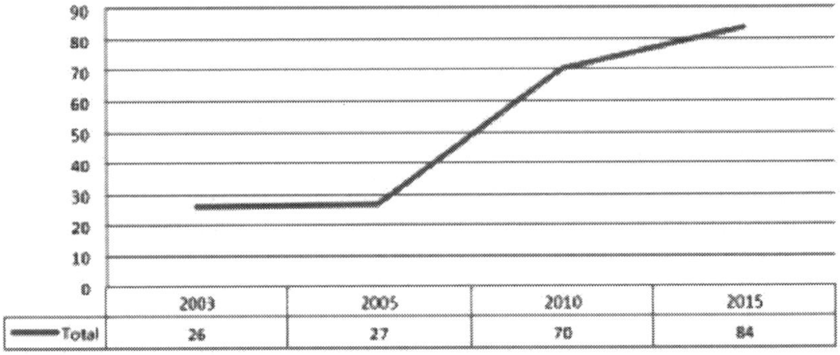

Fuente: Elaboración propia, www.ifc.org, 2015

Ya desde los comienzos, la mayor parte de estas entidades financieras son europeas, y dentro de Europa el 91% se localizan en la Unión Europea. Por países destacan Canada (7); Holanda (6); Brasil, Francia y Reino Unido (5, Estados Unidos también tiene 5, pero 2 de ellas no son firmanes, solo asociadas[10]); y Alemania, Australia, España[11] y Sudáfrica (4) (Figura 3.3). Es interesante destacar que, desde 2008, China cuenta con una EPFI, el Industrial Bank Co. Ltd., lo que unido a las organizaciones chinas firmantes de otras iniciativas como Global Compact[12], abre una vía a la introducción de políticas de responsabilidad social (incluyendo normas laborales y de respeto de los derechos humanos) hasta hace pocos años impensables.

Con la experiencia acumulada desde el año 2003 al 2010 respecto de la gestión de este tipo de proyectos, habiéndose detectado puntos para la mejora y nuevos aspectos a tratar para intentar garantizar el objetivo a largo plazo de estos Principios, que la previsión y la transparencia permitan contribuir al desarrollo sostenible y aportar valor a los accionistas –y otros grupos de interés- de las entidades financieras

10 Bank of America, Citigroup y Ex-Im Bank sí son EPFI pero, en el momento de cierre de este trabajo, JPMorgan Chase and Co. Y Wells Fargo Bank no lo son.

11 El BBVA fue la primera institución española en firmar los Principios de Ecuador en 2004 (además de ser firmante de otros acuerdos internacionales en materia de sostenibilidad como Pacto Mundial, los Principios para la Inversión Responsable, los Objetivos de Desarrollo del Milenio, la Iniciativa Financiera del Programa de Naciones Unidas para el Medio Ambiente y el *Carbon Disclosure Proyect*), posteriormente se han incorporado Caja Navarra (2006), CaixaBank (2007) y Banco de Santander (2009).

12 Banco de Desarrollo de China, China NTG Gas Ltd., China Ocean Shipping Group-COSCO China y el Grupo de Empresas Esquel.

participantes en la iniciativa, máxime después de las lecciones aprendidas desde que comenzara la crisis económico-financiera de 2007. De ahí que a finales de 2010 se abriera un proceso de revisión, no de los Principios, sino de su forma de implementarlos. Se pretende generar una visión stratégica plurianual que asegure que estos Principios de Ecuador sean considerados por un número creciente de instituciones financieras como "Estándares de Oro" para la gestión de riesgos sociales y ambientales, una herramienta para la gestión de riesgos.

Tabla III.1.- Los Principios de Ecuador para instituciones Financieras (versión de 2006)

EQUATOR PRINCIPLES

Principio 1.- Revisión y Categorización

Cuando un proyecto es propuesto para financiación, las Instituciones Financieras Signatarias de los Principios de Ecuador (EPFI), deberán, como parte de su revisión y debidas diligencias sociales y ambientales internas, categorizar dicho proyecto basado en la magntud de sus impactos y riesgos potenciales en conformidad con los criterios de evaluación ambientales y sociales de la Corporación Financiera Internacional (IFC).

Principio 2.- Evaluación Socio Ambiental

Para cada proyecto evaluado, ya sea de la Categoría A o la Categoría B, el prestatario realizará un proceso de Evaluación Socio Ambiental (Evaluación) para tratar, en la forma apropiada y a satisfacción de la EPFI, los impactos y riesgos sociales y ambientales relevantes del proyecto propuesto. La Evaluación también debe proponer medidas de mitigación y gestión pertinente y apropiadas a la naturaleza y escala del proyecto.

Principio 3.- Normas Sociales y Ambientales Aplicables

Para proyectos localizados en países que no son miembros de la OCDE y aquellos localizados en países de la OCDE pero que no están calificados como de Alto-ingreso, según se define por la base de datos de Indicadores de Desarrollo del Banco Mundial, la Evaluación se referirá a la Política y Normas de Desempeño de la IFC aplicables al proyecto y las Guías generales sobre Medio Ambiente, salud y Seguridad para el sector de la industria correspondiente. La Evaluación establecerá, a la satisfacción de la EFPI participante, el cumplimiento general del proyecto o la desviación de forma justificada de la perspectiva Política y Normas de Desempeño y las Guías Guías generales sobre Medio Ambiente, Salud y Seguridad. El proceso de Evaluación se deberá referir al cumplimiento con las leyes, reglamentos y permisos relativos a materias sociales y ambientales del país de acogida correspondiente.

Principio 4.- Plan de Acción y Sistema de Gestión

Para todos los proyectos de la Categoría A y la Categoría B localizados en países que no son miembros de la OCDE y aquellos localizados en países de la OCDE pero que no están calificados como de Alto-ingreso, el prestatario preparará un Plan de Acción el cual tratará las materias relevantes y contendrá las conclusiones de la Evaluación. El Plan de Acción describirá y priorizará las acciones de mitigación específicas que sean necesarias para implementar las medidas de mitigación, las acciones correctivas y las medidas de monitoreo necesarias para manejar los impactos y riesgos identificados en la Evaluación. Los prestatarios considerarán, mantendrán o establecerán un Sistema de Gestión Social y Ambiental que trate la administración de estos impactos, riesgos y acciones correctivas que se requieran para dar cumplimiento a las leyes y reglamentos sociales y ambientales del país anfitrión aplicables y las exigencias de la Política de Normas de Desempeño de la IFC y las Guías Guías generales sobre Medio Ambiente, Salud y Seguridad aplicables, según se definan en el Plan de Acción.

Para los proyectos localizados en países miembros de la OCDE de Alto-ingreso, las EPFI pueden requerir el desarrollo de un Plan de Acción basado en los permisos y requisitos reglamentarios, así como lode definidos por las leyes del país de acogida.

Principio 5.- Consulta y Divulgación

Para los proyectos de Categoría A y, según corresponda, los proyectos de la Categoría B localizados en países que no son miembros de la OCDE y aquellos localizados en países de la OCDE pero que no están calificados como de Alto-ingreso, el gobierno, prestatario otercero experto consultará a las comunidades afectadas por el proyecto sin exclusiones y de forma culturalmente apropiada. En proyectos con impactos adversos significativos para las comunidades afectadas, el proceso de consulta garantizará su consulta libre, anticipada e informada y facilitará su participación informada como medio para establecer, a satisfacción de la EPFI, si el proyecto ha incorporado de forma adecuada las inquietudes de las comunidades afectadas.
Con el objeto de lograr esto, la documentación de la Evaluación y el Plan de acción, o síntesis no técnicas de los mismos, serán puestos a disposición del público prestatario por un periodo mínimo razonable en el idioma de las comunidades afectadas y en una forma culturalmente apropiada. El prestatario deberá tomar nota y documentar el proceso y los resultados de la consulta. Incluyendo cualesquiera acciones acordadas que resulten de la consulta. Para proyectos con impactos sociales y ambientales adversos, la divulgación debería ocurrir tempranamente en el proceso de Evaluación y en cualquier caso antes del inicio de la construcción del proyecto y de manera continuada.

Principio 6.- Mecanismo de Quejas

Para los proyectos de Categoría A y, según corresponda, los proyectos de la Categoría B localizados en países que no son miembros de la OCDE y aquellos localizados en países de la OCDE pero que no están calificados como de Alto-ingreso, para garantizar que la consulta, divulgación y participación comunitaria continúa a través del periodo de construcción y operación del proyecto, el prestatario deberá establecer un mecanismo de quejas proporcional a los riesgos e impactos adversos del proyecto, como parte del sistema de gestión. Esto permitirá al prestatario recibir y facilitar la resolución de inquietudes y reclamos a cerca del desempeño social y ambiental del proyecto, presentados por individuos o grupos de entre las comunidades afectadas por el proyecto. El prestatario deberá informar a las comunidades afectadas a cerca del mecanismo durante el curso del proceso de participación comunitaria y asegurarse que el mecanismo aborda las inquietudes a la brevedad empleando un proceso comprensible y transparente que sea culturalmente apropiado y de fácil acceso para todos los seementos de las comunidades afectadas.

Principio 7.- Revisión Independiente

Para los proyectos de Categoría A y, según corresponda, los proyectos de la Categoría B, un experto social o ambiental independiente no asociado en forma directa con el prestatario deberá revisar la Evaluación, Plan de Acción y la documentación del proceso de consulta con el objeto de asesorar el proceso de debida diligencia de las EPFI y evaluar el cumplimiento con los Principios de Ecuador.

Principio 8.- Compromisos contractuales

La incorporación de obligaciones en contrato es uno de los pilares de los Principios de Ecuado. Para los proyectos de Categoría A y B, el prestatario deberá comprometerse a través de los documentos de financiación a

a. cumplir con las leyes, reglamentos y permisos sociales y ambientales del país de acogida en todos los aspectos importantes;
b. cumplir con el Plan de Acción (en aquellos casos en que sea aplicable) durante la construcción y operación del proyecto en todos los aspectos importantes;

La incorporación de obligaciones en contrato es uno de los pilares de los Principios

c. proporcionar informes periódicos en formato acordado en las EPFI (con la frecuencia de estos informes proporcional a la severidad de los impactos, o en la forma exigida por ley, pero no menos que anualmente), preparados por personal interno o terceros expertos, que i) documenten el cumplimiento del Plan de Acción (en aquellos casos en que sea aplicable), y ii) proporcionen evidencia del cumplimiento con las leyes, reglamentos y permisos sociales y ambientales locales, estatales y del país de acogida respectivamente; y
d. el abandono del proyecto y sus instalaciones, en aquellos casos en que sea aplicable y apropiado, en conformidad con un plan de cierre de actividades acordado.

En aquellos casos en que un prestatario no se encuentre en situación de cumplimiento con sus compromisos sociales y ambientales, las EPFI trabajarán con el prestatario para hacer que regrese al cumplimiento en la medida en que sea posible y si el prestatrio deja de reestablecer el cumplimiento dentro de un periodo de gracia acordado, las EPFI se reservan el derecho a tomar medidas reparatorias, en la forma en que ellas lo consideren apropiado.

Principio 9.- Seguimiento Independiente y Provisión de Información

Para garantizar el seguimiento y provisión de información continuados a lo largo de la vida del préstamo, las EPFI deberán, para la totalidad de los proyectos de Categoría A y, según corresponda, los proyectos de Categoría B, se requiere la designación de un experto ambiental y/o social independiente, o exigir que el prestatario contrate expertos externos cualificados y experimentados para verificar su información de seguimiento la cual pueda ser compartida con la EPFI.

Principio 10.- Presentación de Informes para la EPFI

Cada EPFI que adopte los Principios de Ecuador se compromete a informar de forma pública al menos anualmente acerca de sus procesos y experiencia de la aplicación de los Principios de Ecuador tomando en cuenta las consideraciones de confidencialidad apropiadas.

Fuente: www.equator-principles.com

3.3 LA ORGANIZACIÓN PARA LA COOPERACIÓN Y EL DESARROLLO (OCDE): DE LAS DIRECTRICES PARA LAS EMPRESAS MULTINACIONALES DE 1976 A LA NUEVA VERSIÓN DEL 2011

En los años 70, las actuaciones de las grandes corporaciones comenzaron a ser objeto de debate en los foros internacionales. En este sentido, fue determinante la publicación, por el Club de Roma[13], del libro "Los límites del crecimiento", en el que se hacía alusión al crecimiento de la población mundial, la industrialización y las consecuencias de su presión sobre el medio: contaminación, sobreexplotación de los recursos naturales, etc. Los seres humanos siempre han hecho uso del sistema natural, pero en la segunda mitad del siglo XX la explotación estaba siendo cada vez

13 Meadows, D.; Randers, J. & Meadows, D. (1972), *Los Límites del Crecimiento*. Club de Roma. Para este Informe y los posteriores, *vid.* http://www.clubofrome.org. Este Club de Roma es una ONG que reúne a economistas, personalidades de la política, empresarios y científicos que examinan y discuten sobre retos a los que se debe enfrentar la humanidad a escala global, elaborando escenarios de futuro sobre los cuales hacer propuestas de actuación.

más intensiva, generando una presión creciente sobre las capacidades de asimilación del medio y la resilencia[14] del sistema natural, la clave del cambio se encontraba en "la escala"[15].

La no valoración económica de los recursos y los servicios del medio, así como la falta de desarrollo legislativo, dieron lugar a un uso predatorio con elevado coste social[16]. A esto había que unir los trabajos que desde hacía años se estaban realizando en pro de un mayor desarrollo de los derechos humanos en ciertos países, principalmente en los llamados del Tercer Mundo, los más ricos en recursos naturales... y en mano de obra barata.

La OCDE, es el foro donde buena parte de los gobiernos de los estados con mayor potencial económico[17], debaten sobre problemas e inquietudes comunes para buscar soluciones de consenso, basadas en sus experiencias. Ante la mencionada situación que se estaba produciendo a escala global, en junio de 1976, todos los Estados integrantes de la OCDE (a excepción de Turquía)18 adoptaron, como parte de la "Declaración sobre Inversión Internacional y las Empresas Multinacionales", unas Directrices para Empresas Multinacionales como un instrumento para introducir cuestiones de responsabilidad en las grandes compañías: derechos humanos, lucha contra la corrupción, medio ambiente, etc.

Fue por tanto en este ámbito donde se aprobó por primera vez un instrumento en relación con las empresas multinacionales, configurándose como uno de los instrumentos clave en la promoción de la responsabilidad de estas.

---

14 En 1973 el ecólogo Crawford Holling introduce por primera vez el concepto de "resilencia" o "resiliencia" en la literatura ecológica como una forma para comprender las dinámicas no lineales, así como los procesos a través de los cuales los ecosistemas se auto-mantienen y persisten frente a perturbaciones y los cambios. Según Holling, la resiliencia es medida por la magnitud de perturbaciones que pueden ser absorbidas por el sistema natural antes de que éste sea reorganizado con diferentes variables y procesos. Por ende, la sostenibilidad es la capacidad de un sistema complejo de mantenerse en el tiempo a pesar de la volatilidad ambiental (su permanente equilibrio inestable) fomentado por el aprendizaje, la transformación, la renovación y la evolución continua.

15 Bifani, P. (2007), *Medio Ambiente y Desarrollo*. Ediciones de la Universidad de Guadalajara-México. 2ª Edición. Guadalajara.

16 Véase al respecto, uno de los artículos más conocidos sobre el tema de Garret Hardin, "The Tragedy of the Commons", publicado en *Science* 162:1243-1248, de 13 de diciembre de 1968.

17 Aunque fuera creada con otros fines, hacer el seguimiento del Plan Marshall para la reconstrucción de Europa tras la Segunda Guerra Mundial, lo cierto es que tras su nacimiento "oficial" en el año 1961 han ido incorporándose a ella países hasta que, en la actualidad, los 40 países que la integran suponen el 80% de la economía mundial. Más información en http://www.oecd.org

18 En la década de los 70, eran miembros de la OCDE: Australia, Austria, Alemania, Bélgica, Canadá, Dinamarca, España, Finlandia, Francia, Grecia, Holanda, Islandia, Irlanda, Italia, Japón, Luxemburgo, Nueva Zelanda, Portugal, Reino Unido, Suiza y Turquía.

3.3.1 Las Directrices para Empresas Multinacionales de 1976

Las Líneas Directrices de la OCDE para Empresas Multinacionales (en adelante las Directrices) son recomendaciones dirigidas por los gobiernos a las empresas multinacionales, que constituyen un código de conducta empresarial responsable. El objetivo de las Directrices es garantizar que las actividades de esas empresas se desarrollen en armonía con las políticas públicas, fortalecer la base de confianza mutua entre empresas y las sociedades en las que desarrollan su actividad, contribuir a mejorar el clima para la inversión extranjera y potenciar la contribución de las empresas multinacionales al desarrollo sostenible.

Las Directrices enuncian principios y normas voluntarias para una conducta empresarial responsable compatible con las legislaciones aplicables y las normas internacionalmente admitidas. Ahora bien, los países que suscriben las Directrices son quienes contraen el compromiso vinculante de ponerlas en práctica de acuerdo con la Decisión del Consejo relativa a las Líneas directrices de la OCDE para empresas multinacionales. Así pues, las Directrices no comprometen jurídicamente a las empresas, salvo acción interpuesta por los Estados. Además los temas que abordan las Directrices también pueden estar sujetos a leyes nacionales y a compromisos internacionales. Por lo tanto, si bien las empresas multinacionales se adhieren a las Directrices de forma voluntaria, las Directrices no son de cumplimiento voluntario para los Gobiernos que las hayan suscrito.

El objetivo común de los gobiernos adheridos a las Directrices consiste en fomentar las contribuciones positivas al progreso económico, medioambiental y social que pueden tener las empresas multinacionales, y reducir al mínimo las dificultades que causar sus diversas actividades. Para alcanzar este objetivo, los gobiernos trabajan en colaboración con las numerosas empresas, sindicatos y otras organizaciones no gubernamentales que persiguen el mismo objetivo.

El presupuesto de base de las Directrices es que dado que las actividades de las empresas multinacionales se están extendiendo a todo el mundo, debería extenderse también a todos los países la cooperación internacional en esta área. Por ello, los gobiernos que han suscrito las Directrices animan a las empresas que ejercen su actividad en sus territorios a cumplir las Directrices dondequiera que desarrollen su actividad, teniendo en cuenta al mismo tiempo las circunstancias concretas de cada país de acogida.

En cuanto a su ámbito de aplicación, aunque no recogen una definición multinacional, sí se afirma que las Directrices se dirigen a todas las entidades pertenecientes a la empresa multinacional (sociedades matrices y/o entidades locales). De acuerdo con el reparto real de responsabilidades entre ellas, se espera que las distintas entidades cooperen y se presten ayuda entre sí para facilitar el cumplimiento de las Directrices. Por otro lado, aunque no abarcan a las pequeñas y medianas empresas que se estima que no disponen de los mismos medios que las grandes empresas, los Gobiernos sí se comprometen a alentarlas a cumplir de las manera más amplia posible las recomendaciones adoptadas.

Son realmente significativos del pensamiento imperante en aquel momento y de sus persistentes temores algunos de las precisiones que se recogen en las Directrices. Así, por ejemplo, se afirma que el objetivo de las Directrices no es introducir diferencias de tratamiento entre las empresas multinacionales y empresas nacionales sino que se limitan a reflejan prácticas recomendables para todas ellas y que, en consecuencia, se espera de las empresas multinacionales y nacionales que tengan la misma conducta en todos los casos en los que sean aplicables las Directrices a unas y a otras. Específicamente los Gobiernos se comprometen a no utilizar no deben utilizarlas con fines proteccionistas ni de un modo que ponga en duda la ventaja comparativa de cualquier país en el que inviertan las empresas multinacionales.

Por otro lado, reconocen el irrenunciable derecho del Estado a establecer las condiciones con arreglo a las cuales las empresas multinacionales ejercen su actividad en sus respectivas jurisdicciones. Por ello, las entidades de una empresa multinacional situadas en diversos países están sujetas a las legislaciones aplicables en dichos países y puede llevar a que estén sometidas a obligaciones contradictorias impuestas por países que hayan suscrito las Directrices, en cuyo caso los gobiernos colaborarán entre sí, de buena fe, con vistas a solventar los problemas que puedan derivarse de esta situación.

El aspecto más novedoso de las Directrices en relación con los Estados es la obligación que se impone a estos de establecer Puntos Nacionales de Contacto (PNC) que promuevan las Directrices y que actúen como un foro de discusión de todos los asuntos relacionados con las mismas así como la participación de estos en los procedimientos adecuados de examen y consulta encaminados a abordar cuestiones relativas a la interpretación de las Directrices en un mundo cambiante.

Las Directrices de la OCDE para Empresas Multinacionales constituyen por tanto un mecanismo internacional único de responsabilidad corporativa, que cuenta con apoyo gubernamental y está dirigido a fomentar una conducta empresarial responsable en todo el mundo. En definitiva, las Directrices definen normas de conducta empresarial responsable (desde el punto de vista social y medioambiental) y prescriben procedimientos para la resolución de conflictos entre las empresas y las comunidades o individuos afectados negativamente por actividades empresariales; sin llegar a constituir un instrumento jurídico vinculante, puesto que se limitan a recomendaciones dirigidas por los gobiernos a las empresas multinacionales que operan en países adherentes o que tienen su sede en ellos.

A pesar de su claro carácter no obligatorio, las empresas que voluntariamente las adopten deberán aplicarlas en todos los países en los que operen y no solamente en los países que las han suscrito. Es importante subrayar que ni sustituyen ni están por encima de las leyes de ningún país. Se consideran, en todo caso, estándares de comportamiento suplementarios a las leyes nacionales.

Se pueden destacar como los rasgos más significativos de estas Directrices que las diferencian de otros instrumentos y mecanismos de responsabilidad corporativa es su carácter internacional, el hecho de que sean normas respaldadas por gobiernos y que cuenten con un mecanismo de resolución de conflictos para resolver las quejas relacionadas con la supuesta mala práctica empresarial y su singular mecanismo de implementación, esto es, los Puntos Nacionales de Contacto.

Desde a su adopción en 1976, las Líneas Directrices han sufrido varias modificaciones hasta la efectuada en el año 2000. Desde entonces también la actividad empresarial internacional ha registrado cambios de tal magnitud que la OCDE, en respuesta a estos, decidió actualizar las Líneas Directrices y aprobar un nuevo texto en la reunión del Consejo de la OCDE a nivel ministerial de mayo 2011, Reunión Ministerial conmemorativa del 50 Aniversario de la OCDE. Esta actualización de las Directrices fue llevada a cabo por los gobiernos adherentes e incluyó una intensa ronda de consultas con un amplio espectro de partes interesadas y socios. Todos los países del G20 no adherentes fueron invitados a participar en pie de igualdad, al igual que fueron invitados a colaborar el Comité Consultivo Empresarial e Industrial (BIAC), el Comité Consultivo Sindical (TUAC) y OECD Watch, quienes actuaron de portavoces de las empresas, las organizaciones de trabajadores y las organizaciones no gubernamentales.

3.3.2 Las Directrices para Empresas Multinacionales de 2011

Como ya se ha señalado, en mayo de 2011, los gobiernos adherentes miembros y no miembros de la OCDE actualizaron las Directrices, introduciendo nuevas e importantes disposiciones en áreas como los derechos humanos, la debida diligencia y la responsabilidad de la cadena de suministro. Las modificaciones acordadas tienen como objeto garantizar la continuidad de las Directrices en su papel de principal instrumento internacional para la promoción de conductas empresariales responsables y que, principalmente, fueron:

- Un nuevo capítulo sobre derechos humanos, acorde con los Principios Rectores sobre las Empresas y los Derechos Humanos: Puesta en Práctica del Marco de las Naciones Unidas para "Proteger, Respetar y Remediar".
- Un enfoque nuevo y amplio en relación con el principio de la debida diligencia y con la gestión responsable de la cadena de suministro, que implica un avance significativo en comparación con las anteriores propuestas.

- Cambios sustanciales en numerosos capítulos especializados, tales como Empleo y relaciones laborales; Lucha contra la corrupción, las peticiones de soborno y otras formas de extorsión; Medio ambiente; Intereses de los consumidores; Divulgación de información y Cuestiones tributarias.
- Una guía de procedimiento más clara y más estricta para fortalecer el papel que juegan los PNC, mejorar su desempeño y fomentar la equivalencia funcional.
- Una agenda proactiva con el fin de ayudar a las empresas en el cumplimiento de sus responsabilidades a medida que surgen nuevos desafíos.

El nuevo texto consta de un preámbulo y once apartados diferentes (Tabla III.2). El primero de ellos es el relativo a los Conceptos y principios en el que se realizan algunas aclaraciones de ciertos aspectos, sin que se hayan introducido novedades significativas. Se reafirma que las Directrices son recomendaciones dirigidas conjuntamente por los gobiernos a las empresas multinacionales. Recoge, por tanto, los puntos básicos de las directrices tanto para las empresas: voluntariedad de su aplicación y cumplimiento en todos los países donde operen, como para los gobiernos de los países que las han suscrito: colaboración internacional para solucionar problemas relacionados con las directrices, promoción de las mismas y establecimiento de un Punto Nacional de Contacto.

Por su parte, el apartado II está dedicado a los principios generales, que han sido ampliados y subrayan aspectos generales de buen comportamiento empresarial. Se trata de un capítulo con orientaciones y principios fundamentales para la empresa y de aplicación general y subyacente para el resto de capítulos. Aborda temas tales como la contribución al progreso económico, social y ambiental, el respeto de los derechos humanos, la estimulación de las capacidades locales, el buen gobierno empresarial, la no discriminación, diligencia debida (due diligence) basada en el riesgo, impedir o atenuar efectos negativos incluso cuando no sean consecuencia directa de la actividad de la organización (por ejemplo, a través de la cadena de suministro), fomentar el buen comportamiento de colaboradores, comprometerse con la participación de grupos de interés o abstenerse de injerencias en actividades políticas locales.

Se distingue, no obstante, entre aquellos que necesariamente deben seguir las empresas (Parte A), de aquellos otros cuyo seguimiento simplemente se alienta (Parte B).

Estos principios generales reconocen tanto los impactos positivos, como los negativos potenciales de la actividad empresarial que deberían ser tenidos en cuenta de manera horizontal en la gestión empresarial y en el resto de capítulos cuando éstos sean de relevancia para la situación concreta de la organización.

El apartado III es el relativo a la *publicación de informaciones* y cubre la difusión por parte de las empresas multinacionales de información fiable de sus objetivos, actividades, estructura, situación financiera y resultado principalmente. En concreto, las empresas deberían publicar información sobre sus resultados financieros y de explotación, objetivos, participaciones significativas y derechos de voto, políticas de remuneración del consejo y los principales directivos, requisitos de cualificación y designación del consejo, pertenencia de los miembros del consejo a otras sociedades, transacciones con partes vinculadas, riesgos previsibles y políticas de empresa.

Así, las directrices recomiendan a las empresas que garanticen la publicación (en la forma y plazo oportunos) sobre los aspectos relevantes de la misma y de su actividad, de forma desagregada al menos a nivel local, ya que la información consolidada de un grupo multinacional no aportaría gran valor a las comunidades locales que pudieran verse afectadas de forma significativa por el mismo.

Se anima a las empresas a que comuniquen información adicional sobre: políticas, auditorías internas, gestión de riesgos, relación con los empleados etc. Entre los objetivos de las directrices también se encuentra hacer más fácil la comprensión de la actividad de las empresas y su interacción con los grupos de interés, por lo que es necesario actuar con transparencia y establecer una comunicación adecuada con ellos, utilizando los medios más adecuados.

Además, las directrices invitan a la publicación de información en ámbitos cuya estandarización se encuentra actualmente en cierto grado de avance, como el ambiental y el social.

Tabla III.2 Principios Generales de las Línea Directrices de la OCDE para empresas multinacionales

Las empresas deberán tener plenamente en cuenta las políticas fijadas por los países en que ejercen su actividad y tener en consideración las opiniones de los demás terceros interesados. A este respecto, las empresas deberán:

1. Contribuir al progreso económico, social y medioambiental con vistas a lograr un desarrollo sostenible.
2. los derechos humanos de las personas afectadas por sus actividades de conformidad con las obligaciones y compromisos internacionales del gobierno de acogida.
3. Estimular la generación de capacidades locales mediante una cooperación estrecha con la comunidad local, incluidos los sectores empresariales locales, desarrollando al mismo tiempo las actividades de la empresa en los mercados interiores y exteriores de una manera compatible con la necesidad de prácticas comerciales saludables.
4. Fomentar la formación del capital humano, particularmente mediante la creación de oportunidades de empleo y el ofrecimiento de formación a los empleados.
5. Abstenerse de buscar o de aceptar exenciones no contempladas en el marco legal o reglamentario relacionadas con el medioambiente, la salud, la seguridad e higiene, el trabajo, la fiscalidad, los incentivos financieros u otras cuestiones varias.
6. Apoyar y defender unos correctos principios de gobierno empresarial y desarrollar y aplicar unas buenas prácticas de gobierno empresarial.
7. Desarrollar y aplicar prácticas auto disciplinarias y sistemas de gestión eficaces que promuevan una relación de confianza recíproca entre las empresas y las sociedades en las que ejercen su actividad.
8. Promover el conocimiento por los empleados de las políticas empresariales y su conformidad con ellas, mediante una difusión adecuada de las mismas, incluso a través de programas de formación.
9. Abstenerse de tomar medidas discriminatorias o disciplinarias contra los trabajadores que elaboren, de buena fe, informes para la dirección o, en su caso, para las autoridades públicas competentes acerca de prácticas contrarias a la ley, a las Directrices o a las políticas de la empresa.
10. Alentar, cuando sea factible, a los socios empresariales, incluidos proveedores y subcontratistas, para que apliquen principios de conducta empresarial compatibles con las Directrices.
11. Abstenerse de cualquier injerencia indebida en actividades políticas locales.

Tabla III.3 Directrices de la OCDE para empresas multinacionales 2011

Las empresas deberán tener plenamente en cuenta las políticas establecidas en los países en los que ejercen su actividad y tener en consideración las opiniones de los demás terceros interesados.

A. Las empresas deberán:

1. Contribuir al progreso económico, social y medioambiental para lograr un desarrollo sostenible.
2. Respetar los DD.HH. internacionalmente reconocidos de las personas afectadas por sus actividades.
3. Estimular la generación de las capacidades locales mediante una cooperación estrecha.
4. Fomentar la formación del capital humano, creando oportunidades laborales o capacitando a los empleados.
5. Abstenerse de buscar o de aceptar exenciones no contempladas en el marco legal o regulatorio relacionadas con DDHH, la salud.... etc.
6. Apoyar y defender los principios de buen gobierno corporativo y desarrollar e implementar buenas prácticas de gobierno corporativo.
7. Desarrollar e implementar prácticas auto disciplinarias y sistemas de gestión eficaces que promuevan una relación de confianza recíproca entre las empresas y las sociedades donde se encuentran.
8. Promover el conocimiento y el cumplimiento, por parte de los empleados de las políticas de empresa multinacional mediante la difusión adecuada de las mismas.
9. Fomentar que sus socios comerciales (proveedores y contratistas) apliquen principios de conducta empresarial responsable conformes con la Directrices.
10. Implementar la debida diligencia basada en los riesgos con el fin de identificar, prevenir o atenuar los impactos negativos, reales o potenciales.
11. Evitar que las actividades propias generen impactos negativos en los campos contemplados por las Directrices y tomar las medidas necesarias cuando se produzcan.
12. Impedir o atenuar los impactos negativos, aun en los casos en que las empresas no hayan contribuido a los mismos.
13. Evitar medidas discriminatorias o disciplinarias contra los trabajadores que elaboren, de buena fe, informes acerca de prácticas contrarias a la ley, a las Directrices o a las políticas de la empresa.
14. Comprometerse ante las partes interesadas facilitándoles posibilidades reales de participación.
15. Abstenerse de cualquier injerencia indebida en las actividades políticas locales.

B. Se anima a las empresas a que:

1. Apoyen, en función de sus propias circunstancias, los esfuerzos concertados desarrollados en los foros apropiados para favorecer la libertad en Internet, concretamente a través del respeto de la libertad de expresión, reunión y asociación en línea
2. Participen o presten su apoyo, en su caso, a iniciativas privadas o de múltiples partes interesadas y al diálogo social sobre una gestión responsable de la cadena de suministro, asegurándose de que dichas iniciativas tengan debidamente en cuenta sus consecuencias sociales o económicas en los países en desarrollo y cumplan con las normas internacionalmente admitidas

El apartado IV, que se ocupa de los *derechos humanos*, es una de las más importantes novedades y recoge la obligación de las empresas de respetarlos en sus actividades y en las vinculadas con sus actividades así como evitar incidencias negativas, emplear la diligencia debida, elaborar una política que formule su compromiso y otra serie de consideraciones. En relación con los derechos humanos, las directrices se encuentran alineadas con el marco para empresas y derechos humanos de Naciones Unidas «proteger, respetar y reparar» adoptado en junio de 2011.

En ambos marcos (directrices OCDE y ONU), se reconoce que los Estados tienen el deber de proteger los derechos humanos en su ámbito territorial, y que las empresas deben respetar dichos derechos humanos, independientemente del empeño o voluntad que pongan los Estados en su protección.

En consonancia con ese marco, se entiende por derechos humanos el contenido de la Carta internacional de los derechos humanos[19] y de la Declaración de los principios y derechos fundamentales del trabajo de la Organización Internacional del Trabajo (OIT)[20]. De acuerdo con ambos marcos, este respeto de los derechos humanos por parte de las empresas debe materializarse mediante la publicación de una declaración del nivel jerárquico más elevado de la empresa, acompañada de las políticas que sean necesarias y del despliegue de procesos de evaluación del riesgo

19 Recordar que comprende la Declaración Universal de los Derechos Humanos y los principales instrumentos en los que se ha codificado: el Pacto internacional de los derechos civiles y políticos y el Pacto internacional de los derechos económicos, sociales y culturales.

20 Que incluye los ocho convenios fundamentales de la OIT al respecto: Convenio sobre la libertad sindical y la protección del derecho de sindicación, Convenio sobre el derecho de sindicación y de negociación colectiva, Convenio sobre el trabajo forzoso, Convenio sobre la abolición del trabajo forzoso, Convenio sobre la edad mínima, Convenio sobre las peores formas de trabajo infantil, Convenio sobre igualdad de remuneración y Convenio sobre la discriminación.

de incidencia, vigilancia, detección y reparación, en su caso, mediante medios legítimos (cooperación con mecanismos judiciales o extrajudiciales).

En el apartado V se aborda el tema del *empleo y las relaciones laborales* en relación con los derechos fundamentales del trabajo promovidos por la OIT, además de la Declaración tripartita de principios sobre las empresas multinacionales y la política social (Declaración de la OIT sobre multinacionales). Abarca aspectos tales como la no discriminación, la eliminación del trabajo forzado y del trabajo infantil, y libertad de sindicación y de negociación colectiva de los trabajadores. Asimismo otras cuestiones vinculadas como aportar información a los representantes de los trabajadores, respetar normas de empleo que no sean menos favorables que las que se practican en empresas comparables del país de acogida, garantizar la salud y seguridad en el trabajo. Se argumenta que las empresas no deberán violar el marco legal de carácter laboral que les sea de aplicación en cada ámbito geográfico.

El VI, dedicado al Medio ambiente. En este punto, las directrices insisten en la puesta a punto y aplicación de sistemas de gestión medioambiental adaptados a cada empresa multinacional, y en objetivos de salud y seguridad, mantener planes de emergencia, tratar constantemente de mejorar los resultados medioambientales. Este capítulo de las directrices tiene en cuenta el desarrollo internacional en relación con la protección del medio ambiente, especialmente la Declaración de Río sobre el medio ambiente y el desarrollo, la Agenda o Programa 21, la Convención sobre acceso a la información, participación pública en la toma de decisiones y acceso a la justicia en temas medioambientales (convenio de Aarhus) y los desarrollos de ISO[21], en relación con la gestión ambiental de las empresas[22], y aspira a que las organizaciones consideren la variable ambiental antes de tomar la acción de inversión. Así, las Directrices requieren: implementar un sistema de gestión ambiental; informar sobre los posibles efectos de la actividad en el medio ambiente, la salud y la seguridad; considerar los impactos previsibles sobre el medio ambiente, la salud y la seguridad en la toma de decisiones; seguir un principio de precaución ante la falta de certeza científica en materia ambiental, de salud y de seguridad; elaborar planes de emergencia y mecanismos de alerta; perseguir la mejora continua mediante la adopción de las mejores tecnologías, el desarrollo de productos y servicios de menor impacto, la sensibilización de los clientes, el uso eficiente de los recursos, la formación interna y la colaboración en el desarrollo de políticas públicas al respecto, contribuyendo así a un mayor liderazgo y efecto ejemplarizante de las multinacionales en este ámbito.

El punto VII, dedicado a la *lucha contra la corrupción, las peticiones de soborno y otras formas de extorsión* afirma que las Empresas multinacionales no deben

21 Organización Internacional de Estandarización.

22 ISO 14000.

prometer, conceder o solicitar pagos ilícitos u otras ventajas indebidas, elaborar y adoptar mecanismos de control interno y programas o medidas de deontología para prevenir y detectar el cohecho. A este respecto, la OCDE cuenta con diversos instrumentos que atienden la lucha contra la corrupción tales como el Convenio de la OCDE de lucha contra la corrupción de agentes públicos extranjeros en las transacciones comerciales internacionales[23], la Recomendación de 2006 sobre la corrupción y los créditos oficiales a la exportación, la Recomendación de 2009 para reforzar la lucha contra la corrupción de funcionarios públicos extranjeros en las transacciones comerciales internacionales[24] y la Recomendación de 2009 sobre medidas fiscales para reforzar la lucha contra la corrupción de funcionarios públicos extranjeros en las transacciones comerciales internacionales. Estos instrumentos de la OCDE son así mismo coherentes y complementarios con el Convenio de las Naciones Unidas contra la corrupción[25].

Este capítulo de las directrices es un reflejo de los marcos anteriores y en esencia solicita a las organizaciones que rechacen por un lado y por otro se abstengan de ofrecer, prometer o solicitar directa o indirectamente pagos ilícitos u otras ventajas indebidas para obtener o conservar un contrato o cualquier otra ventaja ilegítima, así como que desarrollen los mecanismos de control interno y los programas necesarios para asegurar lo anterior, que deberán incluir al menos los requisitos que se recogen en las propias directrices, uno de cuales incluye las contribuciones ilícitas a candidatos a cargos públicos y partidos políticos, para lo cual se exige a las organizaciones que respeten íntegramente los requisitos en materia de publicación de información a los ciudadanos y se informe a la alta dirección al respecto.

El apartado VIII, dedicado a los *Intereses de los consumidores* busca asegurar que las empresas multinacionales respeten los derechos de los consumidores, incluidos los referidos a la calidad y salubridad de los productos, mencionando el derecho a la intimidad y protección de datos de carácter personal, esforzarse por promover la educación de los consumidores, luchar contra las prácticas comerciales engañosas.

Al igual que en los casos anteriores, las directrices de la OCDE son coherentes con elementos preexistentes, en este caso por ejemplo con las Directrices de las Naciones Unidas para la protección del consumidor y con instrumentos internacionales relacionados con la resolución de conflictos empresa-consumidor. Así, en este capítulo se abordan aspectos como el cumplimiento de las normas de seguridad y salud del producto que correspondan, la información suministrada al consumidor, el acceso a mecanismos extrajudiciales de resolución de conflictos, la educación del consumidor para que pueda tomar decisiones con conocimiento de causa y comprensión

23 En vigor desde el 15 de febrero de 1999.

24 Que incluye un anejo de buenas prácticas para la empresa.

25 En vigor desde el 14 de diciembre de 2005.

del impacto económico, social y ambiental de las mismas, la protección de los datos de carácter personal, la lucha contra las prácticas comerciales engañosas y contra las amenazas a la salud, la seguridad o el medio ambiente derivadas del consumo, uso o eliminación de los productos.

Igualmente, las Directrices resaltan la importancia de tener en cuenta las necesidades específicas de los consumidores más vulnerables o desfavorecidos y los problemas específicos del comercio electrónico. Como tema adicional, se resalta la complejidad existente en el caso de los productos financieros.

Partiendo de la consideración de que las empresas multinacionales son el principal vector para la transmisión de tecnología entre fronteras, consiguiendo así aumentar la capacidad de innovación de los países de acogida, las directrices contemplan un capítulo específico para esta materia, el IX, dedicado a la *Ciencia y Tecnología.*

El importante papel que pueden desempeñar las empresas multinacionales la mejora de la tecnología local, sin por ello comprometer sus derechos de propiedad intelectual, deriva de adoptar prácticas que permitan la transferencia y difusión de las tecnologías y *know-how*, desarrollar relaciones con universidades locales y otras medidas. la comercialización de productos que incorporen las últimas innovaciones, la concesión de licencias, generando empleo especializado, contando con colaboradores locales en la actividad de I+D o incluso contribuyendo al diseño de un marco local de innovación son ejemplos de prácticas que contribuyen a esta transferencia. Igualmente se reconoce la importancia de la conexión de las actividades de I+D de las empresas con los sistemas nacionales de innovación para conseguir el mismo propósito.

El apartado X dedicado a la *Competencia* promueve el respeto a las reglas de la competencia y evitar comportamientos anticompetitivos, impulsar la cooperación con las autoridades de la competencia, entre otras medidas. Las Directrices recuerdan que las empresas deberán llevar a cabo su actividad de forma compatible con la normativa aplicable, incluyendo el derecho de la competencia de todos los países donde puedan tener efectos anticompetitivos, así como colaborar con las autoridades cuando proceda. En concreto cita como prácticas anticompetitivas los acuerdos entre empresas para fijar precios, realizar ofertas concertadas, limitar la producción o repartirse el mercado. A este respecto, las Directrices toman como referencia determinadas recomendaciones de la OCDE, como la Recomendación del Consejo relativa a una acción eficaz contra los cárteles[26] la Recomendación del Consejo sobre cooperación entre los países miembros en relación con las prácticas anticompetitivas en el comercio internacional[27] y la Recomendación del Consejo

26 C(98)35/FINAL.

27 C(95)130/FINAL.

sobre el control de las fusiones[28] Las *cuestiones tributarias* son las recogidas en el apartado XI que recomienda a las empresas multinacionales el respeto a la letra y espíritu de las leyes y regulaciones fiscales, la adaptación de sus prácticas en materia de precios de transferencia al principio de plena competencia así como la comunicación en tiempo a las autoridades de información para el cálculo de sus impuestos. Asimismo indican que las empresas deberán considerar el gobierno fiscal y la disciplina fiscal como elementos importantes de sus mecanismos de control y de sus sistemas de gestión, identificando y evaluando plenamente los riesgos financieros, reglamentarios y de reputación asociados a la fiscalidad.

Para la consecución del desarrollo sostenible, las Directrices consideran importante la contribución de las empresas a las finanzas públicas de los países de acogida e indican que no sólo se debe cumplir con la normativa fiscal correspondiente, sino también con su espíritu, es decir, entender y respetar la intención del legislador, teniendo en cuenta por ejemplo la jurisprudencia existente y una colaboración mutua equilibrada.

Cabe indicar que, al igual que en los apartados anteriores, en este la OCDE cuenta igualmente con otros instrumentos relacionados con la materia como son las Directrices aplicables en materia de precios de transferencia a empresas multinacionales y administraciones tributarias, y la Recomendación del Consejo sobre la determinación de los precios de transferencia entre empresas asociadas.

Finalmente, la parte II está dedicada a los "Procedimientos de puesta en práctica de las Líneas Directrices de la OCDE para Empresas Multinacionales" y describe lo que los gobiernos que las suscriben deben hacer para promover y fomentar la implementación de las Directrices, incluyendo la creación de un PNC y la tramitación de quejas.

3.3.3 Los Puntos Nacionales de Contacto, El Comité de Inversión y los Comités consultivos

Como se señaló con anterioridad, las Directrices obligaban a los Estados a la creación de los Puntos Nacionales de Contacto (PNC) que se han visto reforzados en la última versión con el que podemos considerar un incipiente marco institucional[29].

28 C(2005)34.

29 Este marco viene dado por los Puntos Nacionales de Contacto (PNC), el Comité de Inversión de la OCDE, y los comités consultivos sobre negocios y trabajo: el Comité Consultivo Empresarial e Industrial (BIAC, por sus siglas en inglés), y el Comité Consultivo Sindical (TUAC por sus siglas en inglés).

Con respecto a los *PNC*, si bien se configurar la obligación de su establecimiento se deja a la libertad de los Estados adherentes su composición.

Sin embargo sí se fijan sus funciones consistentes en aumentar la eficacia de las directrices mediante la realización de actividades de promoción, atención de consultas y convertirse en foro de discusión de asuntos relacionados con la Líneas Directrices así como contribuir a la resolución de problemas que surgen de la supuesta inobservancia de las directrices en casos específicos.

El funcionamiento de los PNC se rige por los siguientes principios:

- **Visibilidad**. Se espera que los gobiernos publiquen información acerca de sus PNC y que adopten un rol activo en la promoción de las Directrices. Accesibilidad. El fácil acceso a los PNC es importante para su eficaz funcionamiento. Las comunicaciones electrónicas son útiles en este sentido.
- **Transparencia.** La transparencia es un criterio importante que contribuye favorablemente a la responsabilidad del PNC y también para lograr la confianza del público en general. Los resultados serán transparentes salvo que correspondiera mantener la confidencialidad para lograr la efectiva implementación de las Directrices.
- **Responsabilidad.** Una función más activa respecto de la ampliación del perfil de las Directrices atraerá la atención del público sobre sus actividades. En el ámbito nacional, los parlamentos podrán tener participación. Los informes anuales y las reuniones periódicas de los PNC brindarán una oportunidad para compartir experiencias y alentar las "mejores prácticas" respecto de los PNC. Asimismo, el Comité mantendrá intercambios de opinión, en los que se compartirán experiencias y se evaluará la eficacia de las actividades de los PNC.

Por su parte, la Guía de procedimiento de los PNC está estructurada en 4 puntos: modalidades institucionales; información y promoción, implementación en instancias específicas y elaboración de informes. Y, por lo que se refiere a las modalidades institucionales, se indica que los PNC deberán presentar una composición tal que puedan responder eficazmente a la gran variedad de cuestiones relativas a las Directrices. La flexibilidad es una característica esencial por cuanto existe la posibilidad de que los PNC tengan distintos tipos de organización. En todo caso, los PNC desarrollarán y mantendrán relaciones con representantes del sector empresarial, organizaciones de trabajadores y otras partes interesadas que sean capaces de contribuir al efectivo funcionamiento de las Directrices.

Las funciones de los PNC relacionadas con la información y promoción se consideran fundamentales para mejorar el perfil de las Directrices. Estas funciones ponen también énfasis en las responsabilidades "proactivas" de los PNC.

Así, se indica que cada PNC:

a. Dará a conocer las Directrices y las pondrá a disposición a través de los medios apropiados, entre los que se incluye la información por Internet y en los idiomas nacionales.
b. Colaborará en sus acciones de promoción de las Directrices, con varias organizaciones y personas, incluidos, según las circunstancias, los círculos empresariales, las organizaciones sindicales, otras organizaciones no gubernamentales y el público interesado.
c. Responderá a las consultas acerca de las Directrices planteadas por: otros Puntos Nacionales de Contacto; el sector empresarial, las organizaciones de trabajadores, otras organizaciones no gubernamentales y el público; y, también, por los gobiernos de países no adherentes a las Directrices.

Sin embargo, no cabe duda que el apartado más relevante es el relativo a la implementación en instancias específicas por cuanto implica que el PNC contribuya con la resolución de las cuestiones sobre las Directrices en instancias específicas de manera imparcial, previsible, equitativa y compatible con los principios y normas establecidos en las mismas Directrices.

Por lo general, las cuestiones serán analizadas por el PNC existente en el país donde se planteen. En el caso de varios países que hayan suscrito las Directrices, se presentarán y examinarán en primer lugar, a nivel nacional y, si llega el caso, se retomarán a nivel bilateral. El procedimiento de resolución es el siguiente:

En la evaluación inicial el PNC deberá establecer si la cuestión planteada lo es de buena fe y guarda relación con las Directrices. En este contexto, el PNC tendrá en cuenta:

- la identidad de la parte implicada y su interés en el asunto;
- la pertinencia de la cuestión y los elementos de apoyo aportados;
- la pertinencia de las leyes y procedimientos aplicables;
- la forma en que se abordan o se han abordado a nivel nacional o internacional cuestiones similares; el interés que reviste el examen de la cuestión en relación con los objetivos y con una aplicación eficaz de las Directrices.

Al término de esta evaluación inicial, el PNC deberá responder a la parte o a las partes que hayan presentado la cuestión.

A. Si la cuestión no merece un análisis más detenido, y entonces argumentará su decisión.
b. Si las cuestiones planteadas justifican un examen más detallado, el PNC analizará la cuestión con las partes implicadas y pondrá a disposición sus "buenos oficios" para su resolución.

Tras ello, el PNC brindará o facilitará el acceso a procedimientos consensuales, no contenciosos, como la conciliación o la mediación, con el fin de ayudar a la resolución de las controversias planteadas. Únicamente se utilizarán estos procedimientos con la conformidad de las partes afectadas. Pero si no llegan las partes implicadas a un acuerdo sobre las cuestiones planteadas, el PNC publicará un comunicado y, en su caso, formulará recomendaciones acerca de la aplicación de las Directrices. El procedimiento establece que el PNC publicará un comunicado aun cuando estime que no es necesaria una recomendación concreta.

No obstante, el papel del PNC no es en principio el de un agente conciliador o mediador sino el de un agente informativo y facilitador. Por tanto, el procedimiento de "instancia específica", nombre oficial que recibe el proceso de queja de las Directrices, se centra por tanto en la resolución de conflictos, fundamentalmente a través de la mediación y la conciliación, aunque también a través de otros medios, y cualquier persona que pueda demostrar un "interés" en sentido amplio por la supuesta violación puede utilizarlo.

ONGs y sindicatos de todo el mundo están utilizando este proceso para abordar los impactos medioambientales y sociales adversos causados por la mala conducta empresarial. Ha sido asimismo utilizado para concienciar sobre el hecho de que se espera que las empresas cumplan con las normas internacionalmente reconocidas, contribuyan al desarrollo sostenible y que, como mínimo, "no dañen" donde quiera que operen.

La elaboración de *informes* es igualmente una responsabilidad importante de los PNC, que permitirá también crear una base de conocimientos y adquirir un saber hacer con vistas a mejorar la eficacia de las Directrices. Así, cada PNC presentará un informe anual al Comité. Dichos informes deberán incluir información acerca de la naturaleza y los resultados de las actividades realizadas por el PNC, incluidas las actividades de implementación en instancias específicas.

En definitiva, los PNC son la única obligación formal que las Directrices exigen a los Estados que se adhieren a ellas pero requieren para el cumplimiento de sus funciones de una adecuada dotación presupuestaria.

El *Comité de Inversión de la OCDE* es responsable de los instrumentos de liberalización en los campos de inversión internacional y servicios y está compuesto por representantes gubernamentales de los países miembros.

Sus funciones son interpretar e implementar la Declaración y Decisiones sobre Inversión Internacional y Empresas Multinacionales del año 1976 al tiempo que es responsable de los Códigos de Liberación de Movimientos de Capital y Operaciones Invisibles Actuales.

Asimismo debe colaborar con los PNC en la ejecución de sus actividades y hacer recomendaciones de cómo estos pueden mejorar su rendimiento.

A ello debe añadirse que asume una labor clarificadora en casos en los que haya disputa sobre la aplicación de las Directrices sobre una cláusula en particular.

Esta clarificación sólo puede ser solicitada por los países miembros, el *Comité consultivo sindical de la OCDE* (TUAC) o el *Comité Consultivo Empresario e Industrial de la OCDE* (BIAC) y no por ONGs y debe realizar revisiones periódicas de las experiencias sobre las disposiciones de las Directrices.

La guía de procedimientos del Comité de inversión queda definida en 5 puntos:

1. El Comité considerará las solicitudes de asistencia formuladas por los PNC para la realización de sus actividades, incluso en los casos de duda respecto de la interpretación de las Directrices en determinadas circunstancias.
2. Para incrementar la eficacia de las Directrices y promover la equivalencia funcional de los PNC, el Comité:
   - Estudiará los informes preparados por los PNC.
   - Estudiará las solicitudes debidamente motivadas efectuadas por un país adherente, un órgano consultivo o por la OCDE respecto del cumplimiento o no cumplimiento por parte de un PNC de sus responsabilidades en relación con la resolución de cuestiones planteadas en instancias específicas.
   - Considerará emitir una aclaración cuando un país adherente, o un órgano consultivo de la OCDE realice una solicitud debidamente motivada respecto de la correcta o incorrecta interpretación de las Directrices por parte de un PNC en instancias específicas.
   - Realizará recomendaciones, cuando resulte necesario, para mejorar el funcionamiento de los PNC y la efectiva implementación de las Directrices.
   - Cooperará con socios internacionales.
   - Entablará relaciones con países no adherentes interesados respecto de las cuestiones contempladas en las Directrices y su implementación.
3. El Comité podrá solicitar y considerar el asesoramiento de expertos en relación con cualquiera de las cuestiones contempladas en las Directrices. Para tal fin, el Comité decidirá cuáles son los procedimientos idóneos.
4. El Comité ejercerá sus atribuciones de manera eficaz y oportuna.
5. En el ejercicio de su misión, el Comité será asistido por el Secretariado de la OCDE.

El *Comité Consultivo Empresario e Industrial de la OCDE* reúne el asesoramiento y consejo de las comunidades de negocios de los países miembros de la OCDE. Tiene como funciones apoyar el trabajo y la investigación del comité de la OCDE.; formular recomendaciones de política pública en un número diverso de áreas, que van desde la liberalización del comercio y el desarrollo sostenible hasta la tributación del comercio electrónico y la biotecnología. Ante cualquier controversia sobre la aplicabilidad de las Directrices, el BIAC puede pedir al Comité de Inversiones que considere una enmienda al texto o una clarificación de una cláusula particular.

Las funciones del *Comité consultivo sindical de la OCDE* son coordinar y representar las opiniones de los representantes sindicales en los países industrializados[30]. En esta materia, está legitimado, como se señaló anteriormente para pedir la clarificación de una clausula concreta al Comité de Inversión.

Para finalizar este apartado, podríamos concluir que si bien las directrices no son vinculantes directamente para las empresas, salvo que los Estados que las suscriban trasladen este compromiso a las empresas vía legislativa nacional, lo cierto es que suponen un marco de buena aceptación que se ha mostrado eficaz para la responsabilidad social de las empresas.

En este sentido, se estima que han encajado especialmente en la visión empresarial en relación con otros estándares por su sencillez y flexibilidad. Se trata además de una herramienta muy completa y adecuada de cara a la internacionalización de las empresas bajo la óptica del desarrollo sostenible, contemplando este concepto desde el amplio abanico de las materias ya tratadas por diferentes convenios y políticas internacionales elaboradas bajo el consenso y aprobación de diferentes grupos de interés pero siempre en el ámbito de lo estrictamente voluntario.

Por todo ello, se considera que las líneas directrices de la OCDE -junto con los Principios Rectores de Derechos Humanos y Empresas de Naciones Unidas y la Declaración de la OIT sobre multinacionales- son los elementos clave sobre los que ha de pivotar la RSC en su dimensión internacional. Además, las directrices pueden constituir el gran campo de juego de la sociedad civil en relación con el comportamiento empresarial.

---

30 Es responsable de la coordinación del input de sindicato a las cumbres económicas y las conferencias de empleo del G8.

CAPÍTULO 4. LA RESPONSABILIDAD SOCIAL CORPORATIVA EN EL MARCO DE LA UNIÓN EUROPEA

En Estados Unidos el debate y práctica empresarial de políticas sobre RSC comienza muchos años antes que en la Europa continental, donde no dará comienzo hasta finales del siglo XX, mostrando su primer hito en la Unión Europea en los albores del siglo XXI. Para Matten y Moon la explicación de este retraso se debe a que la tradición liberal de auto-ayuda (acciones discrecionales y voluntarias), el individualismo o la menor intervención gubernamental que existía, y existe, en el mundo anglosajón que contrasta con la tradición de los países de la Europa continental, donde el marco regulador y la intervención estatal en las prácticas empresariales es mayor. Esto se justifica, según Van Liedekerke y Dubbink, por el hecho de que "la cultura europea cree más en [el papel de] las instituciones que en la libre actuación de los individuos como motor de cambio social". Esta idea se constata en una encuesta realizada en Europa en el año 2007, en la cual los ciudadanos europeos muestran un nivel alto de apoyo a la intervención estatal para que intervengan incentivando cuestiones íntimamente ligadas a la cohesión social y a la solidaridad.

Ahora bien, en esta materia como en otras tantas cuestiones, la Unión Europea no es un "espacio" homogéneo sino que existen marcados contrastes. Tampoco debemos pensar que porque el debate generalizado haya surgido de forma tardía a la luz pública, las actuaciones en materia de RSC en Europa se han producido sólo en los últimos años o de forma escasa. Tal y como señala Welford, la RSC ha sido más activa en los estados del norte y centroeuropeos que en los Estados Unidos o Canadá, con independencia del debate, más académico que gerencial, sobre esta materia. En el resto de Estados de la UE, aunque las empresas hayan empezado más tarde, el abundante marco regulador comunitario de buena parte de los elementos contenidos en la RSC ha contribuido notablemente a su rápida implantación y extensión.

En este sentido, y tal como se desarrollará a continuación, desde que el Consejo Europeo de Lisboa (2000) decidiera promover la RSC en la Unión, la Comisión Europea desempeña un papel fundamental en la búsqueda de una necesaria armonización, para "aumentar la sensibilización sobre la RSE, facilitar el intercambio de mejores prácticas en toda Europa, y organizar la discusión de temas de actualidad de RSE para conducir a un mayor debate y acción".

Letica y Albareda, entre otros autores, han estudiado los distintos modelos o estilos de políticas de RSC que están funcionando en los Estados de la Unión y que, inevitablemente, influencian los modelos de RSC que a su vez diseñan e implementan sus empresas. Al igual que sucede a escala global, no hay una aproximación universal a la RSC, como tampoco hay todavía una aproximación verdaderamente consensuada de la RSC en la UE. Si bien desde la Comisión y el Parlamento Europeo se sigue trabajando en la creación de un *modelo europeo RSC*, en el que se aborden de una manera armonizada las dos dimensiones de la RSC: la interna, desarrollada de puertas a dentro de la empresa; y la externa, organizada por la empresa, sola o en colaboración de terceros, cuyo objeto y ámbito es la actuación de puertas hacia fuera de ella.

Como hemos apuntado, en la UE todos Estados Miembros cuentan con un marco político y, sobre todo, legislativo para buena parte de los elementos integradores de la denominada RSC interna (seguridad e higiene en el trabajo, planes de igualdad, integración, etc.): con una base implícita de la RSC fuertemente vinculada a su cultura y grado de desarrollo socioeconómico. Sólo algunos Estados más avanzados en esta materia (caso de Dinamarca, Suecia o Reino Unido) cuentan desde hace tiempo con un marco explícito, es decir, con una serie de instituciones desarrolladas por ellos para promover sus propios conceptos de RSC entre la ciudadanía y sus empresas (Figura IV.1). En otros países, como el nuestro, el desarrollo de este marco explícito es mucho más reciente.

Figura IV.1 Marco público de la RSC en Europa: de lo implícito a lo explícito

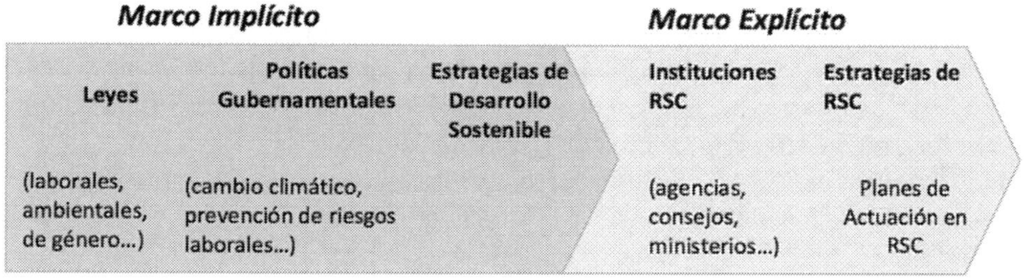

Fuente: Knopf et. col., 2011:15

Esta diferenciación tiene también su reflejo en la práctica empresarial:

Legislación + Economía + Presión social + Base cultural: tradiciones, religión, costumbres...

en las grandes empresas se hace por estrategia, en tanto que en las PYMES se desarrolla "de forma intuitiva", más por motivos de ética personal de quien ostenta la dirección. Este es uno de los elementos clave de la RSC a medio plazo en Europa: una mayor atención y ayuda a las necesidades y características de las PYMES. No podemos obviar este hecho, puesto que en la UE (y en España) las PYME constituyen la "columna vertebral" del tejido empresarial[1]:

El 99% de las empresas en la UE son PYME (21,6 millones).

Generan 2 de cada 3 empleos (88,8 millones de empleos), principalmente las microempresas y las pequeñas empresas.

Aportan 58 céntimos de cada 1 euro de valor añadido (3.666 trillones de euros).

Justo antes del comienzo de la crisis económico-financiera, algunos autores como Barth[2], apuntaban a que en Europa había mas "retorica que realidad" en materia de

1 Las PYME en la UE se definen como aquellas empresas que ocupan a menos de 250 personas, cuyo volumen de negocio anual no excede los 50 Millones de euros y cuyo balance general anual no excede los 43 Millones de euros (Recomendación 2003/361/CE, de 6 de mayo de 2003, sobre la definición de microempresas, medianas y pequeñas empresas); siendo las microempresas las que no superan los 10 empleados y un volumen de negocio y un balance anual de 2 M€, y las medianas aquellas que tienen menos de 50 empleados y un volumen y balance anual de negocio que no supera los 10 M€. Los datos aportados son los del Informe Anual de la Comisión sobre la PYME 2013/2014, A partial and Fragile Recovery, publicado en julio de 2014.

2 BARTH, V.R.; Wolff, F. & Schmitt, K. (2007), "CSR between Rethoric and Reality. Analyzing the contribution of CSR to the achievement of EU policy goals", Ökologisches Wirtschaften, 4: 30-34. Su

responsabilidad social por parte de las empresas europeas. Este es un debate que sigue abierto y que suele vincularse a otra cuestión controvertida: la voluntariedad vs. obligatoriedad de la RSC. Para que la retórica deje paso a la acción, buena parte de las empresas consideran necesario que exista un mandato legislativo bien definido y una presión social informada, hasta que no se haya generado una cultura corporativa que de verdad incite a ir "más allá de la legislación", a medir su comportamiento y a desarrollar estrategias de negocio a largo plazo[3].

Hasta el momento, los resultados de los estudios realizados entre empresas europeas[4] lo que vienen a demostrar es que el grado de actuaciones empresariales que realmente tienen en consideración la RSC es relativamente bajo, aunque varía según sectores y materias tratadas. Así, en cuestiones medioambientales donde el marco regulador es extenso y riguroso cada vez más empresas realizan actuaciones mediante iniciativas voluntarias –tipo EMAS, ISO 14001, ecoetiquetado, análisis de ciclo de vida, huella de carbono, etc.-, yendo más allá de los mínimos impuestos por la legislación. Por el contrario, en otras materias sociales –como la igualdad de salarios o la paridad en los accesos a puestos directivos- donde está surgiendo el marco regulador, pero no hay ese tipo de iniciativas o instrumentos para su medición y seguimiento, los resultados son todavía escasos. A esto habría que añadir una cuestión clave, que la RSC salga desde la empresa hacia toda su cadena de valor. O lo que es igual, que se haga una aproximación amplia que considere tanto los impactos directos de una política de RSC, como los indirectos. Lo cual, veremos que es fundamental en cuestiones como derechos humanos o preservación ambiental cuando las empresas operan fuera del territorio de la UE, en países donde la legislación es laxa o, simplemente, no existe.

El reto en el ámbito empresarial europeo es llegar a un consenso, no tanto sobre cuáles han de ser los principios y valores sobre los que cimentar un "modelo de RSC europeo: como el de acordar qué directrices emplear, cuáles han de ser los criterios

---

trabajo formó parte del proyecto europeo RARE-Rethoric and Realities in CSR. Respecto del comportamiento de las empresas europeas analizadas en el proyecto, la conclusión obtenida es rotunda: "We found in several instances that the level of activities by which the companies tackle a CSR issue is relatively low even though the issue had been declared to be of high strategic relevance", p.31. El mencionado proyecto RARE fue llevado a cabo por 7 instituciones dedicadas a la investigación en Europa (de Reino Unido, Noruega, Suecia, Italia, Hungría y dos de Alemania), durante los años 2004-2007, al objeto de mejorar el grado de comprensión y efectividad de la RSC como instrumento político de las empresas, así como su posible contribución real al logro del Desarrollo Sostenible en Europa.

3 En este sentido, hay una marcada diferencia entre el posicionamiento de grandes empresas cotizadas y el resto de empresas, particularmente las PYME donde hay importantes reticencias a ir "más allá" de lo regulado, sobre todo en materia de medio ambiente. A este respecto, véase el Flash Eurobarometer 381, SMES, Resource Efficiency and Green Markets, publicado por la Comisión en diciembre de 2013.

4 El Proyecto RARE. Véase www.rare-eu.net.

sobre las mejores prácticas o los indicadores de evaluación y formas de seguimiento (principalmente de aspectos sociales y éticos, obligaciones financieras y medidas anticorrupción), como parte indispensable de posteriores evaluaciones de impacto de las políticas/estrategias de RSC que llevan a cabo las organizaciones (efectos sociales y medioambientales reales de las actuaciones emprendidas).

Figura IV.2 Desequilibrios entre las prácticas que configuran la RSC de las empresas

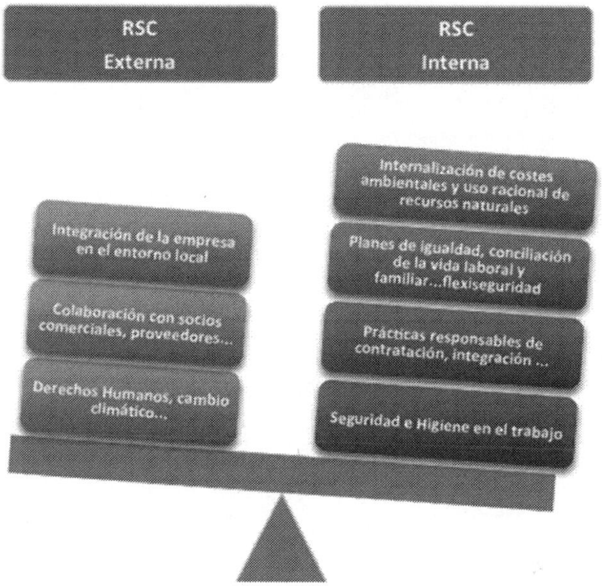

Fuente: Elaboración propia

En el contexto político europeo, como continuación de la voluntad de promover la RSC está la de seguir incentivando la inversión socialmente responsable (ISR), por un lado; y, por otro lado, el reto de disminuir resistencias para introducir los criterios de la RSC en materia de comercio.

Con la crisis económico-financiera se ha visto un importante incremento, por parte de algunos países, de la ISR, es decir, de aquella inversión que tiene como objetivo la creación de valor para los inversores y para la sociedad en su conjunto (véase el epígrafe 2.3). Hasta el momento, generalmente se trata de inversores institucionales que, como sucede en los países escandinavos, empezaron adoptando estrategias de "exclusión" y que en la actualidad combinan esta estrategia con otras de "integración de asuntos", "engagement" y "temáticas", principalmente[5]. Este tipo de inversión ha crecido sustancialmente y sigue en expansión. Según los datos publicados por la *Global Sustainable Investment Alliance*, en 2014, Europa es el área económica más importante en términos de activos ISR (el 63,7% frente a un 30,8% de Estados Unidos).

A continuación se presentan los elementos básicos e hitos de la evolución de la RSC en la UE, así como los esfuerzos de la Comisión, el Parlamento y otras organizaciones para que las empresas europeas incrementen las prácticas de la RSC buscando ser más competitivas, al tiempo que Europa en su conjunto se prepara para afrontar en mejor disposición los retos mundiales para la próxima década[6]: el riesgo social por la disparidad de ingresos entre los ciudadanos más ricos y más pobres; el desempleo y el subempleo juvenil; y los riesgos ambientales consecuencia del cambio climático y el surgimiento de la llamada crisis del agua.

4.1 LAS PRIMERAS PAUTAS DEL CONSEJO DE EUROPA Y LA ACTUACIÓN DE LA COMISIÓN EUROPEA

Al abordar el tema de la sostenibilidad[7], del Desarrollo Sostenible, se hizo referencia a la Conferencia de las Naciones Unidas sobre Medio Ambiente y Desarrollo de 1992. Esta Cumbre internacional supuso un punto de inflexión en las relaciones existentes entre las grandes compañías (principalmente transnacionales), los gobiernos y los problemas ambientales con impacto social. Tras la cita de Río, hubo empresas decididas a colaborar activamente en la búsqueda de soluciones a

5 En ISR hay 7 estrategias de inversión que suelen utilizarse por la mayor parte de los inversores institucionales: Integración de Asuntos ESG, Engagement, Temáticas, de Exclusión, Best in class, Screening basado en normas internacionales y de Impacto. La Estrategia de Exclusión, consistente en excluir del universo de empresas que forman parte de la cartera de inversión aquellas que pertenecen a un sector (armamento, tabaco, alcohol, pornografía, etc.) o a un país específico (normalmente aquellos países donde se vulneran derechos humanos). Esta estrategia es la más empleada por inversores europeos. En Estados Unidos, Australia-Nueva Zelanda y Asia, la estrategia de inversión más utilizada es la Integración de Asuntos ASG, consistente en la inclusión explícita por parte de los gestores de activos de riesgos y oportunidades en material, ambiental y de orden ético en el análisis financiero tradicional.

6 Véase el Informe Global Risk 2014 del Foro Económico Mundial, disponible en http://reports.weforum.org/global-risks-2014, donde se evalúan los 31 riesgos de naturaleza mundial que podrían causar impactos negativos importantes en países e industrias, si se llegan a concretar. Una de las cuestiones en las que el Informe hace un análisis en profundidad es el tema del empleo y subempleo juvenil.

7 Cf. PERIBÁÑEZ, E., BIFANIP., SÁNCHEZ, VE., y BIFANI-RICHARD, P. (2012) "Marco de la Responsabilidad Social Corporativa en la Unión Europea", DT 3/2012 de la Fundación Ciencias Sociales y Mundo Mediterráneo.

los graves problemas mundiales que allí se plantearon, problemas que, en algunos casos, ellas mismas habían contribuido a crear o a agravar.

Es en este contexto, cuando en 1993 el entonces presidente de la Comisión Europea, Jacques Delors, hizo un llamamiento a la comunidad empresarial para abordar conjuntamente los problemas estructurales existentes en la Comunidad Europea[8] en materia de desempleo, reestructuración y exclusión. Este llamamiento fue atendido por 20 empresas líderes, quienes junto a Jacques Delors hicieron pública, en 1995, la "**Declaración Europea de las Empresas contra la Exclusión Social**", que ha sido tomada como el punto de arranque del debate sobre la RSC en Europa. Ahora bien, no se debe desconectar este debate de otros tres que estaban teniendo lugar en ese momento:

a. la "gobernanza" y la idea de la Comisión de crear la "Empresa Europa";
b. la generación de una "estrategia de desarrollo sostenible";
c. y el desarrollo en Europa de una "economía competitiva, dinámica y socialmente cohesionada" en el corto plazo.

Como veremos, durante la primera década de este siglo se irán generando por la Comisión una serie de **documentos clave** para crear y juntar *los mimbres* con los que se irá elaborando *el cesto europeo de la RSC*. Entre ellos surgirán otros documentos y comunicaciones complementarios, se promoverán iniciativas relevantes por mandato del Consejo de la UE, e interesantes informes del Parlamento Europeo. Interesantes, sí, aunque poco efectivos.

4.1.1 La Estrategia de Lisboa

Las consultas y trabajos acometidos durante el segundo lustro de los años 90, empezarían a materializarse en los primeros años de este siglo[9]. Puede afirmarse que el **Consejo Europeo de Lisboa** de marzo de 2000, es el punto de inicio para el desarrollo

8 En aquel momento la Comunidad Europea sólo contaba con 12 países, entre ellos España, habiéndose unificado ya las dos Alemanias: la fundadora República Federal de Alemania y la República Democrática Alemana.

9 En 1993 se publica el llamado "Libro Blanco de Delors" sobre "Crecimiento, competitividad y empleo. Retos y pistas en el siglo XXI", catalogado como el primer paso hacia una verdadera cooperación europea frente a las nuevas necesidades y cambios en los valores sociales que se estaban produciendo en un mundo tan dinámico y cambiante. En éste documento se incluyen actuaciones básicas para la RSC, como medidas de no discriminación e inclusión social, igualdad de género, etc. Este Libro o Informe fue determinante para el posterior lanzamiento de la Estrategia de Empleo de 1997 y la Estrategia de Lisboa del 2000.

de una política institucional sobre RSC. En dicha Cumbre, se hizo un llamamiento "al sentido de responsabilidad social de las empresas con respecto a las prácticas idóneas en relación con la formación continua, la organización del trabajo, la igualdad de oportunidades, la inclusión social y el desarrollo sostenible"[10]. Nótese que el llamamiento es "al sentido de responsabilidad social", no a la "responsabilidad social de las empresas", concepto éste entonces aún pendiente de definir en el seno de la Comisión.

El primer elemento de ese llamamiento al *sentido de responsabilidad* veremos que se materializaría a finales de ese mismo año en el Consejo Europeo de Niza, con la presentación de la llamada Agenda Social Europea. Es importante no olvidar el contexto en el que se aprueba la citada Agenda para entender los sucesos posteriores.

La Unión Europea estaba a las puertas de una nueva ampliación[11], contaba con un índice económico catalogado como "el más favorable de los últimos diez años" (Figura IV.3), y unas tasas de empleo en aumento. Es en ese contexto en el cual el Consejo Europeo decidió marcarse un reto excesivamente ambicioso, "convertirse en la economía basada en el conocimiento más competitiva y dinámica del mundo", intentando alcanzar para el año 2010 niveles de empleo promedio del 70%, catalogando como "previsión realista" para los siguientes años el lograr un índice medio de crecimiento económico anual en el entorno del 3%.

---

10 Comisión Europea (2001) "Libro Verde para fomentar un marco europeo para la responsabilidad social de las empresas", COM (2001) 366 final.

11 En 1995 se incorporaron Austria, Finlandia y Suecia (UE-15), en el 2004 estaba prevista la ampliación hasta formar la UE-25 con la adhesión de la República Checa, Chipre (la parte greco-chipriota), Eslovaquia. Eslovenia, Estonia, Hungría, Letonia, Lituania, Malta y Polonia. La siguiente ampliación se haría en 2007, incorporándose Rumanía y Bulgaria; la última fue en 2013, con la incorporación de Croacia.

Figura IV.3. Evolución del PIB antes de la aprobación de la Estrategia de Lisboa

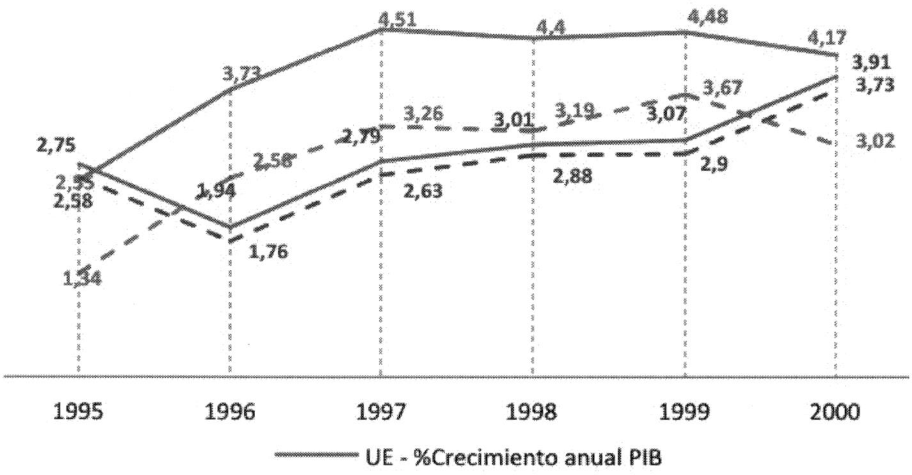

Fuente: Elaboración propia, WDI 2011

Nada hacía prever la crisis financiera del 2007 y la idea era aprovechar el buen momento económico para reforzar el modelo social europeo y, así, "apuntalar el tránsito a la economía basada en el conocimiento"[12]. Para ello, y construida sobre la base de las conclusiones del Consejo de Lisboa, en el Consejo de Niza se aprobó la **Agenda Social Europea**. Esta Agenda pretendía (y pretende) ser un instrumento que rebaje la tensión que siempre ha existido entre los aspectos económicos y sociales de las políticas europeas, entre las diversas realidades de los distintos Estados miembros que la integran.

Desde la teoría, Lisboa y Niza buscaban el abordaje de una Europa "socialmente cohesionada", más inclusiva y socialmente integrada, en la cual las empresas jugaban su papel, a través del ejercicio de la responsabilidad social, pudiendo contribuir a los fines de la Estrategia a través de la formación continua, la igualdad de oportunidades, la igualdad del trabajo, la contribución al desarrollo sostenible, etc.

La Agenda, estableció seis orientaciones estratégicas (Tabla IV.1), haciendo referencia a la necesidad de anticiparse a los cambios en la economía y el entorno del trabajo que se estaban produciendo consecuencia de la globalización, los avances en la gestión del conocimiento y las tecnologías de la información y la comunicación

12 Conclusiones de la Presidencia. Consejo Europeo de Niza, 7-9 diciembre de 2000. Anexo, p. 4.

(TIC). La Agenda incluyó en su segunda orientación estratégica la siguiente encomienda:

a. Apoyar las iniciativas relativas a la responsabilidad social de las empresas y a la gestión del cambio, por medio de una comunicación de la Comisión.

De esta forma se puso explícitamente de relieve el papel que podía, y debe, desempeñar la responsabilidad social de las empresas en la dirección de futuro que se estaba diseñando en Europa para abordar los distintos aspectos de la denominada "nueva economía".

Tabla IV.1. Orientaciones Estratégicas de la Agenda Social Europea (Consejo de Niza)

Orientación I	Por un mayor número y una mejor calidad de los puestos de trabajo.
Orientación II	Anticiparse a los cambios del entorno de trabajo y sacar partido de los mismos, desarrollando un nuevo equilibrio entre flexibilidad y seguridad.
Orientación III	Lucha contra todas las formas de exclusión y de discriminación para favorecer la integración social.
Orientación IV	Modernizar la protección social.
Orientación V	Fomentar la igualdad entre el hombre y la mujer.
Orientación VI	Reforzar la dimensión social de la ampliación y de las relaciones exteriores de la UE.

Fuente: Elaboración propia, DOCE C 157, de 30.05.2001, pp.8-11

Como abordaremos, en tan solo una década se observarán los primeros signos del fracaso de esta Estrategia de Lisboa. Quienes la diseñaron pusieron unos objetivos excesivamente ambiciosos, incluso para esos tiempos de bonanza, aunque la Comisión se defendió arguyendo falta de compromiso de algunas administraciones con los objetivos, debido a la lucha permanente entre los euroescépticos y los federalistas (precursores del "más Europa"). No se podía imputar falta de compromiso a las empresas puesto que el marco para el desarrollo de la responsabilidad social de las empresas europeas todavía se encontraba en fase de diseño.

Revisando los datos, antes de abordar el contenido del Libro Verde de la RSE, es interesante apuntar que las tasas de empleo sólo crecieron al 66% de lo esperado, con unos niveles de empleo de la población mayor de 55 años que quedó 10 puntos por debajo de lo esperado en Lisboa (aproximadamente un 45% frente al objetivo del 55%). Peores aún fueron los datos del crecimiento del PIB de la UE, que nunca alcanzó el 2% cuando lo previsto era un 3%, en tanto que Estados Unidos tenía un crecimiento del 2,76%.

4.1.2 Por una sociedad mejor y un medio ambiente más limpio: el Libro Verde de la RSE

En el Consejo de Estocolmo (23 y 24 de marzo de 2001) se anunció la presentación por la Comisión del primero de esos documentos clave, el Libro Verde de la RSC. Tal y como se recoge en el texto:

> *El Consejo Europeo acoge favorablemente las iniciativas tomadas por el sector empresarial para fomentar la responsabilidad social de las empresas. La Comisión ha anunciado que se propone presentar, en junio de 2001, un Libro Verde sobre dicha cuestión y fomentar un amplio cambio de impresiones con vistas a apoyar otras iniciativas en dicho ámbito". En efecto, en julio del 2001, la Comisión presentó la Comunicación "Fomentar un Marco Europeo para la Responsabilidad Social de las Empresas"*[13].

Este Libro Verde no se puede desligar de dos hechos acaecidos poco antes de su aparición, determinantes de su enfoque: la adopción de la Carta de los Derechos Fundamentales de la Unión Europea y la aprobación de la Estrategia europea para un Desarrollo Sostenible.

La **Carta de Derechos Fundamentales de la UE**, formalmente proclamada en Niza (2.000), que contiene los principios generales recogidos en el Convenio Europeo de Derechos Humanos de 1950, así como los derivados de las tradiciones constitucionales comunes a los entonces países integrantes de la UE, incluyendo los derechos económicos y sociales enunciados en la Carta Social Europea y en la Carta Comunitaria de los Derechos Sociales y Fundamentales de los Trabajadores

---

13 COM (2001) 366 final.

(además de los principios derivados de la jurisprudencia del Tribunal de Justicia y del Tribunal Europeo de Derechos Humanos).

En diciembre de 2009, con la entrada en vigor del Tratado de Lisboa, esta Carta pasa a adquirir el mismo carácter jurídico vinculante que los Tratados, dando una mayor visibilidad y claridad a los derechos fundamentales que ninguna empresa europea puede obviar en sus políticas de RSE, dado que, tal y como se señala en su preámbulo:

> *la Unión [Europea] está fundada sobre los valores indivisibles y universales de la dignidad humana, la libertad, la igualdad y la solidaridad, y se basa en los principios de la democracia y el Estado de Derecho*[14].

Estos "valores" europeos no podrán desligarse de los valores a proteger y promover por las políticas empresariales del modelo europeo de RSE que se introduce con el Libro Verde.

El otro documento, la **Estrategia de la Unión Europea para un Desarrollo Sostenible**, se aprobó en el Consejo Europeo de Gotemburgo (15 y 16 de junio de 2001), con el propósito de conseguir un avance paralelo del crecimiento económico, la cohesión social y la protección medioambiental. "La estrategia de la Unión para el desarrollo sostenible se basa en el principio de que habría que estudiar las repercusiones económicas, sociales y ambientales de todas las políticas de forma coordinada y tenerlas en cuenta a la hora de tomar decisiones"[15] y, en su conclusión 32, "invita a la Comisión a que ultime y desarrolle estrategias sectoriales destinadas a integrar el medio ambiente en todas las prácticas comunitarias pertinentes". De forma inequívoca, el desarrollo sostenible –y con él la preservación del medio ambiente- pasan a ser objeto del contenido de la RSE de cualquier empresa.

Con el Libro Verde se inicia el debate sobre "cómo podría fomentar la Unión Europea la responsabilidad social de las empresas tanto en Europa, como en el contexto internacional". En este primer documento oficial, la definición que se da a la RSC[16] es laxa, entendiéndose por tal la "integración voluntaria, por parte de las

---

14 En su versión en vigor: DOUE C 82/02, de 30.3.2010.

15 Consejo Europeo (2001) Conclusiones de Presidencia del Consejo Europeo de Gotemburgo, 15 y 16 de junio. SN 200/1/01 REV 1.p.4.

16 En realidad, en la versión en español del documento se hace referencia al término responsabilidad social de las empresas, RSE; si bien, hemos optado por mantener el término RSC en buena parte del libro, que es el empleado en la versión inglesa, para intentar dar un tratamiento homogéneo al texto.

empresas, de las preocupaciones sociales y medioambientales en sus operaciones comerciales y sus relaciones con sus interlocutores"[17].

Ahora bien, los textos que recogen esta primera definición de RSC dada por la Comisión olvidan u obvian, de manera intencionada o casual, el párrafo siguiente que es clave para comprender dónde empieza la verdadera actuación en RSC, a nuestro entender. En el párrafo siguiente se puntualiza que: "ser socialmente responsable no significa solamente cumplir plenamente con las obligaciones jurídicas, sino también **ir más allá de su cumplimiento invirtiendo 'más' en el capital humano, el entorno y las relaciones con los interlocutores**"[18]. Invertir "más", generar nuevos y mayores impactos positivos directos e indirectos, como fórmula para "conciliar el desarrollo social con el aumento [supuesto] de la competitividad" empresarial.

En este documento se apuntan algunas de las características de la RSC, como su voluntariedad o el hecho de que debe ir más allá de las obligaciones legales, y también se diferencian en él las dos dimensiones que debe tener la RSC: interna y externa. Una **dimensión interna**, que comprende las prácticas gobernanza que afectan a sus trabajadores, como la gestión de los recursos humanos, las medidas de salud y seguridad en el trabajo, la gestión de recursos y materias primas, etc. Y una **dimensión externa**, que hace referencia a la gestión del impacto sobre el entorno en el que se ubica, socios comerciales, proveedores y subcontratistas, población local o regional, etc., de gran relevancia sobre todo, cuando la actividad de la empresa se desarrolla fuera del territorio de la UE. Desde el documento, se hace un llamamiento a las empresas para que se reestructuren, entendiendo tal reestructuración desde un punto de vista socialmente responsable. Se les pide que busquen un mayor equilibrio entre sus propios intereses, y los intereses y preocupaciones de aquellos que se vean afectados por las decisiones que tomen, quienes son receptores de sus impactos, ya sean estos positivos o negativos.

Desde un primer momento, la Comisión apunta a las grandes empresas y a las multinacionales como aquellas que, por su impacto, deben aplicar este concepto de responsabilidad en su gestión. Si bien, reconoce que el éxito de la promoción de la RSC depende de la participación de todos los actores y, muy particularmente, de las asociaciones de empresas y consumidores, y de las PYMEs, incluidas las microempresas y las cooperativas europeas. La Comisión es consciente de que muchas de estas PYMEs ya están realizando "prácticas socialmente responsables" pero, por las

---

17 El término "interlocutor" que aparece en este primer documento es cómo se tradujo "grupos de interés", que aparece en el documento en su versión inglesa: "Being socially responsible means not only fulfilling legal expectations, but also going beyond compliance and investing "more" into human capital, the environment and the relations with **stakeholders**". COM (2001) 366 final, p.7.

18 El resaltado es nuestro, p.7.

características del tejido empresarial europeo[19], incrementar su participación activa en materia de RSC es considerado "fundamental, porque son las que más contribuyen a la economía y a la creación de puestos de trabajo" y de la cohesión social. En una encuesta preparatoria de la Comunicación, se afirma que el 50% de las empresas encuestadas operan con prácticas social o ambientalmente responsables, con un compromiso social o a favor de su comunidad local que no se asocia a estrategias empresariales (como sucede en las grandes compañías), sino por la concepción ética del propietario o director del negocio[20].

En la fase pública, este documento de la Comisión recibió más de 250 respuestas y comentarios -prácticamente la mitad de ellas procedentes de patronales, asociaciones de empresas o empresas individuales- todos ellos acogiendo con satisfacción la iniciativa, mostrando el interés por seguir debatiendo sobre el contenido y forma de aplicación de la RSC, así como de la "acción de la Comunidad en éste ámbito"[21]. Ahora bien, estas aportaciones hechas al debate sobre el Libro Verde pusieron en evidencia importantes divergencias respecto de los posicionamientos frente a la forma de adopción y el alcance de la RSC entre empresarios, sindicatos y sociedad civil en general. De entre las discrepancias destaca la disparidad de criterio, que todavía existe, respecto de hasta qué punto la RSC debe ser voluntaria o si debe estar regulada en Europa. Aunque en la actualidad cada vez más aspectos que atañen a la RSC que están regulados, sigue habiendo una marcada polarización en el debate. En efecto, desde las empresas se insiste en su "naturaleza voluntaria", dado que no existen "soluciones únicas y universales" a los muchos temas que pueden abordarse con la RSC; por ello se considera que cualquier tentativa de regularla sería "contraproducente", al considerar que es la libertad para crear e innovar el verdadero "motor" del desarrollo con éxito de la RSC. Por el contrario, los sindicatos y otras organizaciones de la sociedad civil, entienden que la voluntariedad no es suficiente para lograr la salvaguarda de los derechos de los trabajadores y de los ciudadanos, propugnando la creación de un marco regulador de mínimos que sirva para garantizar "unas reglas de juego equitativas". Además, "exigen" la introducción de

19 Tal y como apuntamos en la introducción de este Capítulo, las PYME en Europa suponen el 99% del total de empresas, con una generación de empleo del 77%.

20 Encuesta realizada por la ENSR en el año 2000, sobre un universo de 7000 PYMEs europeas. Disponible en http://www.europa.eu.int/comm/enterprise/enterprise_ policy/analysis/observatory.htm, [6/10/2011].

21 CE (2002) Comunicación de la Comisión relativa a "la responsabilidad social de las empresas: una contribución empresarial al desarrollo sostenible". COM(2002) 347 final. P.4.

mecanismos eficaces de responsabilidad frente a los impactos negativos de carácter social o ambiental consecuencia de sus actividades[22].

Por otro lado, consumidores, inversores y accionistas vinieron a insistir en la importancia de disponer de información exhaustiva y fiable en esta materia, una mayor transparencia, para así poder identificar las empresas y organizaciones socialmente responsables y tomar decisiones informadas. Esto viene a suponer la necesidad de regular, de algún modo, la forma de presentación y validación de esta información, ya sea mediante el establecimiento de modelos de informe o reporte (utilizando el modelo existente GRI; o bien, generando un marco normativo que lo incluya como sucede en el modelo EMAS[23]); o generando distintivos que permitan la fácil diferenciación de estas empresas responsables (como se hace con las ecoetiquetas europeas, o los distintivos otorgados por *Fair-Trade Labelling Organizations*).

Sin duda, debido a las presiones recibidas, la Comisión pasó prácticamente de puntillas sobre este debate tan polarizado si bien, *de facto* y hasta ahora, ha tendido a desequilibrar la polarización a favor de uno de los lados en base a su silencio o, peor aún, consensuando el siguiente de los documentos clave sólo con la comunidad empresarial.

Pero volviendo al Libro verde, es importante no ver esta iniciativa de forma aislada, sino dentro de una estrategia europea mucho más amplia y ambiciosa. Así, el mismo día en que éste se presenta la Comisión también hizo pública su comunicación "Promover las normas fundamentales del trabajo y mejorar la gobernanza social en el contexto de la mundialización"[24]. En ella se recoge la percepción de los ciudadanos europeos de que un sistema económico mundial equitativo debería promover, entre otras cuestiones, el desarrollo social, y que el modelo vigente de gobernanza europeo no aborda adecuadamente este tema aunque se haya reconocido su importancia. Este es un tema que cada vez despierta un mayor interés en la ciudadanía, sensibilizada frente a los efectos negativos de la globalización o mundialización[25], quienes consideran que las relaciones económicas, los flujos comerciales y de inversión "deberían beneficiar al conjunto de la población", y con la

22 Véanse al respecto: el Libro Blanco de la Responsabilidad por Daños al Medio Ambiente, de 9 de febrero de 2000, COM(2000)66; y la Directiva 2004/35/CE, de 21 de abril, de responsabilidad por daños al medio ambiente, DO L 143 de 30.4.2004.

23 EMAS, Eco-Management and Audit Scheme, o Reglamento Comunitario de Ecogestión y Ecoauditoría.

24 CE (2001b) Comunicación de la Comisión al Consejo, al Parlamento Europeo y al Comité Económico Social "Promover las normas fundamentales del trabajo y mejorar la gobernanza social en el contexto de la mundialización". COM(2001) 416 final. P.3.

25 Aunque el término "globalización" es de uso más frecuente en la literatura, la Comisión vino a emplear el término "mundialización" en sus documentos, motivo por el cual en este texto se vienen empleando ambos términos indistintamente como sinónimos.

idea de que los políticos deberían apoyar a quienes así obran. Entiende la Comisión que se ha producido una evolución internacional apoyando ciertas normas e iniciativas, entre las que explícitamente incluyen las Directrices de la OCDE para las empresas multinacionales y la iniciativa Pacto Mundial de las Naciones Unidas como "ejemplo de código de conducta internacionalmente recomendado sobre el comportamiento socialmente responsable de las empresas"[26], como hemos visto en el Capítulo anterior.

4.1.3 RSC y Desarrollo Sostenible. Hacer de Europa un Polo de Excelencia para la RSC

Durante el periodo comprendido entre los años 2002 al 2006, la Comisión ejerció un papel activo en la promoción de la RSC y su interrelación con su estrategia para el Desarrollo Sostenible en Europa (EDS). Así, en 2002, las ideas que habían estado siendo presentadas por separado, sobre DS y responsabilidad social de las empresas, se plasman de forma integrada en un mismo documento, la Comunicación de la Comisión "La responsabilidad social de las empresas: una contribución empresarial al Desarrollo Sostenible"[27]. Aunque el documento reconozca que la RSC está "intrínsecamente vinculada al concepto de desarrollo sostenible", habrá que esperar todavía unos años hasta que se admita públicamente que el DS y la RSC se complementan. En nuestra opinión, más aún, son inseparables.

En esta comunicación, que da continuidad al Libro Verde pero sin llegar a constituir un Libro Blanco como hubiera sido deseable, se vuelven a poner de manifiesto las importantes divergencias en las posiciones expresadas por los distintos interlocutores: la voluntariedad frente al deseo de una regulación de mínimos. Como veremos, estas discrepancias siguen hoy en día sin ser bien resueltas por parte de la Comisión y son puestas de manifiesto una y otra vez en los informes elaborados por la diversas Comisiones del Parlamento Europeo.

El texto pone de relieve cuales han de ser los principios de la acción comunitaria sobre la RSC (Tabla IV.2), al tiempo que advierte de los puntos críticos para que ésta cale en el tejido empresarial europeo:

- romper con la idea de que la implementación de políticas de RSC son un coste (en vez de una inversión a largo plazo) o una "moda" pasajera; sino que permiten una mejor gestión de los riesgos, los bienes inmateriales, los procesos internos y las relaciones con los interlocutores;

26 *Ibid.* DT 1/2012 de la Fundación Ciencias Sociales y Mundo Mediterráneo. P. 11.

27 COM (2002) 347 final.

- medir: cuantificar los impactos positivos de la RSC, para generar credibilidad y confianza;
- disponer de una definición adecuada de responsabilidad social;
- aumentar la formación de calidad sobre esta materia; educación y formación a todos los niveles, desde el personal de dirección a la ciudadanía, pasando por los trabajadores y otros agentes involucrados;
- sensibilizar a las PYME y "pensar a pequeña escala" (*think small first*) para que adopten enfoques estratégicos;
- dar transparencia.

Tabla IV.2 Principios de la acción comunitaria en RSC propuestos por la Comisión

- Reconocimiento de la naturaleza voluntaria de la RSC.
- Prácticas de responsabilidad social creíbles y transparentes.
- Focalización de las actividades en las que la intervención de la Comunidad aporte un valor añadido.
- Enfoque equilibrado y global de la RSC que incluya aspectos económicos, sociales y ecológicos, así como de los intereses de los consumidores.
- Atención a las necesidades y características de las PYME.
- Apoyo y coherencia con los acuerdos internacionales existentes (normas fundamentales de trabajo adoptadas por la OIT, directrices de la OCDE para las empresas multinacionales).

Este último punto es vital, la transparencia. Es necesario contar con parámetros de referencia que permitan medir y comparar los resultados dentro de una misma empresa (su evolución) y con otras, a fin de una evaluación comparativa real y creíble. No todos los instrumentos que se utilizan para la medición son comparables, ni responden a la exigencia de una verdadera transparencia sobre los resultados de una empresa en materia ambiental y, sobre todo, en materia social. Dentro de su propio modelo europeo de RSC, la Comisión también aspiraba a aportar su contribución a favor de fomentar la convergencia interna y la transparencia en relación a los diversos códigos de conducta que se estaban implantando, normas de gestión, contabilidad, auditoría y elaboración de informes, etiquetado e inversión socialmente responsable, etc.

Pero pese a todo, o por encima de todo, Europa desea adoptar un papel de liderazgo mundial en materia de RSC y la Comisión presenta la Comunicación "Poner en práctica la asociación para el crecimiento y el empleo: hacer de Europa un polo de excelencia para la Responsabilidad Social de las Empresas"[28]. En él, la Comisión presenta la RSC como una necesidad para "defender valores comunes y aumentar el sentido de la solidaridad y la cohesión" dentro de la UE, pero también como un instrumento global para ir dando pasos en pro del Desarrollo Sostenible. No obstante, ya advierte que "las prácticas de la RSC no son ninguna panacea y no puede esperarse que consigan resultados por sí mismas", aunque sí pueden contribuir a la consecución de los objetivos de las políticas europeas para la sostenibilidad, que incluyen las de creación de empleo y cohesión social.

La introducción del documento hace referencia también a la necesidad presentar a las empresas europeas de forma *socialmente diferenciada*[29]. Este impulso *europeo* de la RSC llega tras la aparición en los medios de importantes escándalos económicos y sociales ocasionados por empresas, principalmente norteamericanas, consecuencia de malas prácticas laborales y financieras. En ellas, cualquier tipo de ética empresarial aparentemente brilla por su ausencia. A modo de ejemplo, están los escándalos de Nike, GAP o Timberland sobre explotación laboral, Wal-Mart por discriminación sexual y, posiblemente más conocidos del público general, los derivados de la quiebra de Enron y WorldCom, por falsedad de la información económica de sus estados de cuentas[30]. Sólo si tenemos presente estos escándalos hechos públicos a escala mundial, gracias a su difusión a través de internet y de unos documentales

28 COM (2006) 136 final, pág. 10.

29 Empresas que realizan actuaciones en línea a lo que la Comisión entiende como "el modelo europeo de sociedad, basado en la igualdad de oportunidades, una gran calidad de vida, la inclusión social y un medio ambiente sano", COM (2006) 136, p. 3.

30 A finales de los años 90, las fotografías de niños cosiendo balones de futbol con el logotipo de la marca deportiva Nike dieron la vuelta al mundo. Poco después la BBC difundió una serie de documentales sobre explotación (esclavitud) infantil. Grandes compañías como la propia Nike, Adidas, Gap, Timberland vieron dañada seriamente su imagen debido a que sus proveedores en Asia (principalmente en fábricas Tailandia, Pakistán, India y China) estaban sometiendo a niños y niñas, principalmente, a condiciones de trabajo catalogadas por los medios de esclavitud. En el caso de Wal-Mart, en 2001 la cadena norteamericana fue llevada a los tribunales por un grupo de trabajadoras bajo la acusación de discriminación sexual (WalMart v. Dukes). Este caso también contó en sus inicios con una fuerte repercusión mediática, puesto en caso de que las empleadas ganaran la demanda podrían verse acusadas otras importantes empresas norteamericanas e incluso el ejército. El caso llegó hasta la Corte Suprema de Estados Unidos, la cual, ha pronunciado sentencia diez años después de que comenzara el litigio, el 16 de junio de 2011, fallando a favor de la compañía. Este tipo de denuncias se sigue produciendo, a modo de ejemplo, es el caso de la empresa Foxconn en China, proveedora de componentes para iPad de Apple, denunciada por tratar a los trabajadores "de forma inhumana" u obligados a firmar un documento 'anti-suicidio' después de que se registraran "una serie de muertes en extrañas circunstancias de varios empleados", según informaron los periódicos El Mundo y *The Guardian*. Más información sobre este tipo de abusos puede encontrarse en *El Libro Negro de las Marcas. El lado oscuro de las empresas globales*, de Klaus Werner y Hans Weiss, Buenos Aires: Editorial Sudamericana, 2000. Los documentales de la BBC están disponibles en http://news.bbc.co.uk

elaborados por la BBC, podremos entender por qué el texto incluye esta frase tan significativa: "Europa precisa un clima público en el que se aprecie a los empresarios no solo por generar grandes beneficios, sino también por su contribución justa al tratamiento de determinados desafíos de la sociedad".

En la mencionada Comunicación de 2006 sobre "...hacer de Europa un polo de excelencia para la Responsabilidad Social Corporativas", se presentan como características de la RSC "comúnmente" aceptadas por el sector empresarial:

- se trata de un comportamiento empresarial que debe ir más allá de las obligaciones jurídicas;
- no es un añadido a la actividad empresarial, sino que es eje transversal de su gestión estratégica;
- y que está intrínsecamente unida al concepto y estrategia de desarrollo sostenible en Europa.

Además, a la RSC se la reconoce como un "elemento importante de las nuevas formas de gobernanza" para un mejor abordaje de las consecuencias de la globalización. Importancia que se ha puesto aún más de relieve tras la crisis financiera. De hecho, en el Libro Blanco "Hacia una asociación global a favor del desarrollo sostenible", la Comisión puso de manifiesto las posibles consecuencias negativas de una globalización incontrolada, incluyendo los grandes riesgos existentes como consecuencia de la inexistencia de regulación global de los mercados financieros, con el peligro que ello podría generar a nivel mundial y europeo[31].

Aunque las grandes líneas parecen adecuadas, la Comunicación resulta *descafeinada* respecto de uno de los aspectos más relevantes que atañen a la RSC y, más particularmente, al modelo de RSC que pretende generarse en Europa. La Comisión elude pronunciarse en el apartado más controvertido de la RSC: la polémica existente sobre si debe regularse o no. Ahora bien, esta falta de pronunciamiento no significa que no tome postura. De hecho, la Comunicación respalda un enfoque contrario a todo tipo de regulación, considerando que siempre debe de ser "voluntaria" puesto que lo contrario podría llegar a ser "contraproducente". Más aún, cuando la Comisión hace referencia a que el texto que se presenta ha sido "consensuado", lo que no aclara es con quién. En la fase preparatoria participó activamente la comunidad empresarial, no así otras partes interesadas a las que se les entregó el texto ya terminado. Como veremos, este documento tan importante para la difusión y desarrollo de la RSC en Europa fue duramente criticado en este aspecto por el Informe

---

31 Señalando específicamente la preocupación de la situación, falta de gobernanza mundial, en materia de merados financieros [COM (2002) 82 final], cuyas consecuencias dramáticas comenzaron a materializarse en los años 2007 y 2008.

elaborado por Richard Howitt para la Comisión de Empleo y Asuntos Sociales del Parlamento Europeo, titulado "Sobre la responsabilidad social de las empresas: una nueva asociación".

Comienza así una estrategia de promoción de la RSC en la Unión Europea basada en seis principios:

1. Reconocimiento de su naturaleza voluntaria.
2. Prácticas creíbles y transparentes.
3. Focalización en acciones que aporten valor añadido.
4. Enfoque equilibrado y global, añadiendo a los tres elementos conocidos de la RSC (el económico, el social y el ambiental) uno nuevo: "los intereses de los consumidores".
5. Especial atención a la PYME, bajo la premisa de "pensar primero a pequeña escala"[32].
6. Apoyo y coherencia con los acuerdos internacionales existentes (particularmente de la OIT y de la OCDE).

Para favorecer que dicha promoción de la RSC se haga de forma armónica y cooperativa, se planteó la creación de "un Foro multilateral europeo sobre la RSE", bajo la presidencia de la Comisión, y un Grupo de Alto Nivel sobre la RSC formado por representantes de los Estados miembros.

El Foro Europeo Multilateral[33] sobre la RSC surge como una de las iniciativas emanadas de la Comunicación de la Comisión relativa a la Responsabilidad Social de las Empresas de 2002[34]. En ese momento se considera imprescindible integrar las prácticas de RSC en las redes ya existentes de apoyo a las empresas para facilitar el dialogo y la cooperación en esta materia estratégica. Ahora bien, esta integración se hará a través de un nuevo nodo conformado por organizaciones de representantes de los empresarios, de los trabajadores, de los consumidores y de la sociedad civil, así como representantes de asociaciones profesionales y de las otras redes de empresas, bajo la presidencia de la propia Comisión[35]. Además, el Foro queda abierto a la

32 En el original "pensar en pequeña escala", aunque en el documento en su versión inglesa hay un matiz, pues el texto dice: *think small first*.

33 En su versión en inglés: *Multistakeholder*.

34 COM(2002) 347: 19-20.

35 Sin pretender hacer una lista exhaustiva, cuando el Foro se reunió por primera vez en 2003, contó con representantes de la Patronal Europea UNICE, la Confederación Europea de Sindicatos (CES); del Centro Europeo de la Empresa Pública (CEEP), la Unión Europea de PYMES (UEAPME); la Red Europea de RSE (CSR-Europe); la Mesa Europea de Industrias (ERF); la Confederación Europea de Cooperativas (CECOP); la Organización Europea de Consumidores; La Federación Internacional de Derechos Humanos, entre otros organismos y ONG.

participación de observadores, ya sean europeos o procedentes de otras regiones (principalmente países en vías de desarrollo con los que la UE colabora a través de diversos programas, como por ejemplo: los países integrantes del Acuerdo de Cotonú[36]).

El objeto de este Foro es "promover la transparencia y la convergencia de las prácticas y los instrumentos de responsabilidad social, mediante:

- el intercambio de experiencia y prácticas correctas entre los agentes a nivel europeo;
- la asociación de las iniciativas existentes en la UE y el posible establecimiento de un enfoque europeo y unas directrices comunes que faciliten el diálogo a escala internacional con terceros países;
- la identificación y exploración de los ámbitos en los que es necesario reforzar la acción a nivel europeo".

Y para ello se estructura en dos niveles:

a. un nivel político, en cuyos plenarios donde se adoptan las orientaciones generales a seguir, programas de trabajo, etc., tras el análisis de los logros obtenidos;
b. un nivel técnico, donde existe un número variable de mesas redondas (pero de composición restringida) donde se abordan los temas específicos encomendados por el plenario.

El primer informe del Foro es presentado en 2004, al que han seguido trabajos periódicos presentados en 2006, 2009, 2010 y el recientemente publicado en 2015[37]. Durante los primeros años, los trabajos se centraron más en tratar de identificar y dar a conocer los motores (*drivers*) de la RSC, costes de implantación, aspectos críticos y posibles problemas a la hora de implantarla. Entre los principales motores identificados, destacan: la disminución de costes mediante la eco-eficiencia, la mejora de la retención del capital intelectual, la anticipación de costes, la obtención o el mantenimiento de licencias para operar, la mejora de su atractivo para la

36 Acuerdo originario del año 2000, modificado en 2005 mediante Decisión del Consejo 2005/599/CE, de 21 de junio de 2005, relativa a la firma, en nombre de la Comunidad Europea, del Acuerdo por el que se modifica el Acuerdo de Asociación entre los Estados de África, del Caribe y del Pacífico, por una parte, y la Comunidad Europea y sus Estados miembros, por otra, firmado en Cotonú el 23 de junio de 2000.

37 Los informes y documentos elaborados por este Foro son accesibles a través de la página web de la Comisión: http://ec.europa.eu/enterprise/policies/sustainable-business/corporate-social-responsibility/multi-stakeholder-forum/index_en.htm

inversión, la diferenciación en el mercado y, el más comúnmente mencionado de protección o potenciación de la imagen y reputación corporativa.

Los primeros trabajos del Foro resultaron muy bien acogidos. El Foro decidió actuar bajo la norma de "sin fama, no hay vergüenza" y utilizó gran cantidad de información procedente de técnicos y expertos independientes que agilizó los debates internos y la aportación de ideas. Respecto de la anteriormente enunciada *polarización* respecto de la conveniencia o no de regular la RSC, en su primer informe abogó por desarrollar "un marco jurídico...que permita beneficiarse de él en el mercado a las empresas que deseen avanzar más mediante la RSE, tanto en la UE como en el mundo" (Recomendación 7ª). Esta actitud *atrevida* y *dinámica* del Foro, se fue diluyendo en poco tiempo.

Muestra de ello fue que, una vez presentada por la Comisión la Comunicación "Poner en práctica la asociación para el crecimiento y el empleo: hacer de Europa un polo de excelencia para la Responsabilidad Social de las Empresas", el Foro tardó en reaccionar siendo criticado este punto por el PE. Así como en los dos primeros años su actividad fue muy dinámica, a medida que pasaba el tiempo el Foro no estaba obteniendo resultados tan positivos. Se llegó a insinuar veladamente, un desequilibrio en las actuaciones y propuestas a favor de la comunidad empresarial y la falta de crítica (no todo es RSC y no todo vale), echándose en falta "la utilización de informadores independientes"[38].

Tampoco el Foro ha sido contundente durante los años de la crisis económico financiera con la actuación de los estados ni, mucho menos, con la entidades financieras, de quienes en palabras del Foro, han realizado una labor caracterizada en general por ser una acción minorista, regional y responsable ("las tres 'R's", *retail, regional and responsable*), haciendo alabanzas del "compromiso" con la RSC de las entidades y sus compromisos sociales en las comunidades en las que operan[39]. Es obvio que la UE es muy grande y que las disparidades y desequilibrios entre sus miembros también lo son; dicho de otra forma, que en España algunos no hayamos sido capaces de ver este "compromiso" de las entidades financieras no significa que en otros estados no haya sido una realidad.

---

38 Véanse las páginas 8 á 11 del *Informe Howitt. PE, A6-0471/2006.*

39 Véase el documento 1293/10, de la reunión preparatoria del plenario del Foro de 29 y 30 de noviembre: "Input for the plenary sesión 'Looking back, what progress has been made in the uptake of CSR?".

4.1.4 La Estrategia Renovada de Lisboa

Antes de abordar el momento en que nos encontramos en materia de RSC, conviene que nos detengamos un momento en recordar que el fracaso de la Estrategia de Lisboa, dio lugar a una nueva estrategia y a nuevos pasos con la mirada puesta en el horizonte del año 2020.

Tras cinco años del inicio de la Estrategia de Lisboa, se obtuvo una conclusión clara: los resultados previstos en materia de crecimiento, productividad y empleo para estos primeros años no se alcanzaron. Dicho de forma más contundente, la Estrategia Lisboa había resultado "un fracaso"[40]. Seguían siendo años de crecimiento pero no de forma tan dinámica como en el quinquenio anterior, lo que llevó a algunos a plantear una revisión a la baja de los objetivos de la Estrategia de Lisboa. En el informe del grupo de alto nivel "Hacer frente al problema: la Estrategia de Lisboa para el crecimiento y el empleo", se hizo una dura crítica por la ausencia de acciones políticas comprometidas, y por la incapacidad de completar el mercado interior de bienes y de crear el de servicios. En efecto, esta falta de consecución de objetivos, hizo necesario un "relanzamiento" de la estrategia para intentar llegar a nuevos objetivos para el 2010 pero, ante la intensificación del diferencial de crecimiento de la UE con respecto de los Estados Unidos y Asia (Figura IV.4), estas peticiones no fueron atendidas. El presidente Barroso afirmó "a los europeos no nos faltan razones para ser positivos respecto de nuestro potencial económico"[41]. Los costes de no actuar se mostraban muy superiores a los de mantener los objetivos inicialmente previstos.

40 Andres Borg, Ministro de Finanzas sueco en "Sweden admits Llisbon Agenda failure", EurActiv, 3rd june, 2009.

41 Comunicación al Consejo Europeo de primavera "Trabajando juntos por el crecimiento y el empleo. Relanzamiento de la Estrategia de Lisboa", Comunicación del Presidente Barroso de común acuerdo con el Vicepresidente Verheugen. COM (2005) 24, p.3.

Figura IV.4 Evolución del crecimiento del PIB en UE y USA en el periodo 1995-2005 (en %)

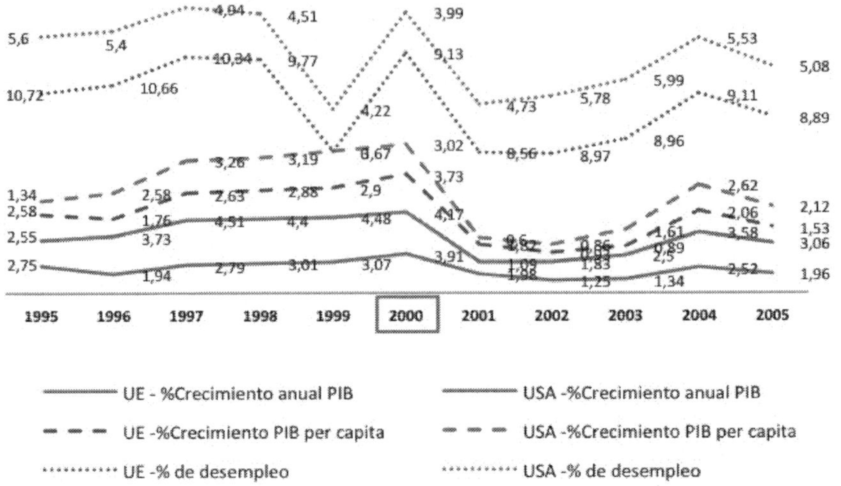

Fuente: Elaboración Propia; WDI, 2011

La Estrategia Renovada de Lisboa vendría marcada por tres aspectos sobre los que actuar:

1. Hacer de Europa un lugar atractivo para invertir y trabajar. En este sentido, hay que considerar que las políticas de RSC de las empresas bien diseñadas contribuyen a disminuir los riesgos y a hacer de ellas lugares más atractivos para atraer y retener talento.
2. Hacer que el motor del crecimiento sean el conocimiento y la innovación.
3. Generar políticas para crear empleo… "más empleo y de mayor calidad", aspecto éste que se puede integrar en el elemento social de la RSC.

Nada hacía prever el cataclismo de los mercados financieros occidentales que estaba por llegar. Así, en este contexto de optimismo económico, se Renovó la Estrategia de Lisboa centrada en generar crecimiento por encima de las "previsiones agoreras" de algunos sectores 1%, creando empleo y tratando de hacer Europa más atractiva a la inversión y a la llegada de nuevo capital intelectual.

En 2005 se presenta una **Estrategia Renovada de Lisboa** en la que se sigue subrayando la importancia de continuar el desarrollo de prácticas de RSC por parte de las empresas, para reforzar con ellas el potencial innovador y la competitividad de las compañías europeas de forma coherente con el desarrollo sostenible. Las empresas, creadoras de valor y empleo, son el "motor del crecimiento económico" y con ellas se busca mantener "el modelo europeo de sociedad, basado en la igualdad de oportunidades, una gran calidad de vida, la inclusión social y un medio ambiente sano"[42]. Además, en el Consejo Europeo de primavera de ese año, se señaló la necesidad de llevar a término el inconcluso mercado interior y de "dotarse de un entorno jurídico más favorable a las empresas que, por su parte, deseen desarrollar su responsabilidad social"[43]. Con la vista puesta en el futuro, el Consejo apeló a la responsabilidad de las empresas en materia social, invitándolas a que dieran pruebas de esa responsabilidad en la búsqueda de una "economía de mercado altamente competitiva" que, como se pedirá posteriormente, deberá beneficiar "tanto a los más fuertes como a los más débiles"[44].

Hay tres elementos a destacar en el año siguiente, 2006, que son la aprobación de:

a. la Agenda Social Europea;
b. la Estrategia revisada de la UE para un Desarrollo Sostenible[45];
c. y, más específica de la materia que nos ocupa, la creación de la Alianza Europea para la Responsabilidad Social de las Empresas.

Tanto la Agenda Social como la EDS dejan patentes dos cuestiones: la necesidad de redefinir el papel de las empresas en la nueva economía, y la importancia de que las empresas europeas aumenten su "responsabilidad social"[46]. Hicieron falta cinco años, y una revisión, para que se admitiese públicamente que la EDS y la Estrategia de Lisboa para el crecimiento y el empleo "son complementarias". Si bien, a nuestro entender no es que se complementen, sino que los resultados obtenidos hasta el momento del modelo de desarrollo global nos hacen entrever que para alcanzar el deseado Desarrollo Sostenible es, hoy por hoy, imprescindible la RSC.

En realidad, la EDS debe ser considerada el marco en el que se encuadren todas las restantes políticas y estrategias, como única forma posible de abordar, desde lo

42 COM (2006) 136 final, "Poner en práctica la Asociación para el crecimiento y el empleo: Hacer de Europa un polo de excelencia de Responsabilidad Social de las Empresas", p.3.

43 Consejo Europeo (2005b), Consejo Europeo de Bruselas, 22 y 23 de marzo. Conclusiones de la Presidencia. CONCL1. 7619/1/05 REV1.p.6.

44 Comunicación de la Comisión al Parlamento Europeo, Consejo, Comité Económico y Social Europeo y al Comité de las Regiones, "Hacia un Acta de Mercado Único. Por una economía social de mercado altamente competitiva. Cincuenta propuestas para trabajar, emprender y comerciar mejor todos juntos", COM (2010) 608, p.25.

45 Consejo de la Unión Europea (2006), Revisión de la Estrategia de la UE para un Desarrollo Sostenible (EDS UE). Doc. 10117/06.

46 Doc. 10117/06, p.5.

público y lo privado, los cambios estructurales y sociológicos necesarios para hacer frente a los retos de la globalización y los cambios ambientales también globales (cambio climático, escasez de recursos, el trinomio energía-transporte-contaminación, etc.). Y resaltamos el abordaje tanto desde el ámbito de lo público (en este caso desde las instituciones de la UE y desde los gobiernos de los Estados miembros), como desde el privado (empresas e integrantes del llamado Tercer sector), para consensuar las orientaciones necesarias para un desarrollo "más" sostenible a medio (2020) y largo plazo (2050). En este sentido, el propio Consejo recordó explícitamente al sector empresarial que "de acuerdo con la Alianza Europea para la Responsabilidad Social de las Empresas, deberían incrementarse la toma de conciencia y el reconocimiento de la responsabilidad social y medioambiental de las empresas"[47].

Para la Comisión resultaba evidente la necesidad de salir de la crisis económica y financiera trabajando más en pro del desarrollo sostenible y apoyando las iniciativas de RSC, como elemento para mejorar la competitividad empresarial. En este sentido, las políticas de fomento del cambio hacia una economía con pocas emisiones de carbono, un aprovechamiento eficiente de los recursos y eficiencia energética (de edificios y productos)[48] tendrán importante repercusión normativa, con el consiguiente reflejo en las actividades de RSC de un importante número de empresas.

Respecto de la mencionada **Alianza Europea para la Responsabilidad Social de las Empresas**, ésta fue lanzada en marzo de 2006 por la Comisión[49], como parte de su estrategia para dar un nuevo impulso al objetivo de "hacer de Europa el centro de la excelencia en RSC". La Alianza fue una invitación abierta a todas aquellas organizaciones comprometidas con la gestión responsable y la puesta en práctica de políticas innovadoras de RSC. Se trata de una Alianza abierta a las empresas que quieran hacer de Europa un polo de excelencia en RSC. Hasta el momento, más de

47 Consejo de la Unión Europea (2006), Revisión de la Estrategia de la UE para un Desarrollo Sostenible (EDS UE). Doc. 10117/06, en su página 26, recoge esta necesidad y recuerda que en el 2007 la Comisión ha de presentar una propuesta para fomentar ese proceso, el de la convergencia de los intereses empresariales con los de otras partes interesadas para seguir avanzando de forma ambiciosa para que las actuaciones en materia de actividad económica de las empresas "vayan más allá de los requisitos legales mínimos".

48 Europa aportó por seguir estando a la vanguardia mundial en materia de lucha contra el cambio climático, con una reducción inicial del 20% de las emisiones de gases de efecto invernadero (ampliada al 30%), así como un incremento del 20% de empleo de energías renovables para el año 2020. A este respecto, véanse: COM (2008) 774 "Acerca del Informe 2008 sobre la Competitividad en Europa"; COM (2008) 30 "xx"; COM (2008) 13 "xx"; COM (2008) 16 "xx"; COM (2008) 17 "xx"; COM (2008) 18 "xx" y COM (2008) 19 "xx". Todos ellos documentos esclarecedores del nuevo paquete de medidas legislativas sobre materia de emisiones y eficiencia energética que aparecieron en años posteriores.

49 COM(2006) 136: Anexo. En la versión en español se dice RSE, en tanto que la versión inglesa hace alusión al término RSC.

230 organizaciones a nivel europeo han expresado su apoyo a la Alianza. Algunas de ellas colaboran desde su fase preparatoria[50], en tanto que otras se han ido incorporando a través de su participación en actividades de alguna de las siguientes organizaciones: CSR *Europe*[51], *Business Europe*[52], o de La Asociación Europea de Autónomos, Pequeñas y Medianas Empresas[53].

Esta Alianza marca una nueva aproximación política a la RSC en base a un doble compromiso: por un lado, la Comisión busca crear un ambiente propicio para las empresas con buen comportamiento ambiental y su compromiso público por el desarrollo sostenible; por otro, reforzar el potencial innovador y la competitividad de las empresas europeas mejorando el dialogo entre todos los grupos de interés.

La iniciativa sienta las bases para que aquellos que quieran asociarse a ella y fomentar la RSC en torno a tres actividades:

a. Aumentar la sensibilización sobre la RSC, mejorar el conocimiento (incluida la investigación sobre la taeria), y comunicar los avances.
b. Ayudar a integrar la RSC en las empresas y a desarrollar coaliciones abiertas de cooperación.

---

50 La fase preparatoria de la Alianza tiene lugar tras la publicación del documento COM (2002) 347: "La responsabilidad social de las empresas: una contribución empresarial al Desarrollo Sostenible".

51 CSR *Europe* es la red empresarial dedicada a la RSC más antigua de Europa. Está conformada por 70 multinacionales y 27 puntos nacionales, uno por cada Estado miembro de la UE, aunque en cada país puedan tener varios representantes (es el caso de España, donde en este apartado son socios nacionales el Club de Excelencia en Sostenibilidad y Forética). Se creó en 1995 por un grupo de líderes empresariales que atendieron a un llamamiento a la colaboración empresas-Comisión, hecho por el entonces presidente de la Comisión Jacques Delors. En él, el Delors apeló a los empresarios abordar conjuntamente los problemas estructurales que tenía Europa, a saber: desempleo, las reestructuraciones sectoriales y reconversiones, y la exclusión social. La inicialmente denominada Red de Empresas Europeas para la Cohesión Social, pasó a denominarse CSR Europe en el año 2000, tras el Consejo celebrado en Lisboa y aprobarse la Estrategia reseñada en el apartado II.2.1. Desde entonces, su misión principal es la de promover la RSC y ayudar a las empresas a introducirla como elemento transversal de sus estrategias y prácticas de negocio. Más información en: www.csreurope.org.

52 *Business Europe* es una organización integrada por 40 asociaciones empresariales de 34 países europeos y que, sobre el papel, viene a representar los intereses de 20 millones de empresas. Su objetivo no está específicamente vinculado a la RSC, sino que es realizar una función de lobby en las Instituciones europeas para promover y salvaguardar los intereses de sus asociados No obstante, colabora activamente en la difusión de la RSC entre sus miembros.

53 La Asociación Europea de Autónomos, Pequeñas y Medianas Empresas o Empresarios (UEAPME, del inglés European Association of Craft, Small and Medium-sized Enterprises) es, como en el caso anterior, una asociación dedicada a ejercer labores de lobby en las Instituciones europeas. En este caso, se trata de la representación de los intereses de trabajadores autónomos y pequeños empresarios. Son miembros españoles de pleno derecho de esta Asociación la Confederación Española de la Pequeña y Mediana Empresa (CEPYME) y la Federación Española de Autónomos (CEAT).

c. Garantizar la creación de un entorno favorable a la RSC.

La iniciativa complementa el ya descrito Foro Multilateral y se configura como un "paragüas" para mobilizar los recursos y acciones que realicen las empresas, ya sean grandes o PYMEs[54], focalizando las actuaciones en cuestiones concretas. Existen varias líneas de trabajo como son los RSC, proyectos específicos impulsados de forma voluntaria por empresas, que tratan de resolver los principales retos de responsabilidad social. En cualquier caso, el objetivo es concentrar esfuerzos en una serie de áreas que los integrantes de la Alianza han identificado como prioritarias para actuar, tanto dentro de Europa como en el ámbito internacional, y que son:

1. Fomentar la **innovación y el espíritu empresarial** en las tecnologías sostenibles con productos y servicios adecuados.
2. Contribuir al florecimiento y **crecimiento de las PYME**.
3. Ayudar a **integrar las consideraciones sociales y ambientales** en las operaciones empresariales, incluida la cadena de suministro.
4. Mejorar y desarrollar las cualificaciones para la **empleabilidad**.
5. Responder mejor a la **diversidad** y al reto de la **igualdad de oportunidades** teniendo en cuenta los cambios demográficos y el rápido envejecimiento de la población europea.
6. Mejorar las **condiciones laborales**, también en cooperación con la cadena del suministro.
7. **Innovar en el sector ambiental**, especialmente en eco-eficiencia y ahorro de energía.
8. Consolidar un **diálogo** y un **compromiso** proactivos con todas las partes pertinentes.
9. Abordar retos de **transparencia y comunicación** para que los **resultados no financieros** sean más comprensible para todos los interesados.
10. Operar **más allá de las fronteras de la Unión Europea** con la **misma responsabilidad social y ambiental** que dentro de la Unión.

Posiblemente el mejor papel que puede jugar la Alianza es seguir siendo mediadora y punto de encuentro para acabar con la fuerte "polarización" del debate entre enfoques voluntarios y enfoques obligatorios de la RSC.

---

54 Tal y como se reseñó anteriormente, la Comisión tiene claro que "las empresas pequeñas, motor principal del crecimiento y el empleo en Europa, tienen tanto que ofrecer como las grandes en cuanto a una responsabilidad de la empresa, incluso si adoptan a menudo un enfoque más informal e intuitivo de la RSE", en COM(2006) 136:10.

4.2 REINVENTARSE PARA SEGUIR AVANZANDO: LA RSC EN LA ESTRATEGIA "EUROPA 2020"

La crisis puso en evidencia las muchas carencias de "la vieja Europa" y su inconcluso deseo de "unión". La construcción de un modelo cultural y de vida europeo diferenciado del resto del mundo, capaz de conjugar rendimiento económico y justicia social, debía contar con "un gran mercado" como eje central del proyecto europeo dibujado por los Padres Fundadores, "quienes habían comprendido la importancia de reunirse, intercambiar y trabajar juntos, organizando una sociedad más rica, creativa, inteligente, justa y fuerte"[55]. Este objetivo no ha llegado a cumplirse.

Pero el mundo ha cambiado radicalmente desde que se formulara ese ideal en 1957; la propia Europa lo ha hecho[56], se ha ido reunificando, ampliando y desarrollando a pesar de las tensiones internas. Con el nuevo siglo, los defensores de "más Europa" propusieron como forma de remontar las consecuencias de la crisis financiera y económica, la reactivación del mercado único, restableciendo la confianza y reimpulsando un crecimiento a un tiempo sostenible y equitativo, al servicio de una "economía social de mercado". Más aún, la reactivación del mercado único se presenta como el instrumento indispensable de la Estrategia Europa 2020.

Entre las propuestas de actuación, se incluye explícitamente el apoyo a la responsabilidad social de las empresas, la RSC parte de los nuevos medios para dicha economía social de mercado.

En el siguiente esquema se recogen las aportaciones más relevantes de la Comisión en esos años decisivos de 2010 y 2011. En todos estos documentos está contemplada la RSC de las organizaciones, principalmente empresas, como elemento clave o destacado para sacar a la UE de la crisis y seguir avanzando:

---

55 Sobre esta idea, véase la Introducción del documento COM (2010) 608, "Hacia un Acta de Mercado Único. Por una economía social de mercado altamente competitiva. Cincuenta propuestas para trabajar, emprender y comerciar mejor todos juntos".

56 En el ámbito mundial, y a modo de ejemplo: la globalización y aparición de nuevas potencias económicas, como China; la revolución tecnológica, particularmente la que atañe a las TIC; la mayor sensibilización respecto de los desafíos medioambientales, particularmente los relativos al cambio climático. Ya en el ámbito interno, y también a modo de ejemplo: la reunificación de las dos Alemanias tras la caída del bloque soviético; la introducción de la moneda única; las modificaciones de los Tratados, hasta llegar al Tratado de Lisboa; y, entre otros cambios, la ampliación de 10 á 28 Estados miembros, lo que supone un marco en el que hay 20 millones de empresas que generan 175 millones de puestos de trabajo y que abastecen de bienes y servicios a 500 millones de europeos, así como a un vasto número de consumidores de terceros países.

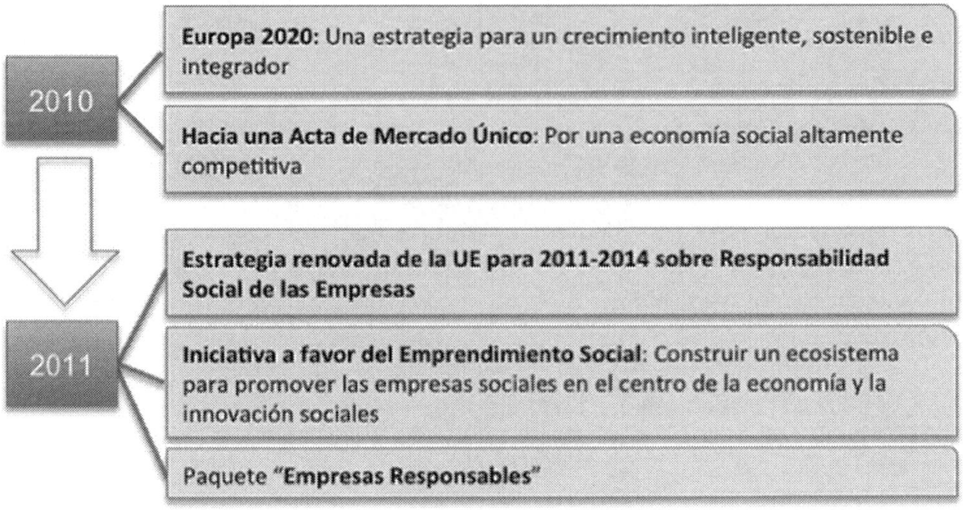

4.2.1 Una nueva Estrategia: Europa 2020

Durante las reuniones del Consejo Europeo de los meses de marzo y junio de 2010, se aprobó "Europa 2020: Una estrategia para un crecimiento inteligente, sostenible e integrador"[57]. Se trata de una iniciativa corta y poco ambiciosa, aprobada para sustituir a la fracasada Estrategia de Lisboa[58], que fue incapaz de acercar a Europa sus ambiciosos objetivos iniciales, ni tan siquiera tras su reforma o "renovación" en 2005. La Estrategia de Lisboa no sirvió para aumentar la competitividad europea, ni para mantener el ritmo de crecimiento, ni tan siquiera para reducir el diferencial con los Estados Unidos (Figura IV.5). Bien es cierto que dos años después de su reforma dio comienzo a una importante crisis cuyas consecuencias eran imprevisibles y que siguen siendo más que visibles en la UE que en otras partes del mundo. Esa crisis, dejo patentes las debilidades estructurales de la economía europea y las enormes disparidades existentes en el seno de la UE.

La nueva Estrategia se adopta en momento complejo y económicamente difícil, con una caída del PIB del 4% (2009), una producción industrial que había

57 Comunicación de la Comisión COM (2010)2020. Todos los documentos oficiales sobre esta estrategia se encuentran publicados en http://ec.europa.eu/eu2020.

58 Tabellini, Guido & Wyplosz, Charles (2006), "Supply-side Reforms in Europe: Can the Lisbon Strategy be repaired?" *Swedish Economic Policy Review* 13(1):101-156.

retrocedido a niveles de los años 90 y 23 millones de personas en el paro (un 10% de la población activa).

Figura IV.5 Evolución del PIB UE/EEUU desde la adopción de la Estrategia de Lisboa hasta la adopción de la nueva Estrategia Europa 2020

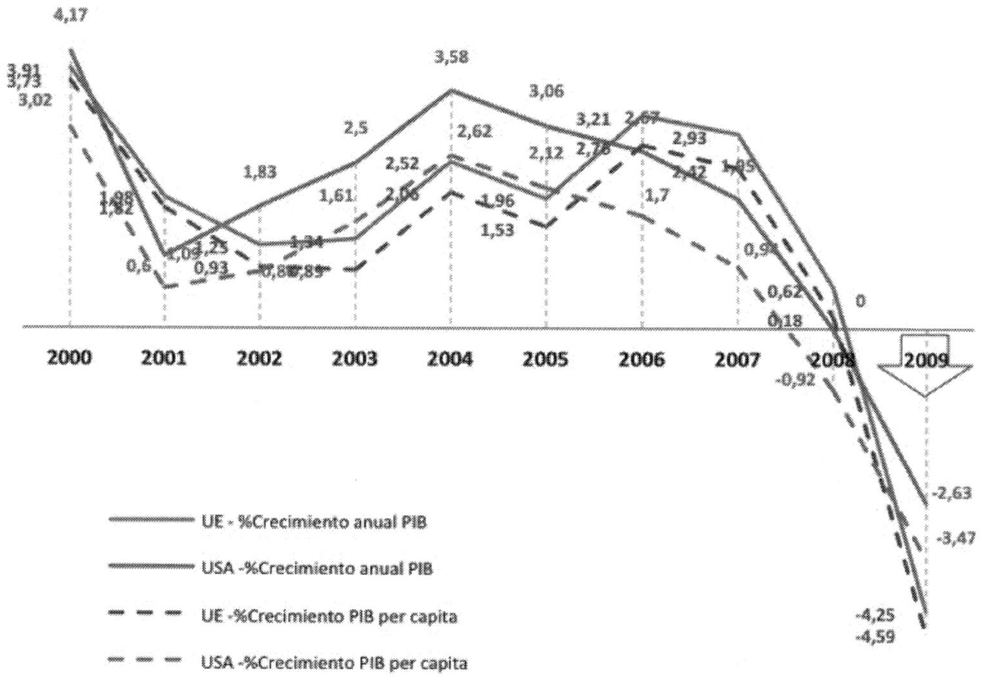

Pero esta estrategia, en vez de abordarse de forma integradora desde la Comisión, se deja en manos de los Estados. Esta puesta en práctica individualista, de una estrategia que mira al 2020 sin tener en consideración la situación de disparidad y divergencia socio-económica de los Estados que la integran, fue duramente criticada por el Comité de las Regiones:

> *La Estrategia Europa 2020, no tiene en cuenta las disparidades socioeconómicas existentes ni la distribución desigual de oportunidades...Estas diferencias, que han aumentado en la última década, no sólo reflejan la brecha 'tradicional' entre las regiones desarrolladas*

y las que van a la zaga. También se observan [las disparidades] en algunas de las zonas más desarrolladas...[59].

Pero, ¿qué propone la Estrategia?, ¿cuáles son sus objetivos y sus directrices para alcanzarlos?, ¿hay cabida en ella para la RSC y un nuevo papel para las empresas más allá del meramente generador de productos y servicios?

La Estrategia europea se construye sobre dos pilares: un enfoque temático en el que se combinan unas prioridades con un grupo de objetivos principales; y la realización de informes por país que permitan a los Estados desarrollar sus propias estrategias nacionales para alcanzar los objetivos comunes y estando la Comisión como vigilante -que no garante- de la eficacia de las medidas. Tal y como reza su título, propone tres prioridades para el crecimiento en Europa:

- **Crecimiento inteligente**, que viene a significar la consolidación del conocimiento y la innovación como impulsores del crecimiento. Esto requiere la mejora de la educación, la formación y el "aprendizaje a lo largo de la vida"; la consolidación de los resultados de investigación de impacto y la promoción de la transferencia de conocimiento, para contar con un mayor porcentaje de empresas de alta tecnología; así como la creación y consolidación de una "sociedad digital".
- **Crecimiento sostenible**, significa promocionar una economía que haga un uso más eficaz de los recursos (incluyendo entre ellos materias primas, energía y agua), una economía competitiva pero "más verde". Esto requiere mantener el liderazgo en las tecnologías verdes (ahora amenazado por China y Estados Unidos), acelerar el desarrollo de redes inteligentes sobre todo para mejorar la competitividad de las PYME. La mejora de la eficacia en el uso de los recursos deberá limitar las emisiones, ahorrar dinero e impulsar el crecimiento. El uso de energía limpia, no sólo tiene por objeto la lucha contra el cambio climático o la creación de empleo, también busca disminuir la dependencia de las importaciones de gas y petróleo, lo que es vital para la seguridad energética.
- **Crecimiento integrador**, fomentando una economía con un alto nivel de empleo que tenga cohesión social y territorial. Europa envejece, la tasa de población activa decrece al tiempo que aumenta en ella la disparidad social, lo que supone una mezcla explosiva. Esta forma de crecimiento requiere actuar para que la población activa suba en base a incrementar los niveles de mujeres empleadas, mayor "flexiguridad", y no permitir

59 Comité de las Regiones (2010) Consulta: Su opinión sobre Europa 2020. Informe Final, junio 2010, pp. 5-6.

que los trabajadores de cierta edad sean "expulsados del mercado", muy al contrario, se requiere prolongar la vida laboral y con ella la cualificación o formación continuada. Del mismo modo, se hace imprescindible adoptar medidas para que la crisis no se cebe en los jóvenes y su primer empleo, creándose una generación perdida, lo que podría generar una mayor divergencia social en Europa, aumentando los niveles de pobreza interna y riesgo de exclusión social. Hecho que ya se está produciendo en algunos estados, caso de Letonia, Lituania, Bulgaria, Rumanía, Grecia o España[60].

Se proponen **cinco objetivos** interrelacionados:

1. Que el nivel de **empleo** de la población entre los 20 y los 64 años aumente hasta el 75% (en ese momento estaba en el 69%), principalmente con una mayor participación de la mujeres, personas de mayor edad e inmigrantes en el mercado laboral. Aunque no se establecen criterios de calidad para el empleo, se prima solo la cantidad con riesgo de generar empleo precario.
2. Que la inversión en **I+D+i** en la UE alcance el nivel del 3%.
3. En materia de **medio ambiente**, clima y energía, alcanzar el 20/20/20. O lo que es igual, reducir el efecto invernadero al menos en un 20% en comparación con los niveles de 1990[61]; incrementar hasta el 20% el porcentaje de fuentes de energía renovables, en consumo final; e incrementar en un 20% la eficacia energética. A pesar de la fuerte preocupación por el cambio climático, no se contempla ni una sola línea respecto de la eficiencia en el uso de un recurso clave fuertemente afectado por el cambio climático, el agua.
4. **Educación**: reducir el fracaso escolar por debajo del 10% (en ese momento del 15%), tratando que, al menos, el porcentaje de población que finaliza la enseñanza superior sea del 40% (entonces del 31%). Pero no incluye la necesidad de aprendizaje permanente o de impulsar un vínculo eficaz entre la educación

---

60 Véanse los datos publicados por EUROSTAT en febrero de 2012, en los que se advierte que el riesgo de pobreza o exclusión social afecta al 23,4% de la población de la UE27, lo que supone 115 millones de personas. Aunque porcentualmente los países más afectados son Bulgaria (41,6%), Letonia (38,1%) y Lituania (33,4%), en términos absolutos de población, las cifras más altas se concentran en Alemania (16 millones de personas en riesgo de pobreza o exclusión social); Reino Unido (algo más de 14 millones; España (más de 11 millones y medio de personas); y Polonia (cerca de 10 millones y medio).

61 El Consejo Europeo de diciembre de 2009 concluyó que, como parte de un acuerdo general para el periodo posterior al 2012, la UE reiteraba su oferta condicional de alcanzar una reducción del 30% en 2020 siempre que otros países desarrollados (particularmente los Estados Unidos), se comprometiesen a unas reducciones comparables, y que los países en desarrollo contribuyeran en proporción a sus responsabilidades y respectivas capacidades.

superior (universidades) la formación profesional y las empresas que contratan a esos profesionales, las llamadas "Alianzas de conocimiento", para adecuar la oferta de capacidades y competencias a la demanda del mercado.

5. Que el número de europeos que viven por debajo de los umbrales nacionales de **pobreza**[62] se reduzca en un 25%, lo que vendría a suponer que saldrían del riesgo de pobreza 20 millones de personas.

Para la consecución de los objetivos, se proponen siete iniciativas llamadas "iniciativas emblemáticas" o directrices integradas (Tabla IV.3). De hecho, en dos de ellas, como es el caso de la iniciativa "Juventud en movimiento" y "Una política industrial para la era de la mundialización" se pide explícitamente la colaboración de las empresas a través de sus actuaciones en materia de RSC. Es obvio que las empresas pueden colaborar activamente en todas y cada una de dichas "iniciativas emblemáticas" a través de sus políticas de RSC, como también parece evidente que seguirán concentrando buena parte de sus esfuerzos en el objetivo 3, reducción de emisiones de carbono y eficiencia energética. Como veremos al abordar la postura del Parlamento Europeo en materia de RSC, esta es una vía cómoda y conservadora para las empresas por los ahorros de costes, pero insuficiente. En palabras Richard Howitt:

> *...lamentable que la RSE se centre fundamentalmente en normas medioambientales en detrimento de las normas sociales que, sin embargo, son esenciales para restaurar un clima social que propicie el crecimiento económico y la convergencia social*[63].

El otro documento mencionado de la Comisión "Hacia un Acta del Mercado Único. Por una economía social de mercado altamente competitiva, presenta cincuenta propuestas para trabajar, emprender y comerciar todos juntos"[64], para reactivar el debate y buscar líneas prioritarias de actuación.

62 El umbral nacional de pobreza se define como el 60% de los ingresos medios disponibles de un Estado miembro.

63 Richard Howitt, ponente de la Comisión de Empleo y Asuntos Sociales del Parlamento Europeo, en su "Informe sobre la Responsabilidad Social de las empresas: promover los intereses de la sociedad y un camino hacia la recuperación sostenible e integradora", A7-0023/2013, pág.10.

64 COM (2010) 608 final.

Tabla IV.3 Las prioridades de Europa 2020 y sus "iniciativas emblemáticas"

Crecimiento Inteligente	Crecimiento Sostenible	Crecimiento Integrador
INNOVACIÓN *"Unión por la innovación".*- Mejorar las condiciones generales y de acceso a la financiación destinada a investigación e innovación con el fin de reforzar la cadena de innovación e impulsar los niveles de inversión en toda la Unión.	**CLIMA, ENERGÍA Y MOVILIDAD** *"Una Europa que aproveche eficazmente los recursos".*- Ayudar a desligar crecimiento económico y uso de recursos, reduciendo las emisiones de carbono de la economías europea, incrementando el uso de energías renovables, modernizando el sector del transporte y promoviendo un uso eficaz de la energía.	**EMPLEO Y CUALIFICACIONES** *"Una agenda para nuevas cualificaciones y empleos".*- Modernizar los mercados laborales facilitando la movilidad de los trabajadores y el desarrollo de cualificaciones a lo largo de la vida, con el fin de incrementar la participación en el empleo y adecuar mejor la oferta a la demanda.
EDUCACIÓN *"Juventud en movimiento".*- Reforzar los resultados de los sistemas educativos y consolidar su atractivo internacional de la educación superior europea.	**COMPETITIVIDAD** *"Una política industrial para la era de la mundialización".*- Mejorar el entorno empresarial, especialmente para las PYME, y apoyar el desarrollo de una base industrial fuerte y sostenible que pueda competir mundialmente.	**LUCHA CONTRA LA POBREZA** *"Plataforma europea contra la pobreza".*- Garantizar la cohesión social y territorial de tal forma que los beneficios del crecimiento y del empleo lleguen a todos y de que las personas afectadas por la pobreza y la exclusión social puedan vivir con dignidad y participar activamente en la sociedad.
SOCIEDAD DIGITAL *"Una agenda digital para Europa".*- Acelerar la implantación de internet de alta velocidad y beneficiarse de un mercado único digital para familias y empresas.		

Fuente: COM (2010)2020:34

De entre estas cincuenta propuestas de trabajo destacar, en el capítulo relativo a "los nuevos medios para la economía social de mercado", las tres propuestas o módulos más directamente vinculados con la RSC:

a. la iniciativa, o módulo, a favor de las empresas sociales;
b. un módulo relativo a ciertas formas jurídicas, caso de fundaciones, cooperativas, mutualidades, etc.;
c. y un tercer módulo relativo al gobierno corporativo y a la responsabilidad social de las empresas.

En términos de la propia Comisión, se "propone una iniciativa para redefinir el papel de la empresa en la economía actual"[65], buscando potenciar aquellas que sean socialmente responsables. Abierto el debate sobre las propuestas, los resultados de la consulta pública realizada revelaron "lo mucho que espera la sociedad civil tanto de las potencialidades del mercado único para favorecer el **crecimiento** y el **empleo**, como de su **dimensión social**"[66]. Sobre la base de las contribuciones recibidas en el transcurso de dicho debate público -así como de los dictámenes y conclusiones del Parlamento Europeo, del Consejo, del Comité de las Regiones y del Comité Económico y Social Europeo- se identificaron líneas de actuación prioritarias, con sus respectivas medidas clave, para tratar de relanzar en mercado único en el marco de la estrategia Europa 2020.

Destacar en lo que concierne a la creación de un "mercado único basado en una economía social de mercado altamente competitiva" la propuesta número 36, con la que se busca propone una iniciativa para "redefinir el papel de la empresa en la economía actual":

La Comisión propondrá en 2011 una iniciativa en favor de las empresas sociales, a fin de respaldar los proyectos de empresa innovadores en el plano social y de guiar su desarrollo en el mercado único, recurriendo, en particular, a la evaluación social, la concesión de distintivos éticos y medioambientales, las adquisiciones públicas, el establecimiento de un nuevo régimen de fondos de inversión y la captación del ahorro ocioso.

65 COM (2010) 608 final: p. 28.

66 Comunicación de la Comisión al Parlamento Europeo, al Consejo, al Comité Económico y Social Europeo y al Comité de las Regiones, Acta del Mercado Único Doce prioridades para estimular el crecimiento y reforzar la confianza «Juntos por un nuevo crecimiento», COM (2011) 206 final. En negrita en el original.

Aunque esta tarea todavía no se ha materializado, lo cierto es que en las últimas décadas se ha ido evolucionando en Europa en la idea de que el mercado interior ha de seguir conformándose sobre un crecimiento más inclusivo, más justo socialmente y con una mayor equilibrio o sostenibilidad ecológica. La Comisión considera que esta idea de mercado debe ser utilizada para apoyar "el desarrollo de aquellas empresas que, más allá de la legítima búsqueda del beneficio económico, decidan perseguir también objetivos de interés general que potencien mejoras sociales, éticas o medioambientales", también de aquellas que entre sus mejoras sociales luchan contra la exclusión.

4.2.2 Estrategia Renovada de la UE sobre la Responsabilidad

La Estrategia renovada llega como iniciativa de la Comisión para cumplir con el compromiso adquirido en Europa 20202 y el Acta del Mercado Único pero, sobre todo, consecuencia de las presiones del Parlamento Europeo y también del Consejo[67].

Las Instituciones han observado un malestar social, notable en algunos países, y una quiebra de la confianza de la ciudadanía respecto de las empresas y su falta de compromiso ante la crisis, así como en su comportamiento social y ético. El entorno en el que desarrollar la RSC ha cambiado rápidamente, en tan sólo una década, y, consecuentemente, el contenido y alcance de las políticas de RSC que desarrollan las empresas también debe hacerlos para adaptarse a la nueva situación social.

No obstante, es obvio que las actuaciones acometidas desde que se aprobase el Libro Verde en 2001, han sido considerables. Los datos hechos públicos por la Comisión para el periodo 2006-2011 así lo muestran:

- El número de empresas de la UE que han suscrito los diez principios del Pacto Mundial pasaron de 600 a 1.900.
- El número de organizaciones que tienen emplazamientos registrados en el marco del Sistema Europeo de Gestión y Auditoría Medioambiental (EMAS), pasó de 3.300 a 4.600, estimándose que el 80% de dichas organizaciones eran empresas.
- El número de empresas de la UE que ha suscrito acuerdos de empresa transnacionales con organizaciones de trabajadores europeas o

67 Véanse: Resolución del Parlamento Europeo de 13 de marzo de 2007 [P6_TA(2007)0062] y Resolución del Parlamento Europeo de 8 de junio de 2011 [P7_TA(2011)0206]; así como las conclusiones del Consejo de Medio Ambiente de 5 de diciembre de 2008 y de 20 de diciembre de 2010, y del Consejo de Asuntos Exteriores de 14 de junio de 2010.

mundiales, que abarcan asuntos como las normas laborales, aumentó de 79 a más de 140.
- La adhesión a la Iniciativa de Cumplimiento Social de las Empresas, impulsada por las empresas para mejorar las condiciones de trabajo en sus cadenas de suministro, aumentó de 69 a más de 700.
- Finalmente, el número de empresas europeas que publican informes sobre la sostenibilidad siguiendo las directrices de la Iniciativa Global de Presentación de Informes (GRI), aumentó de 270 a más de 850.

Son avances importantes, pero la Comisión reconoce que "a pesar de estos avances, sigue habiendo importantes retos pendientes. Muchas empresas de la UE aún no han integrado plenamente las preocupaciones sociales y medioambientales en sus operaciones y en su estrategia de base. Se sigue acusando a una pequeña minoría de empresas europeas de vulnerar los derechos humanos y de incumplir normas laborales básicas". A esto hay que unir que casi la mitad de los estados de la UE no cuentan con políticas para promover la RSE.

En esta etapa que se abre en 2011 y llegará hasta el 2020, ¿qué se espera de las empresas con políticas de RSC? Esto hizo plantearse a la Comisión la necesidad de dar una nueva definición de éste concepto tan laxo y controvertido, a hacer, en palabras de la propia Comisión una interpretación "moderna" de la RSC, que es: "**la responsabilidad de la empresas por su impacto en la sociedad**".

Huelga decir que si laxa era la definición "antigua", no es que la definición "moderna" sea mucho más concreta. Bien es cierto que desaparece de la definición la palabra "voluntaria", ya no se hace referencia a la voluntariedad de la acción, ni de ir "más allá de las obligaciones jurídicas", estamos ahora frente a "impactos" que habrá que ir concretando cómo se miden (la parte ambiental está mucho más avanzada que en el uso de indicadores para medición de impactos sociales).

Las preocupaciones sociales, medioambientales y éticas de la sociedad deben ser integradas en la RSC y esto ha de hacerse mediante diálogo con las partes interesadas, un verdadero diálogo colaborativo. En concreto se dice que:

"Para asumir plenamente su responsabilidad social, las empresas deben aplicar, en estrecha colaboración con las partes interesadas, un proceso destinado a integrar preocupaciones sociales, medioambientales y éticas, el respeto a los derechos humanos y preocupaciones de los consumidores en sus operaciones empresariales y estrategia básica, a fin de:

- *maximizar la creación de valor compartido...*
- *identificar, prevenir y atenuar sus posibles consecuencias adversas".*

Valor compartido, contribuir al cuidado del medio, al bienestar social y a la creación de empleo de calidad. La Comisión habla en este documento de "creación de empleo de mayor calidad y más productivos", cuando en la estrategia Europa 2020 sólo pide a los Estados medidas para la creación de empleo. Le pide a la empresa lo que no le exigió a los Estados creación de empleo de mayor calidad, ¿de mayor calidad respecto a qué?, ¿qué está sucediendo? Parece que los papeles se han invertido y ahora es el Estado el que promueve la generación de empleo y la empresa quien ha de promover que sea "de mayor calidad", ¿acaso es éste el nuevo papel de la empresa del que venía hablando la Comisión? En otro documento, la comunicación denominada "Hacia una recuperación generadora de empleo", la Comisión advierte de ofrecer "salarios dignos y sostenibles", evitando las trampas que conllevan los salarios bajos[68].

Volviendo al contenido de lo que debe ser la RSC, se apunta la necesidad de identificar, prevenir y atenuar los posibles efectos adversos del impacto de la empresa en la sociedad. Hasta el momento las empresas, no todas, empleaban herramientas para hacer esto respecto del impacto ambiental, pero se entiende que ahora deberá trabajarse también el apartado social.

En este punto, hay iniciativas y herramientas definidas ayudan a las empresas a ver más fácilmente el valor añadido, los retornos y oportunidades de negocio, de sus actuaciones de materia de RSC. Hay principios y directrices, parte de ellas abordadas en los capítulos anteriores, que son de gran utilidad para las empresas:

- Líneas Directrices de la OCDE
- Diez Principios del Pacto Mundial de Naciones Unidas
- ISO 26000 sobre Responsabilidad Social
- Principios Rectores de Naciones Unidas sobre Empresas y Derechos Humanos
- Declaración Tripartita de principios sobre empresas multinacionales y política social de la OIT

A partir de este momento se marcan unos mínimos que deben estar incluidos en las políticas de RSC de las empresas y que comprenden:

1. Los derechos humanos
2. Las prácticas de trabajo y empleo:
   a. formación
   b. diversidad
   c. igualdad de género

68 COM(2012) 173.

   d. salud y bienestar de los trabajadores
   e. integración e inclusión social
3. Medio Ambiente:
   a. biodiversidad
   b. cambio climático
   c. uso eficiente de los recursos (materias primas, energía, agua)
   d. evaluación del ciclo de vida (productos y servicios)
   e. prevención de la contaminación
4. Ética: lucha contra el fraude y la corrupción
5. Transparencia: divulgación de información de calidad, estructurada, comprensible y comparable (deseable la aplicación del principio "cumplir o explicar")[69]
6. Promoción de la RSC en la cadena de suministro y voluntariado "como expresión de la RSC"[70].

Las empresas se deberían innovar en RSC, desarrollando un enfoque no estándar o generalista, sino constantemente adecuado a las circunstancias socioeconómicas y ambientales de su entorno. En este momento, la demanda es de actuación en lo social, sin que ello suponga desentenderse de las actuaciones ambientales que se venían haciendo hasta ahora por buena parte de las empresas (más sencillo dado el marco regulador existente y el amplio número de indicadores de medición estandarizados). Esto será particularmente relevante para aquellas empresas que reciben financiación pública y para aquellas que ofrecen servicios públicos.

La Comisión elaboró un Programa de Acción para 2011-2014 que, en el momento de escribir este texto está siendo evaluado. Se incluyen una serie de compromisos y sugerencias para los Estados, las empresas y las partes interesadas sobre:

1. **Mejora de la visibilidad de la RSC y difusión de buenas prácticas.**-Dar reconocimiento público y estimular el aprendizaje entre pares. La Comisión ha puesto en serie una serie de programas para promover el diálogo entre las empresas con otras partes interesadas, mediante la creación de plataformas multilaterales.

69 Véase la Recomendación de la Comisión de 9 de abril de 2014, sobre la calidad de la información presentada en relación con la gobernanza empresarial ("cumplir o explicar") DOCE L 109/45 de 12.04.2104. Principio ya contemplado en el Libro Verde de 2011 sobre Gobierno Corporativo de la UE (COM(2011)164), pero no siempre bien entendido y aplicado.

70 Comunicación sobre políticas de la UE y voluntariado: Reconocimiento y fomento de actividades voluntarias transfronterizas en la UE" COM(2011)568.

2. **Mejora y seguimiento de la confianza en las empresas**.-La comunidad empresarial europea debe aspirar a ser confiable, lo que supone un esfuerzo por conocer las expectativas de sus partes interesadas y dar una información fiable, para que se conozcan sus actuaciones reales, sin exageraciones o usos engañosos del marketing (*Green-washing* y *blue-washing*, respecto de cuestiones ambientales y sociales, respectivamente).
3. **Mejora de los procesos de autorregulación y corregulación**.-Los códigos de conducta sectoriales son cada vez más empleados y han demostrado ser más eficaces cuando se diseñan partiendo de un primer análisis abierto de las cuestiones con todas las partes interesadas, contando con mecanismos de objetivos, revisiones del rendimiento y posibilidades de mejora de los compromisos en función de las necesidades, incluyendo un mecanismo de asunción de responsabilidades para tratar denuncias por incumplimiento.
4. **Mejora de la recompensa que supone la RSC en el mercado**.-La vía de actuación socialmente más responsable puede no ser la más beneficiosa desde el punto de vista económico, al menos a corto plazo, por eso es fundamental que las administraciones públicas impulsen políticas de selección de empresas responsables para su contratación y la inversión socialmente responsable, como fórmulas para incentivar la RSC en el mercado.
5. **Mejora de la divulgación de información de carácter social y medioambiental por parte de las empresas**.-La información es un elemento clave en la generación de la confianza y también para la asunción de responsabilidades. Tanto a nivel europeo como en algunos Estados se han ido estableciendo requisitos normativos sobre información no financiera, es decir, de la de carácter social y ambiental. Aunque el número de empresas que facilitan reportes en términos absolutos está creciendo año a año, la cifra sigue siendo pequeña en términos relativos.
6. **Mayor integración de la RSC en educación, la formación y la investigación**.-La RSC exige unas capacidades y la transmisión de ciertos principios y valores que son fundamentales tanto para quienes han de acometer la responsabilidad de implantar o dirigir políticas de RSC, como por parte de la ciudadanía en general.
7. **Insistencia en la importancia de las políticas nacionales y subnacionales sobre RSC**.-Sigue siendo necesario un esfuerzo de las administraciones a todos los niveles: nacional, regional y local, sobre todo para que las administraciones apoyen a las PYME en el establecimiento de políticas de RSC.
8. **Mejora de la armonización de los enfoques europeo y mundial sobre RSC**.-Tal y como se apuntó, se pueden adquirir compromisos en RSC en base a la utilización de diversas herramientas con reconocimiento internacional (como

los Principios Rectores de Naciones Unidas sobre Empresas y Derechos Humanos, ISO 2600, Global Compact, etc.), a falta de una guía europea que contenga las directrices y principios rectores de común aplicación, como sería deseable para el marco intraeuropeo.

En febrero de 2015 el Foro Europeo Multilateral presentó los resultados de varios años de seguimiento de la Estrategia Renovada de RSC manifestando las siguientes conclusiones, a considerar en el establecimiento del próximo documento de Comisión y a tener en cuenta por los gestores y directivos responsables de RSC:

- El objetivo de la RSC debe ser incorporar la responsabilidad al ADN de la organización.
- La UE debe continuar jugando un importante papel en la provisión de plataformas abiertas para el intercambio del conocimiento (mejores prácticas), diálogo y colaboración entre grupos de interés.
- Hace falta la colaboración comprometida de los medios, que informen al público sobre las actuaciones y comportamiento de las empresas, sus desarrollos, progresos y contratiempos.
- La nueva estrategia europea de RSC debería continuar alineada con los principios de Naciones Unidas sobre "Empresa y Derechos Humanos".
- La mayor parte de las empresas "dan la bienvenida" al desarrollo legislativo que emerge como consecuencia de la anterior estrategia sobre RSC, porque ven en ello instrumentos para ir creando la igualdad de condiciones para las organizaciones que adoptan RSC (*a level playing field*), sin embargo entiende que se debe ser cuidadoso respecto de cómo hacer el *reporting*.

4.3 LA POSTURA DEL PARLAMENTO EUROPEO

La posición del Parlamento en materia de RSC puede parecer más contundente de la que hasta ahora ha mantenido la Comisión, pero en la práctica ha dado pocos resultados y, en ocasiones, hasta puede parecer contradictoria. Bien es cierto que, hasta la aprobación del Tratado de Lisboa[71], sus competencias eran menores y su capacidad operativa escasa. No obstante, ya en el año 2006, en respuesta a la segunda

71 El Tratado de Lisboa se firmó el 13 de diciembre de 2007, pero no entró en vigor hasta el 1 de diciembre de 2009. El Tratado, entre otras cuestiones, redefine los ámbitos competenciales de la Unión, sus medios, y modificó las estructuras y forma de trabajo de las instituciones europeas. Más información y texto del tratado en: http://europa.eu/lisbon_treaty/index_es.htm

comunicación de la Comisión sobre RSC, el Parlamento votó una Resolución en la cual se pidió al ejecutivo que regulara algunos aspectos de esta materia emergente e instó, tanto a la Comisión como a los Estados miembros, a que hicieran mayores esfuerzos para apoyar la RSC. Más aún, a la vista de las Resoluciones adoptadas por el Parlamento en noviembre de 2010 y en julio de 2011, podría decirse que la probabilidad de que la RSC deje de tener carácter completamente voluntario se ha incrementado notablemente aunque, como veremos, no siempre haya coherencia en los documentos o exposiciones de los parlamentarios.

El PE ha adoptado diversos informes y propuestas sobre RSC, así como para el reforzamiento de elementos integrantes de la misma, como son las normas sociales y medioambientales en acuerdos internacionales. Entre los informes elaborados por las comisiones parlamentarias (Comercio Internacional, Empleo y Asuntos Sociales...), destacan los realizados por cuatro ponentes: Richard Howitt, Richard Falbr, Harlem Dèsir y Pervenche Berès.

Desde el Parlamento se viene trabajando en dos grandes líneas: por una parte, en la consecución de un mayor compromiso de las empresas europeas en materia de implantación de medidas de responsabilidad social; y, por otra, en intentar avanzar en el comportamiento de las empresas y de los gobiernos de terceros Estados, signatarios de acuerdos comerciales con la UE. Así, a modo de ejemplo, el 25 de noviembre de 2010 el Parlamento aprobó una Resolución sobre la responsabilidad social de las empresas en el comercio internacional, haciendo una llamada a la Comisión para que se incluyan cláusulas vinculantes en materia de RSC en los acuerdos de comercio. Además, a principios de julio de 2011 el Parlamento aprobó una Resolución sobre la Crisis Financiera, Económica y Social en la que se propone que ciertas empresas cotizadas elaboren un informe anual sobre la evaluación de su responsabilidad social y ambiental.

Como veremos a continuación, en un periodo muy corto de tiempo, las recomendaciones y demandas del Parlamento a la Comisión sobre RSC se han incrementado notablemente. No cabe duda de que en esta segunda década del siglo XX habrá un importante replanteamiento sobre la necesidad y la obligatoriedad de que las organizaciones europeas, empresariales o no, para que incluyan la RSC entre sus políticas y prácticas de gestión.

4.3.1 Del Libro Verde de la Comisión al Informe Howitt de 2006: Sobre la Responsabilidad Social de las Empresas

En realidad hay dos importantes informes realizados por Richard Howitt como ponente. El primero de ellos, data de 1998 y puede considerarse no sólo la base para el primer "Código de conducta para las empresas que operan en países en desarrollo"[72], sino también como documento de referencia para el posterior desarrollo del Libro Verde. En aquel momento, el argumento para que las empresas europeas asumiesen su liderazgo en la "buena conducta" cuando operan en países vulnerables, en países en desarrollo, vino dado por su peso ya que "cuarenta y dos de las principales 100 empresas multinacionales" tenían su sede central en Europa, por delante de las estadounidenses[73]. Además, la mayor parte de las grandes empresas norteamericanas ya contaban entonces con códigos para evitar malas prácticas y favorecer la acción social (85%), incluso se desarrollo allí la primera normativa voluntaria relativa a las repercusiones sociales de las actividades comerciales, la *Social Accountability 8000*, es decir, Europa se estaba quedando atrás en la adopción de medidas para frenar los impactos negativos que se estaban generando como consecuencia de la globalización y la deslocalización de empresas y esto, además de los conflictos éticos, podrían tener consecuencias a medio y largo plazo.

En ese primer informe ya se apunta una cuestión altamente controvertida, que hemos visto en varias ocasiones al abordar la postura de la Comisión: la voluntariedad vs. Reglamentación de la RSC. "En el ámbito de la adopción de normas para las empresas, las opciones voluntarias no están reñidas con los instrumentos vinculantes, en relación con lo cual se inclina por un enfoque progresivo para los estándares aplicables a empresas europeas"[74].

El Parlamento acogió favorablemente el Libro Verde enmarcándolo en un contexto más amplio, junto otros documentos contemporáneos relativos a la integración de las cuestiones ambientales en política económica, la aprobación del Reglamento voluntario EMAS, los documentos de consulta para la preparación de una estrategia de desarrollo sostenible, y el proyecto de Carta de los Derechos Fundamentales de la Unión Europea. Así, lo expresa en su Resolución sobre el Libro Verde: "[el PE] acoge favorablemente el Libro Verde sobre la responsabilidad social de las empresas, el correspondiente proceso de consulta, así como otras iniciativas de la Comisión destinadas a fomentar el debate sobre la responsabilidad social de las empresas y a promover esta responsabilidad" [75].

En esta primera de sus Resoluciones sobre RSC, el PE apunta una serie de cuestiones y peticiones de interés que el Parlamento mantendrá a lo largo del tiempo, todas ellas, menos una que pronto cambiaría sin justificación aparente y que hace

72 A4-0508/98, DOCE C 104/180, de 14 de abril de 1999.

73 *Ibid.* P.15.

74 A4-0508/98, p.16.

75 P5_TA(2002)0278, DOCE C 112, 9.05.2002.

relación a EMAS. Queda patente la transversalidad[76] de la RSC cuando se pide "que los principios básicos de la RSE se incorporen en todos los ámbitos de competencia comunitaria" y, muy particularmente, se aboga porque se incorpore en las directrices de empleo y en política comercial exterior[77].

Respecto del controvertido debate sobre de la voluntariedad o no de la RSC, desde el PE se advierte de la gran variedad de códigos de conducta voluntarios existentes, lo que "hace que la comparación de los resultados efectivos resulte muy problemática", cuando no imposible añadiríamos nosotros. Además, muy acertadamente señala que "estos códigos de conducta han sido adoptados de forma unilateral por la dirección de las empresas en cuestión", por lo que no se garantiza ni su continuidad en la aplicación, ni su transparencia al informar, ni tiene por qué aplicarse de forma participativa. De ahí que el PE haga varias peticiones para que la Comisión, en sus siguientes trabajos sobre RSC, tenga más presente la necesidad de garantizar de algún modo la transparencia y los mínimos informativos, pidiendo que se les diga a las empresas:

- que hagan informes periódicos sobre la repercusión social y ambiental de sus actuaciones verificables por terceros independientes, para poder comprobar el comportamiento y resultados;
- que los fondos de pensiones, privados y colectivos, declaren los criterios éticos que aplican en sus políticas de inversión para poder tomar decisiones de inversión informadas;
- que se facilite información al público en general, al consumidor o usuario, sobre la posibilidad de crear "etiquetas sociales", para poder diferenciar fácilmente a las empresas socialmente responsables de las que no realizan actuaciones sobre RSC[78].

En este sentido, hacer hincapié en el hecho de que aunque algo se adopte de manera voluntaria, esto no significa no informar sobre qué se hace y cómo se hace. De hecho, esta transparencia en la acción y en la información se solicita para evitar confusiones existentes, y que aún perduran, respecto de aquello que se hace de

---

76 En ocasiones el término transversalidad aparece recogido en los textos directamente en inglés *mainstreaming*, haciendo alusión al hecho de que los principios y perspectivas de la RSC sean incorporados en todas las restantes políticas existentes (dentro de la empresa o institución donde aplique), a todos los niveles y durante todas las etapas de desarrollo por los actores normalmente involucrados en la adopción de medidas políticas en ese ámbito.

77 En concreto a las negociaciones de cooperación y comercio con terceros países, así como en las negociaciones que se desarrollan en el seno de la OMC.

78 Sobre este tema del etiquetado social, el PE insistirá en dos ocasiones más a lo largo del año siguiente, 2003.

manera verdaderamente voluntaria bajo el paraguas de la RSC, y aquello que no es más que una obligación "vestida" de buena voluntad. Así, a modo de ejemplo, se "subraya que las empresas están obligadas a aplicar íntegramente las disposiciones jurídicas en materia de igualdad de oportunidades entre hombres y mujeres"; el cumplimiento de la legislación es el punto de partida, se supone que la RSC debe ir "más allá", no se puede decir responsable quien directamente cumple la ley, mucho menos de quien yendo más allá en algunas cuestiones incumple la ley en otros temas.

Lo que llama la atención respecto de siguientes resoluciones, es el hecho de que el PE se muestra rotundo respecto a cual podría ser el modelo a seguir en la UE para que se desarrolle adecuadamente la RSC en las empresas, manteniendo la idea de su carácter voluntario. Explícitamente se dice que "el marco de la UE para la responsabilidad social de las empresas debe basarse en la experiencia del régimen EMAS (sistema de gestión y auditoría medioambientales) de la UE, en particular su objetivo de mejora continua y verificación independientes". A nuestro entender, EMAS es un buen modelo que reúne las características de lo buscado: es un reglamento pero tiene carácter voluntario, se identifica mediante logotipo distintivo a las empresas u organizaciones que aplican medidas ambientales más allá de lo obligado por legislación, hay unos mínimos de información que deben darse periódicamente y cuya validez es verificada por un tercero independiente de la empresa. Siendo así, ¿por qué el PE abandona esta idea original y en siguientes resoluciones sólo se refiere a EMAS como algo deseable para la gestión ambiental y no como un modelo para generar algo similar en materia de RSC?

En el año 2003, el PE vuelve a insistir en la necesidad de transparencia informativa para dar credibilidad a la RSC, al dar respuesta mediante Resolución[79] a una "Comunicación de la Comisión relativa a la responsabilidad social de las empresas: una contribución empresarial al desarrollo sostenible"[80], haciendo hincapié en la importancia de garantizar la calidad de la información que faciliten las empresas sobre la RSC que desarrollan para generar la confianza de terceros (instituciones, consumidores, ONG, inversores…). Por primera vez, hace alusión a GRI, aunque no proponga la iniciativa como modelo a seguir. Vuelve sobre el tema del etiquetado social, pero esta vez pidiendo directamente que se elabore un estudio sobre la posibilidad de hacer real este tipo de etiquetado, como ya se hizo en su momento con el etiquetado ecológico. También lo pide en su Resolución del Parlamento Europeo sobre la recomendación de la Comisión relativa a las Orientaciones Generales de

79 Resolución del PE sobre la Comunicación de la Comisión relativa a la responsabilidad social de las empresas: una contribución empresarial al desarrollo sostenible", COM(2002)347. P5_TA(2003)0200, DOCE C 67 E/73, 17.3.2004.

80 COM (2002)347.

Política Económica para los Estados miembros y la Comunidad (periodo 2003-2005)[81], donde pide "crear y desarrollar un sistema de 'etiqueta social' europea acompañado de una campaña de comunicación en toda la UE, que identifique claramente ante el público a aquellas empresas que respetan el principio de la responsabilidad social corporativa, que tienen un comportamiento ético y que respetan el medio ambiente".

Como hemos apuntado antes, ahora el modelo EMAS no se pone como referente, pero se mantiene su mención puesto es una "importante herramienta de mejora continua de los resultados por parte de las empresas", y la disminución de los impactos ambientales negativos (o la internalización de los costes, si se prefiere) es algo a lo que el Parlamento considera que la Comisión no está prestando suficiente atención. Junto a esta queja, otra más. El PE recrimina que "en la comunicación de la Comisión no se presta mucha atención a las repercusiones de las cuestiones relativas al género en los principios de la RSE o en las cuestiones de la política de género en relación con dichos principios". El Parlamento no volverá a "lamentarse" respecto de los temas ambientales pero sí lo ha hecho, sigue haciéndolo, respecto de los temas de género.

El PE propuso una iniciativa interesante, la elaboración de una "lista negra" de empresas. La idea era generar un listado de empresas que hayan sido condenadas por un tribunal de la UE para que estas empresas no pudieran recibir, durante un periodo de tres años, contratos o encargos de instituciones comunitarias. En la resolución sólo se hacía referencia a sentencias por corrupción, pero no cabe duda de que sería una forma efectiva de mejorar el comportamiento de las empresas si se aplicara a más cuestiones sociales y ambientales. Igual que se puede primar a las empresas socialmente responsables y darles ciertas ventajas y visibilidad, también sería deseable que se castigue a las probadamente infractoras de la ley, aunque sólo fuera mediante la publicación del listado para conocimiento público, con la posible "reprobación social. Que los incentivos son motor del comportamiento empresarial, y de la economía general, es evidente pero, a veces, no basta dar zanahorias... hay que enseñar el palo. Ni que decir tiene que, por presiones de los lobbies empresariales, esta idea fue lamentablemente desatendida.

Finalmente, destacar que la resolución advierte de la importancia de un gran olvidado en materia de RSC hasta ese momento, la PYME. La Comisión venía centrando sus trabajos en las grandes empresas y las multinacionales, pero el PE le recuerda que la PYME representa más del 99% de todas las empresas de la UE y más del 50% de los empleados. La PYME debe ser tenida en consideración a la hora de ir marcando las directrices de lo que ha de ser RSC en Europa, "que la voz de la PYME se escuche en toda su diversidad", y debe ser ayudada para orientar sus actuaciones en

81 P5_TA(2003)0222, Título 2.2, punto 12.

esta materia puesto que el concepto y acción en materia de RSC debe extenderse en horizontal, no imponerse desde las grandes (aunque éstas asuman el liderazgo).

Tras estas resoluciones se produce un tiempo de espera, de espera de nuevos trabajos de la Comisión y del recién creado Foro multilateral Europeo. Como ya vimos al revisar las actuaciones de la Comisión, habrá que esperar hasta el 2006. En diciembre de ese año, se publica el llamado Informe Howitt. Este informe encargado por el PE a la Comisión de Empleo y Asuntos Sociales, y que tiene nuevamente como ponente al británico Richard Howitt, contiene interesantes apuntes y algunas críticas a la Comisión, incluida las demoras en sus trabajos sobre RSC y, sobre todo, su "falta de disposición para hacer frente a la polarización fundamental entre las empresas y partes interesadas que deseaban que la RSE estuviera sujeta a requisitos de transparencia establecidos mediante procesos de verificación externa y/o medidas legislativas en las que tuvieran un papel explícito las partes interesadas y las que querían ver la RSE como un ejercicio dirigido exclusivamente por las empresas que evolucionase sin ninguna intervención pública al margen de las declaraciones, conferencias de prensa y ceremonias de entrega de premios"[82]. En su exposición, Howitt es contundente y aunque diga que la Comisión "decidió excluirse del debate", lo cierto es que luego deja patente que no fue así, lo que hizo la Comisión fue tomar partido de forma manifiesta y falsear su comunicación, presentando como "consensuado" algo que sólo era del agrado de una de las partes, el lobby empresarial.

> *"Finalmente, la Comisión decidió excluirse del debate y presentó una Comunicación en la que respaldaba firmemente un enfoque contrario a todo tipo de regulación. Los Comisarios celebraron una serie de reuniones privadas con representaciones empresariales seleccionadas para negociar el texto de la Comunicación, que fue descrito como «consensuado» por el mundo empresarial, y solo se reunieron personalmente con ONG interesadas para abordar su contenido una vez publicada la Comunicación. El principal funcionario de la Comisión responsable de la RSE fue aparentemente apartado de su puesto, tal vez para dar cabida a este nuevo «consenso». Un memorando filtrado por la organización de empresarios europeos (UNICE) describió la Comunicación como un «verdadero éxito», porque las «concesiones a otras partes interesadas...no tendrán ningún impacto real». Esto arroja dudas sobre la sinceridad de un cambio de última hora mediante el cual se ha vuelto a convocar el Foro multilateral europeo sobre la RSE y da a entender que quizá la Comisión permitió demasiada presión por parte del*

82 Informe sobre la responsabilidad social de las empresas: una nueva asociación (2006/2133(INI)). Comisión de Empleo y Asuntos Sociales. Ponente: Richard Howitt. A6-0471/2006, 20.12.2006.

sector empresarial, en contradicción con su propia iniciativa sobre transparencia de noviembre de 2005"[83].

Duras palabras las de Howitt, con quien compartimos la idea de que la Comisión, al aplicar un enfoque contrario a toda regulación (particularmente a la informativa verificada por terceros, la triple cuenta de resultados), permite que algunas empresas utilicen la RSC como puro marketing, cuando no *bluewashing*, perdiendo la oportunidad de "crear valor" con la RSC. Esta oportunidad se pierde también por la falta de definición sobre lo que debe entenderse por RSC. Como bien advierte el ponente, hay que "rechazar el enfoque del «todo vale» en relación con la RSE adoptado por la Comisión"[84].

Tras la presentación de este Informe, el PE aprueba la Resolución, de 13 de marzo de 2007, sobre la responsabilidad social de las empresas: una nueva asociación[85]. Como era de esperar, la resolución del Parlamento no contiene críticas tan duras y directas como la formulada por Howitt, aunque éstas también aparecen. Entre las críticas formuladas a la Comisión: la "falta de transparencia y equilibrio en la consulta realizada antes de la publicación [de la Comunicación]"; la falta de concreción respecto de algo tan importante como es "el concepto de «ir más allá del cumplimiento» [que] permite a algunas empresas afirmar que dan pruebas de responsabilidad social a la vez que violan la legislación local o internacional", por lo que sugiere que se hagan evaluaciones y seguimiento de "las empresas europeas reconocidas como responsables" en sus actividades dentro y fuera de la UE (incluyendo a sus subcontratistas); y que la Comunicación "no haya tenido en cuenta la cuestión de la inversión socialmente responsable", con la importancia que esta tiene en el mercado financiero actualmente y que debe seguir potenciándose.

Así pues, justo antes de que estallara la crisis económico-financiera, el PE considera que es momento de actuar, seguir debatiendo aportará riqueza a la RSC porque entiende que se "ha llegado a un punto en el que el énfasis debe pasar de los «procesos» a los «resultados», logrando una contribución mensurable y transparente de las empresas". Y dentro de esa transparencia, es inevitable volver a incidir en la necesidad de contar con información fiable, en el sentido de que ésta haya sido verificada. En este sentido, se ponen de manifiesto la existencia de tres instrumentos actualmente funcionando que sirven para reportar: uno europeo, el que utiliza el sistema EMAS (al que sólo apoya, no pide se siga); y dos internacionales, GRI y Pacto Mundial. También se evidencia que desde los años 90, las grandes empresas han ido publicando voluntariamente informes sociales y medioambientales, pero en

83 *Ibid*, p.19.

84 *Ibid*. p.20.

85 P6_TA(2007)0062.

los últimos años esta tendencia de hacer pública información se ha ido frenando. No solo eso, sino que la información no siempre es fiable puesto que, como se señala en la resolución, "solo una minoría de esos informes usa normas y principios aceptados internacionalmente, cubre la totalidad de la cadena de suministro de la empresa o utiliza un control y una verificación independientes".

Muy encomiable fue el apoyo decidido del PE a que la RSC no sólo fuera investigada, sino al hecho de que sea estudio reglado (facultades y escuelas de negocio). Entiende como fundamental que se forme en esta materia a los directivos del futuro, como forma de garantizar el cambio de cultura empresarial y que la RSC no se vea como un añadido, sino como un elemento más de en la gestión de cualquier empresa, u organización, tal y como ya apuntamos en el Capítulo I al hacer referencia al cambio de paradigma. Más compleja la petición de generar un mecanismo para que "las víctimas [de abusos o incumplimientos de compromisos en RSC], incluidos los nacionales de terceros países, puedan recurrir contra empresas europeas a través de los tribunales nacionales de los Estados miembros", y también la de crear la figura de un "Defensor del Pueblo de la UE sobre RSE", que se encargase de realizar investigaciones independientes sobre temas relativos a posibles incumplimiento de compromisos o normas internacionales relativas a RSC (derechos humanos, laborales...) "a petición de empresas o de cualquier grupo de partes interesadas".

Finalizar señalando que el PE pidió a la Comisión "que integre mejor la RSE en sus políticas comerciales", pidiendo también alguna fórmula que garantizase "que las empresas transnacionales con sede en la UE y con unidades de producción en terceros países, en particular los que participan en el sistema SPG+...", para así promover la RSC fuera de las fronteras de la UE.

4.3.2 Las presiones del Parlamento para introducir la RSC en la política exterior y en la operativa de las empresas europeas en terceros países

Se hace patente en la documentación, la labor de presión del PE sobre la Comisión para que se adopten medidas de promoción de la RSC como parte de la política social europea, desde dos vertientes exteriores: la política comercial y el papel de empresas europeas ubicadas en terceros países. Hay que tener en cuenta que: por un lado, la UE-27 (actualmente UE-28) es la primera potencia comercial mundial (tanto por montante de importaciones, como de exportaciones, Figura IV.6), lo que le otorga un importante peso a la hora de las negociaciones comerciales multilaterales y bilaterales; por otro, el volumen de empresas europeas que operan en terceros países también es considerable, y son actores principales en relación con la aplicación de normas sociales en esos países. En base a esto, el PE está requiriendo a la Comisión para que se incorpore la RSC en las políticas comerciales multilaterales, tanto en los foros internacionales que apoyan dicho concepto (en particular la OCDE y la OIT), como en la OMC (en la perspectiva posterior a Doha).

Tampoco olvida el PE la importancia de la actuación de las empresas en materia de RSC, y muy particularmente, su papel en pro del desarrollo sostenible o en la lucha contra la corrupción y del *dumping social*[86] *- ambiental*. En este punto, conviene recordar que las empresas europeas que operan desde terceros estados, no están directamente sometidas al derecho Internacional. Los convenios internacionales (como los mencionados sobre Derechos Humanos, Derecho del trabajo o de protección ambiental) obligan a los Estados firmantes, pero no directamente a las empresas de esos Estados. Así pues, es a los Estados a quien corresponde velar por el respeto de las obligaciones jurídicas de sus empresas.

Figura IV.6 Relación entre el crecimiento del PIB y distribución de la riqueza

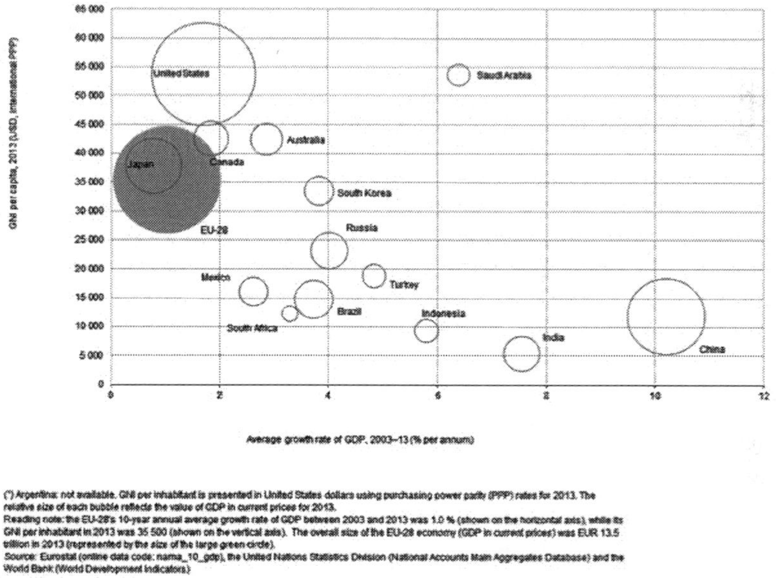

Fuente: Eurostat, 2016

86 El *dumping social* hace alusión a prácticas de producción a bajo coste, que permite obtener precios artificialmente bajos mediante la utilización de salarios y/o condiciones de trabajo mínimas, contrarias a las recogidas en convenios internacionales sobre la materia. Según expresa el propio PE, en el Informe Falbr de 2011, la UE debe estar alerta en relación con procesos de *dumping social*, incluido el llamado del "modo 4". El modo 4 trata de la presencia de personas de un Miembro de la OMC en el territorio de otro Miembro con el fin de suministrar un servicio. Dicho modo permite a las empresas multinacionales utilizar su propia mano de obra en un país extranjero en el que opere la empresa y, de este modo, restringe los derechos de los trabajadores del país receptor.

Sabedores del poder y capacidad de influencia de las empresas sobre la capacidad de desarrollo local y sobre la actuación de las autoridades, en tanto que son importantes inversores directos, a principios de 1998 la Comisión de Desarrollo y Cooperación del PE realizó un estudio sobre la idoneidad de contar con ciertas normas de referencia para las empresas europeas que operaban en países en desarrollo, que fue dirigido por Richard Howitt.

Tal y como se apuntó anteriormente, en los años noventa saltaron a los medios importantes escándalos por abusos cometidos por multinacionales (sus filiales o proveedores) en países en desarrollo, donde no se estaban respetando los derechos humanos y donde la reglamentación laboral o ambiental era, y en muchos sigue siendo, laxa o inexistente, y los niveles de crecimiento económico no acordes con los de la distribución de la riqueza (Figura IV.6). Una de las conclusiones del citado estudio, y que fueron presentadas al PE en el "Informe sobre la adopción de normas por la UE para las empresas europeas que operan en países en desarrollo: Hacia un código de conducta europeo"[87], era que el dumping social no decrecía pese a los efectos de la globalización. En el Informe se hace una propuesta, en el ámbito de la UE se podría seguir el ejemplo dado por la Confederación de Industrias Danesas, dar una directrices recogidas en un código de conducta para que las empresas europeas operen en terceros países. La Confederación de Industrias Danesas elaboró una serie de directrices para la industria en el terreno de los derechos humanos, pidiendo a sus empresas que mostraran en el país de acogida el mismo nivel de responsabilidad social que en Dinamarca, país de origen.

La idea de la cual parte el Informe Howitt del 98 es que "un código de la UE podría contribuir a la equiparación de las condiciones en que operan las empresas, premiar las mejores prácticas y mejorar las condiciones en empresas que no satisfacen los estándares"[88]. Ahora bien, para que el código realmente funcionase debería acompañarse de una Plataforma de Seguimiento, desde la que se pudieran articular procedimientos de queja y medidas de reparación. Lo aprobado en enero de 1999 por el PE es una Resolución sobre la adopción de un Código de Conducta para las Empresas Europeas que Operan en Países en Desarrollo[89], recomendando que el modelo de código que llegara a aprobarse por parte de la Comisión, incluyera las normas mínimas internacionales existentes en el ámbito de los derechos laborales, derechos humanos y normas medioambientales. No se creó ni Código ni Plataforma alguna, o cierto es que las empresas que desearon aplicar códigos de conducta propios tomaron como referente las directrices de la OCDE para multinacionales y, en

87 A4-0508/98.

88 *Ibid.* P.15.

89 DOCE C 104/180, de 14.04.1999.

la actualidad, el propio Parlamento usa y propone como referente las directrices actualizadas de la OCDE (véase epígrafe 3.3).

Habrá que esperar hasta el año 2011 para que el PE vuelva a incidir sobre la responsabilidad social de las empresas europeas que operan en países en desarrollo. Ahora bien, en este intervalo de años transcurrido entre la Resolución de 1999 y la Resolución de 8 de junio de 2011, que abordaremos a continuación, el papel del PE se ha visto reforzado con la aprobación del Tratado de Lisboa, al aumentar el número de ámbitos en los que el PE comparte decisiones y actuación legislativa con el Consejo (codecisión). Resulta, cuando menos curioso, que en la misma resolución el Parlamento pida a la Comisión "que incluya sistemáticamente un capítulo sobre desarrollo sostenible que contenga una cláusula de RSE jurídicamente vinculante en los acuerdos de libre comercio y de inversión que negocie con terceros países" (principio general 40), pero señale "que no debe adoptarse a escala de la UE ninguna directiva que regule la RSE y contemple su cumplimiento" (principio general 31). Nótese que el Parlamento no dice que no sea necesaria, sino que "no debe adoptarse", ante lo que cabe preguntarse ¿por qué *no debe* adoptarse ningún tipo de medida armonizadora de la RSC dentro de Europa? En la exposición de motivos del Informe Falbr se hace alusión a varios posibles "problemas de la responsabilidad social de las empresas", entre ellos se menciona el hecho de que "sigue siendo una iniciativa voluntaria" o "el miedo a que este concepto se transforme en un tipo de legislación de carácter no vinculante"[90], para luego en su propia propuesta de resolución apuntar que no debe adoptarse "ninguna" directiva reguladora, así que de reglamentos ni hablamos.

La otra vertiente en la que se trabaja trata de utilizar instrumentos vinculantes, flexibles y de tipo financiero (sin carácter normativo) en las relaciones comerciales de la UE con terceros países. En esta vía, la propuesta de actuación para promover la RSC se dirige al país, no a las empresas aunque indirectamente éstas puedan verse afectadas[91]. En este sentido, con el uso de estos instrumentos la UE busca un comportamiento determinado de las relaciones con sus socios comerciales. Ahora bien, la búsqueda de dicho comportamiento no es tan sencilla como el poner una cláusula en un convenio internacional, a menudo es el ordenamiento jurídico de ese país el que dificulta o impide su cumplimiento.

---

90 *Opus cit.* Estrategia renovada...COM(2011) 681 final, p.21.: Falbr, 2011:21.

91 Por ejemplo, mediante la prohibición de los llamados "host-country arrangements", acuerdos que se celebran con total opacidad entre algunas empresas multinacionales y los países de acogida que son, o pueden ser, beneficiarios del SPG+, y cuya finalidad es eludir las exigencias del Reglamento en esos países, siendo contrarios a los objetivos de promoción de la RSC.

Cuadro IV.1 Ejemplos de impactos sociales negativos generados por empresas europeas o filiales controladas por ellas

- "En Grasber, Indonesia, la tribu indígena Amunyme ha visto cómo las operaciones de minería destrozaban sus tierras, su sustento y sus lugares sagrados. Cuando ha protestado, el ejército indonesio ha respondido con tortura y asesinato. La explotación minera empezó sin su información y consentimiento, y se hace caso omiso de su demanda fundamental de derechos sobre su tierra, con arreglo al Convenio 169 de la OIT. La empresa aplica un código de conducta.
- Las mujeres de una fábrica de Manila reciben sólo 3 peniques (UK) por coser una camisa, el dueño de la fábrica recibe £2 y la prenda se vende en Europa por £20. La jornada laboral es de 7 de la mañana a 9 de la noche. Sin recursos médicos. La iluminación y la ventilación son escasas. No están permitidos los sindicatos –tan pronto como se inicia un sindicato, la fábrica cierra y abre en otro lugar con nuevos trabajadores. La empresa aplica su propio código de conducta desde 1991.
- El plaguicida endosulfán se comercializa para la producción arrocera en las Filipinas. Se ha demostrado que es la primera fuente de intoxicación en este país, y causa daños en el hígado, el bazo, el riñón, el músculo cardíaco, así como parálisis y alteraciones genéticas. Se ha retirado de la venta debido a su peligro en tres países de la UE. Cuando fracasó el intento del Gobierno de decretar su prohibición, se dijo que la empresa se había comportado 'amigablemente' con el juez que se ocupaba del asunto".

Fuente: Howitt, 1998:11

Este tipo de actuaciones se recogen en el "Informe sobre la responsabilidad social de las empresas en los acuerdos de comercio internacional", elaborado por el ponente Harlem Désir a finales del 2010[92]. El enfoque del informe es que, dado que la liberalización comercial tiene consecuencias económicas y sociales muy diferenciadas –los beneficios del comercio internacional, las ganancias que genera, raras veces se reparten de forma equitativa entre los distintos sectores de la sociedad y la economía– hace falta crear un marco para la realización de los intercambios en el cual no solo se vele estrictamente por la política comercial, sino que también se contribuya a defender el modelo social y la política ambiental que propugna la UE.

92 A7-0317/2010.

Se trata de condicionar la concesión de determinadas preferencias comerciales a terceros países a la ratificación por éstos de los principales convenios de la OIT y de diversas convenciones de la ONU en materia de derechos humanos (como el Pacto Internacional de derechos civiles y políticos, Pacto Internacional de derechos económicos, sociales y culturales, Convenio sobre la abolición del trabajo forzoso, etc.). Con ello se pretende lograr el objetivo de promocionar la RSC en los intercambios comerciales, afrontando al mismo tiempo "tres grandes retos para Europa:

- Un reto moral: con frecuencia es el comportamiento de nuestras propias empresas el que debe cambiar y responder a las responsabilidades con respecto a los principios sociales y medioambientales, en particular cuando actúan en terceros países en desarrollo.
- Un reto económico y social: el no respeto de los principios de la responsabilidad social de las empresas es una forma de dumping social y medioambiental que perjudica particularmente a las empresas y trabajadores situados en Europa, sujetos al respeto de normas sociales y medioambientales más estrictas.
- Un reto político: el de la coherencia de nuestras políticas en el contexto de la mundialización y el papel de la Unión Europea, cuyos ciudadanos también esperan que se constituya como una protección en un mundo desregulado".

El Informe se concentra en propuestas específicas para promover la RSC en el marco de la política comercial de la UE, propuestas como: la revisión del actual régimen del sistema de preferencias generalizadas (SPG), la introducción de cláusulas de RSC en los Tratados de Libre Comercio o en acuerdos de inversión, la realización de evaluaciones del impacto sobre la sostenibilidad de las negociaciones comerciales, o la obligación de publicar informes sobre su balance de RSC.

En su Resolución, de 25 de noviembre de 2010, sobre responsabilidad social de las empresas en los acuerdos de comercio internacional[93], el Parlamento pide a la Comisión que se integre la RSC en el régimen de SPG, particularmente en el nuevo SPG+ (Régimen especial de estímulo del desarrollo sostenible y la gobernabilidad), que está pendiente de revisión (el general será revisado en 2014). El objetivo del SPG es ayudar a los países en vías de desarrollo a reducir la pobreza ayudándolos a obtener ingresos a través del comercio internacional gracias a preferencias arancelarias. Este sistema ofrece aranceles más bajos o un acceso en franquicia de derechos al mercado de la UE a las importaciones procedentes de 178 países y territorios en desarrollo. Actualmente hay tres acuerdos del SPG: a) el general, con reducción del

---

93 P7_TA(2010)0446.

3,5% del derecho aduanero normal para productos sensibles y acceso con derecho cero para productos no sensibles (se revisará en 2014); el SGP+, que ofrece preferencias arancelarias a países vulnerables[94] que cumplen los nuevos criterios de desarrollo sostenible y buena gobernanza[95] (en revisión actualmente); y el denominado "todo menos armas", que proporciona acceso libre de derechos y contingentes para todos los productos de los 50 países más pobres. En el caso del SGP+, la resolución incluye la conveniencia de prohibir los "host-country arrangements".

La Resolución también propone la inclusión de una "cláusula" sobre RSC en los futuros acuerdos comerciales, tomando como referente para su elaboración la versión de 2010 de las directrices de la OCDE para las empresas transnacionales. En concreto se propone la inclusión, entre otras cuestiones, de la obligación de diligencia en su esfera de influencia[96] y de publicar sus balances en materia de RSC (al menos, cada dos o tres años), así como de acompañar esta cláusula de alguna disposición que la complemente para que, en caso de incumplimiento de los compromisos en materia de RSC, se puedan tomar medidas (incluso de cooperación judicial transnacional). Respecto de la publicación de balances de RSC, previamente, la resolución deja claro que considera que las iniciativas voluntarias de RSC "sólo serán creíbles si integran normas y principios aceptados internacionalmente, como la iniciativa GRI, y si están sometidas a una supervisión y verificación transparente e independiente de las partes interesadas de la empresa" (punto 15 de la citada Resolución). No obstante, del texto final desaparecen dos referencias a importantes normas ISO en materia de gestión ambiental y responsabilidad social corporativa, la ISO 14.001 y la ISO 26.000 respectivamente.

Para los acuerdos bilaterales, se pide también la introducción de este tipo de cláusulas pero de forma operativa, no como aparecen en el capítulo 13, sobre desarrollo sostenible, del Tratado de Libre Comercio UE-Corea del Sur (en vigor desde el 1 de julio de 2011), o en el artículo 270.3 del TLC UE-Colombia y Perú (que entrará en vigor en el segundo semestre del 2012). En ambos casos, se incluye una mención a

94 Son países beneficiarios de este Sistema: Armenia, Azerbaiyán, Bolivia, Colombia, Costa Rica, Ecuador, El Salvador, Georgia, Guatemala, Honduras, Mongolia, Nicaragua, Paraguay, Perú, Sri Lanka y Venezuela.

95 El régimen especial de estímulo del desarrollo sostenible y la gobernanza se basa en el concepto integral de desarrollo sostenible reconocido en los convenios e instrumentos internacionales, como la Declaración de las Naciones Unidas sobre el Derecho al Desarrollo de 1986, la Declaración de Río sobre el Medio Ambiente y el Desarrollo de 1992, la Declaración de la OIT relativa a los Principios y Derechos Fundamentales en el Trabajo de 1998, la Declaración del Milenio de las Naciones Unidas de 2000 y la Declaración de Johannesburgo sobre el Desarrollo Sostenible de 2002.

96 Obligación de las empresas, grupos de empresas, filiales y cadenas de proveedores de tomar medidas por adelantado con vistas a identificar y prevenir toda violación de los derechos humanos o de los derechos medioambientales, la corrupción o la evasión fiscal.

la RSC o sus elementos -como el trabajo digno o los referentes fundamentales en materia laboral de la OIT-, pero no se la integra con cuestiones precisas ni con posibilidades de actuación en caso de incumplimientos.

4.3.3 La opinión del PE respecto del papel de la RSC en la crisis y en Europa 2020

La crisis financiera del 2007, y la posterior crisis económica que le ha seguido, ha puesto sobre la mesa de los gestores y legisladores importantes elementos para el debate parlamentario (y general): sobre la regulación de mercados, las necesidades de control, la fragilidad del mercado único inconcluso, la gobernanza (global y europea), la ética empresarial, la RSC... En palabras del parlamentario Ramón Jáuregui "la crisis ha forzado un replanteamiento del rol que deben jugar las empresas en nuestras sociedades puesto que, en gran parte, ha sido producto de múltiples irresponsabilidades corporativas,... En este marco, la responsabilidad social de las empresas (RSE) emerge como uno de los conceptos clave en el proceso de reformulación del sistema económico y social que estamos construyendo"[97]. Ante esto, la propia Comisión considera que "la RSE forma parte de la estrategia para salir de la crisis", de ahí su compromiso para "renovar la estrategia de la UE para promover la responsabilidad social de las empresas (RSE) como parte de la estrategia Europa 2020 para un «crecimiento inteligente, sostenible e integrador»"[98].

Entre las propuestas en marcha para abordar la crisis, mencionamos en el apartado anterior la Comunicación "Hacia un Acta del mercado Único", a fin de completar dicho mercado fomentando así un crecimiento europeo más fuerte y sostenible. Esta Comunicación generó varios informes parlamentarios, de los que haremos mención a dos por sus enfoques diferenciados: el Informe Grech, centrado en los ciudadanos y los consumidores; y el Informe Buşoi, relativo a la repercusión de ese mercado en las empresas.

El Informe Buşoi resulta, cuanto menos, tibio respecto de la importancia de la RSC para lograr la sostenibilidad de ese mercado único y para las propias empresas que lo han de integrar. De hecho, la ignora en su exposición y tan sólo incluye un punto para decirle a la Comisión que siga sus trabajos "insta a la Comisión a presentar propuestas concretas sobre inversiones privadas con el fin de crear incentivos

---

97 Pregunta parlamentaria con solicitud de respuesta escrita E-7896/2010. Asunto: ¿Cuál será el contenido genérico de las propuestas de la Comisión en relación a la responsabilidad social de las empresas?, fecha: 1 de octubre de 2010.

98 Respuesta a la pregunta parlamentaria E-7896/2010, realizada el 24 de noviembre de 2010, por el Sr. Tajani en nombre de la Comisión.

eficaces para inversiones a largo plazo, sostenibles y éticas, coordinar mejor las políticas fiscales relativas a las sociedades y fomentar la responsabilidad de las empresas"[99]. Así pues, en el nuevo mercado parece que al ponente (y a la resolución resultante), solo parecen importarle: la fiscalidad i la inversión responsables. Este informe se presentó de forma simultánea con el de Klaus-Heiner Lehne sobre las cuestiones deontológicas relativas a la gestión de la empresa. Dos documentos que se cruzan, sin reforzarse –a pesar de afectar a temas comunes empresa-RSC-modelo productivo para la sostenibilidad en Europa–, en el que se señala que "la obligación de diligencia, la transparencia, [y] la responsabilidad social" son importantes "en el contexto general de la deontología de la conducta empresarial"[100]. Vistas las causas y efectos de la crisis, es evidente que, por lo menos en Europa, se necesita "un nuevo modelo productivo, social y medioambiental orientado al largo plazo, que respete el interés general". De forma reiterada se manifiesta la necesidad e importancia del papel de la responsabilidad social, en cuanto a la búsqueda del desarrollo sostenible, así como de su promoción para revisar las prácticas corporativas, las de sus consejos de administración y de los propios consejeros.

En el Informe Grech, más centrado en las repercusiones de un mercado único -que trasciende a la estrategia Europa 2020- sobre la ciudadanía (sobre la idea de generar un nuevo paradigma de pensamiento político en Europa), hay una alusión más directa a la necesidad de contar con la RSC para que dicho mercado pueda alcanzar la visión social y ambiental contenida en las obligaciones del tratado de Lisboa y, sobre todo, para reforzar la protección de ciudadanos y consumidores de la UE. El informe, y su correspondiente Resolución, pese a abordar un tema amplio y controvertido, no olvidan a la RSC: "una actitud responsable por parte de las empresas, que implica el respeto del principio de la responsabilidad social de las empresas,..., contribuirá a ganar la confianza de los consumidores, que es una condición mínima para reforzar su protección"[101]. Se rechaza la percepción tradicional de que el mercado único es una cuestión exclusivamente económica, debe buscarse un mayor equilibrio entre una economía abierta, capaz de estimular el crecimiento económico y la creación de empleo, y un sistema económico capaz de proteger a los ciudadanos europeos, ofreciéndoles garantías sociales y ambientales para lograr la sostenibilidad. Es aquí donde la RSC ha de jugar su modesto pero importante papel

---

99 A fecha de cierre de este epígrafe se encontraba publicada la Resolución provisional relativa a la aprobación de la propuesta contenida en el citado Informe, a espera de publicación en el DOUE, P7_TA-Prov(2013)0146. Pág. 41.

100 Lehne, Klaus-Heiner (2010) Informe sobre las cuestiones deontológicas relativas a la gestión de las empresas (2009/2177(INI)). A7-135/2010. Aprobado por Resolución del parlamento Europeo, de 18 de mayo de 2010. P7_TA(2010)0165. Págs. 3-4.

101 P7_TA(2010)0186. Punto 35.

para una mejor salida de la crisis y para un mejor futuro de la UE en el contexto de la globalización/mundialización. Así también parece entenderlo el parlamentario José A. Silva, cuando en su informe sobre la Agenda Social Renovada[102] pidió que se promoviera activamente el concepto de responsabilidad social de las empresas, aunque lo pidiera para el contexto internacional.

4.4 SOBRE LA ESTRATEGIA RENOVADA DE LA UE PARA 2011-2014 SOBRE LA RSE

Como ya señalamos anteriormente, la Estrategia Renovada de la UE para 2011-2014 introdujo una nueva definición de lo que, a partir de ese momento, habría de ser recogido en el generoso paraguas de la RSC, junto con un supuesto cambio de enfoque, seguiría siendo voluntaria pero con algunas cuestiones, no tanto (caso de la información no financiera).

Vistas las consecuencias de los primeros años de la dura crisis:

"La crisis económica y sus consecuencias sociales han dañado en cierta medida la confianza de los consumidores en las empresas. En efecto, han focalizado la opinión pública en el comportamiento social y ético de estas últimas."

se hacía necesario afrontar cambios promovidos, sobre todo, por las propias empresas, dado el carácter eminentemente voluntario de la RSC.

Recordemos que la Estrategia definio dicha RSC como "la responsabilidad de las empresas por su impacto en la sociedad".Quedaban entonces, y siguen quedando, "importantes retos pendientes. Muchas empresas de la UE aún no han integrado plenamente las preocupaciones sociales y medioambientales en sus operaciones y su estrategia de base. Se sigue acusando a una pequeña minoría de empresas europeas de vulnerar los derechos humanos y de incumplir normas laborales básicas. Solo quince de los veintisiete Estados miembros de la UE cuentan con políticas nacionales para promover la RSE".

Junto con la definición una parte sobre la que se suele pasar por encima sin profundizar, cuando no ignorarla, y es cuando dice que: "El respeto de la legislación aplicable y de los convenios colectivos entre los interlocutores sociales es un requisito previo al cumplimiento de dicha responsabilidad. Para asumir plenamente su responsabilidad social, las empresas deben aplicar, en estrecha colaboración con las partes interesadas, un proceso destinado a integrar las preocupaciones sociales,

102 Informe sobre la Agenda Social Renovada (2008/2330(INI)), Comisión de empleo y Asuntos Sociales. Ponente: José Albino Silva Peneda. A6-0241/2009.

medioambientales y éticas, el respeto de los derechos humanos y las preocupaciones de los consumidores en sus operaciones empresariales y su estrategia básica, a fin de: maximizar la creación de valor compartido para sus propietarios/accionistas y para las demás partes interesadas y la sociedad en sentido amplio; identificar, prevenir y atenuar sus posibles consecuencias adversas."

Para hacer esto recomienda a las empresas, particularmente a las grandes, que utilicen una serie de herramientas e instrumentos de reconocimiento internacional (caso de la Directrices de la OCDE, la ISO 26000, o los Principios Rectores de las Naciones Unidas sobre Empresas y Derechos Humanos; estableciendo un Programa para el periodo 2011-2014 basado en ocho puntos.

1.- Mejora de la visibilidad de la RSE (RSC) y difusión de buenas prácticas

Mediante el reconocimiento público de las acciones de las empresas en el ámbito de la RSE, la UE puede ayudar a difundir las buenas prácticas, estimular el aprendizaje entre pares y animar a más empresas a desarrollar sus propios planteamientos estratégicos sobre la RSE. A partir de las enseñanzas derivadas de las iniciativas llevadas a cabo en diferentes Estados miembros, la Comisión apoyará el desarrollo de capacidades de las organizaciones intermediarias de las PYME a fin de mejorar la calidad y disponibilidad de asesoramiento sobre la RSE para estas empresas.

2.- Mejora y seguimiento de la confianza en las empresas

"La comunidad empresarial europea debe aspirar a ser uno de los grupos de organizaciones de más confianza para la sociedad. Existe a menudo un desfase entre las expectativas de los ciudadanos y la percepción que estos tienen de la realidad del comportamiento de las empresas."

3.- Mejora de los procesos de autorregulación y corregulación

Para no hacer la RSC obligatoria, se entiende que "La UE reconoce la autorregulación y la corregulación como parte de la agenda «Legislar mejor»"[103].

4.-Mejora de la recompensa que supone la RSE en el mercado

Aunque los consumidores cada vez son más selectivos, lo cierto es que corresponde a las intituciones europeas y a los Estados "impulsar políticas en el ámbito de la contratación pública y la inversión para incentivar más". Además, buena parte de los ciudadanos europeos desconocen estas cuestiones.

---

103 Véase el Acuerdo interinstitucional «Legislar mejor», (DO C 321 de 31.12.2003, p. 1), y la Comunicación de la Comisión «Legislar mejor para potenciar el crecimiento y el empleo en la Unión Europea», COM(2005) 97.

5.- Mejora de la divulgación de información de carácter social y medioambiental por parte de las empresas

En este sentido, solo algunos Estados miembros han introducido requisitos de divulgación de información no financiera más estrictos que los que establece la legislación vigente de la UE[104]; si bien, al menos, ya hay unos parámetros de información mínimamente regulados, dejando la "voluntariedad" estrictamente para aquellas cuestiones no reguladas, como muchos asuntos sociales.

6.-Mayor integración de la RSE en la educación, la formación y la investigación

Son los Estados quienes pueden desempeñar un importante papel animando a sus centros educativos a integrar la responsabilidad social de las empresas, el desarrollo sostenible y la ciudadanía responsable en los programas educativos pertinentes, en particular en la educación secundaria y la enseñanza universitaria. Desde la Estrategia "se anima a los centros europeos de enseñanza empresarial a suscribir los Principios de las Naciones Unidas para una Educación Responsable en Gestión".

7.-Insistencia en la importancia de las políticas nacionales y subnacionales sobre RSE

No sólo los Estados, también las autoridades locales y regionales deberían "hacer un uso inteligente de los Fondos Estructurales de la UE para contribuir al desarrollo de la RSE, especialmente entre las PYME, y a colaborar con las empresas para afrontar mejor problemas como la pobreza y la inclusión social". Esto sería fácil de materializar si desde la Comisión se ponen explicitamente los condicionantes para obtener tales fondos y se controla su uso.

8.-Mejora de la armonización de los enfoques europeo y mundial sobre RSE

Punto donde se vuelve a mirar a las normas internacionales de referencia de la OCDE, de la OIT, de ISO y de UN (Principios Rectores de las Naciones Unidas sobre Empresas y Derechos Humanos), a pesar de estar buscando un "modelo propio de RSC" para Europa.

Habrá que esperar a los estudios sobre la eficacia de este Programa: ¿cuánto valor compartido se ha creado en un periodo economico tan delicado?, ¿cuánto se ha extendido la RSC dentro y fuera de la UE por parte de las empresas europeas? Aunque en este momento podríamos hacernos otra pregunta de mas sencilla

---

104 La cuarta Directiva sobre cuentas anuales (2003/51/CE) exige a las empresas que en sus informes anuales publiquen suficiente información sobre el medio ambiente y los trabajadores para poder valorar el desarrollo, el rendimiento o la situación de la empresa. Todos los Estados miembros han optado por eximir a las PYME de este requisito.

respuesta ¿dónde ha quedado el nuevo Programa que debería haberse aprobado para el periodo 2015-2020?

Tras la "Estrategia Renovada", habrá de llegar una "Nueva Estrategia Europea" de RSC donde se deberían abordar asuntos tales como el bienestar de los ciudadanos y los trabajadores (calidad del empleo), la calidad de la información que se ofrece y la transparencia, la orientación de la I+D+i teniendo presente los problemas y retos ambientales y sociales ya identificados. Pero para ello será necesario un mayor compromiso de todas las partes implicadas en el proceso, muy particularmente la verdadera involucración de los grandes líderes empresariales europeos, cosa que en la última reunión del Foro Multilateral de RSE, celebrado en febrero de 2015, no se vio.